U0067449

從希望著手

希望理論在諮商上的應用

Finding Hope:

Applied Hope Theories in Counseling

駱芳美 *Fang-Mei Law*

郭國禎 *Gwo-Jen Guo*　　著

目錄

第三部分　讓困境從希望中掙脫

 **作者簡介**

駱芳美（Fang-Mei Law, Ph. D., NCC, PCC）

　學歷：私立實踐專科學校社會工作科畢業
　　　　國立彰化師範大學輔導系學士
　　　　國立彰化師範大學輔導研究所碩士
　　　　美國威斯康辛大學教育研究所碩士
　　　　美國密西西比大學諮商教育（Counselor Education）博士
　　　　美國德頓（Dayton）大學諮商教育（Counselor Education）研究
　　　　　所博士後進修
　經歷：實踐大學社會工作系講師、副教授
　　　　實踐大學課外活動中心及學生輔導中心主任
　　　　美國密西西比大學學生輔導中心諮商員
　　　　美國密西西比大學弱視研究中心研究員
　　　　美國俄亥俄州立大學研究員
　　　　美國亞裔社區服務中心執行主任
　　　　美國德頓大學諮商教育研究所兼任教授
　　　　美國哥倫布州立社區學院行為與社會系兼任教授
　現任：擁有美國全國諮商員證照（National Certified Counselor, NCC）
　　　　擁有美國俄亥俄州臨床諮商員執照（Licensed Professional Clinical
　　　　　Counselor, PCC）
　　　　擁有認知治療專業證書（Certification of Cognitive Therapy, The Cleveland
　　　　　Center for Cognitive Therapy）
　　　　美國堤芬大學犯罪防治與社會科學學院副教授
　　　　（Tiffin University, School of Criminal Justice and Social Sciences）

郭國禎 （Gwo-Jen Guo, Ph. D., NCC, PC）

學歷：台灣省立嘉義師範專科學校畢業
國立彰化師範大學輔導系學士
國立彰化師範大學輔導研究所碩士
美國威斯康辛大學教育研究所碩士
美國密西西比大學諮商教育博士
美國俄亥俄州州立大學教育研究、測驗與評鑑（Research, Measurement, and Evaluation）博士
美國德頓大學諮商教育研究所博士後進修

經歷：國立彰化師範大學輔導系助教
國立成功大學教育研究所助理教授
美國俄亥俄州州立大學教育研究所研究員
美國東北俄亥俄大學醫學院臨床技能評量中心經理（Northeastern Ohio Universities College of Medicine, Clinical Skills Assessment Center for Studies of Clinical Performance）
國立彰化師範大學註冊組組長及學生心理諮商與輔導中心主任

現任：擁有美國全國諮商員證照
擁有美國俄亥俄州專業諮商員執照（Licensed Professional Counselor, PC）
國立彰化師範大學輔導與諮商學系教授

 序言

　　不管認不認識的人，只要一聽到我們是學輔導諮商，總會讚嘆一句，並為我們冠上「問題解決專家」的頭銜。雖然明知自己也是平凡老百姓，但多年心理輔導的訓練中，我們真的是很努力按著傳統輔導諮商模式，致力於鑽研各種不同的學派與技巧，就是希望能更有效的幫助案主解決問題。

　　直到我們接觸到希望理論，才驚覺諮商輔導的工作，不必停留於有洞補洞的「解決問題」的角色。諮商師更重要的工作，是擔任希望引燃者的角色，引領案主在危機中去看到轉機的可能性，在烏雲籠罩的逆境中，定睛在烏雲邊透露的光芒。雖然在那一刻見不到雲上的太陽，但相信只要執著於既定的目標、設定好路徑，並有充分的能量，就會有撥雲見日的時刻。

　　喜見這樣的亮光，我們忍不住的將它應用到法院與監獄裡去幫助藥物濫用的案主；禁不住的在協助憂鬱、焦慮、感情觸礁、沉迷酒癮、職業倦怠的案主時，硬要他們在愁眉苦臉中，擠出一個原來想都不敢想的目標。剛開始時多數的案主會搖搖頭，認為我們這個諮商師太天真，因為他們原本只是要來訴訴苦，學習如何適應目前的景況而已。但當我們不再一味的聽其訴苦，而要他們將眼光投注在遠方那個燈火闌珊處，去探討如何可以從這裡走到那裡時，我們發現從案主每往前邁一步，眼神中就多閃爍一絲光芒中，都可見證到希望理論所說的：「希望等於路徑加上能量」的論點。

　　雖然希望理論是一個非常年輕的論點，在很多諮商理論的教科書，也還很少被正式列入其中的一章。但是它簡單易懂的概念，及能有彈性的與其他學派融合並用的包容性，特別是強調從希望著手的概念，讓我們忍不住要與國內的輔導諮商前輩與同仁們，分享我們從希望理論學習與應用中的體會與心得。於是我們向心理出版社的林敬堯總編提出了要出版這本書的計畫，感謝林總編與出版社同仁的慧眼，應允出版，以及高碧嶸執行編輯在出版過程中的費心與費力，讓本書得以問世。

　　盼望本書《從希望著手》成為我們彼此的勉勵，不管你讀這本書是為了自己或為了協助他人的需要，讓我們在每天的日子中都能鼓勵自己也幫助他人，探掘希望並滋長希望。

駱芳美、郭國禎

謹識於 2011 年 10 月

第一部分

希望的本質

 Tillich 曾說過:「抱持著希望對愚者來說是簡單的,但對智者來說卻是一件不容易的事。人們都很容易迷失在虛假的期望中,能夠擁有一個真實的希望是很難得也是最可貴的」(引自 Snyder, 2000: 4)。

尋找希望

前言

　　有一個故事是這樣說的：有一個病人病得很嚴重，他在病床上一直注視著窗外的落葉，心想等葉子都掉光時，他也將不久於人世。結果有一片枯葉子一直掛在枝頭上，從秋天到下雪的寒冬，這片葉子始終都沒掉落。病人從這個景象中找到了希望感與生命力，身體就漸漸的好轉了。

　　這個故事啟示我們，「希望」（hope）是影響諮商效果上不可或缺的一股力量，這也是積極心理學（positive psychology）所強調的重點。不同於傳統的心理諮商著重於問題的處理，積極心理學強調幫助案主找到希望與成長力量的重要性。Snyder 是希望理論的創始者（Snyder, 1994, 2000, 2002），他說啟發他發展希望心理學的緣由，是當他去探望甫出生的小孫女時，體會到不管送什麼禮物總會有用完的時候，但唯有「希望」這項禮物才能讓她一輩子受用不盡（Snyder, 1994）。事實上，Snyder（1989）原先鑽研的主題是「藉口」（excuse），但在研究的過程中發現，透過「藉口」雖可以讓人們暫時逃避不期待的目標，但相對的，人們更希望能達到所期待的目標。因著這樣的體會，Snyder於 1980 年的中期開始探索人們的

希望感，並逐步發展出希望理論（Snyder, 2000）。

第一節　希望理論的基本架構

「希望」這兩個字大家都耳熟能詳，它是促動人們成長的重要動力。《韋式字典》（*Webster's New World Dictionary*）將希望定義為是期待某件事情會發生的一種感覺（Agnes, 1999）。在日常生活中，人們常會在喜事臨近時互相祝賀，也會在遭逢不如意事時互相打氣，其主要的用意就是盼望透過希望感的傳遞，能鼓勵順意者（如考上學校、找到工作、結婚、喜獲麟兒）能有順心的未來；也盼望透過希望來鼓勵不順遂者能重整旗鼓，找到生命的動力。不過這裡所指的「希望」較屬於是一種感情上的抒發（affective phenomenon），特別是見到他人竭盡所能，疲於奔命而終於達到目標時，由衷而發出的慨歎之詞。當想要追求的目標超乎個人的能力時，人們就常會以「祝你好運」等類的祝語來互相打氣（Peterson & Byron, 2008）。

不過在追求希望的過程中，清楚具體的目標是相當重要的。心理學家Adler（1964）曾說過：沒有目標就很難引導出思考與感覺，也很難能引發行動的意志力。目標可能是短期、中期或長期的；可能是具體的，也可能是抽象的。不管是何種目標，都比沒有目標來得好。且唯有靠著目標所引導著的希望，才是真實性的希望。不過也要小心不要被虛假的希望所愚弄，例如新聞報導上常見有人為求發財猛簽樂透，而落得人財兩空的事件，這就是被虛假的希望所愚弄的一個實例。更甚者，是只將希望停滯在被動的感慨，只有期望卻沒有付諸行動（如只被動的期望蒙老闆賞識而獲得升遷，卻沒有付出努力的行動），這種希望只能算是我們所通稱的白日夢罷了。

壹、希望的概念與定義

Tillich在1965年就提醒我們：「抱持著希望對愚者來說是簡單的，但對智者來說卻是一件不容易的事。人們都很容易迷失在虛假的期望中，能

夠擁有一個真實的希望是很難得卻也是最可貴的」（引自 Snyder, 2000:
4）。所謂真實的希望，是目標導向（goal-directed）而非隨意而行。一個
抱持真實的希望者，會去思考並界定出目標，並想出要如何從自己目前所
處的所在地走到想要達到目的地的方法（Snyder, 1994）。

　　「希望」是Snyder發展希望理論的中心思想，不同於前述的被動感慨
與沒有行動的空想；本書所強調的希望是主動出擊，按所需的步驟追求目
標達成的動力（Peterson & Byron, 2008）。Snyder 與其同事在 1991 年的兩
篇著作中，將希望做了具體的界定。Snyder、Irving 與 Anderson（1991）指
出：希望是個體能成功的按著自己所設定的目標，設定達成目標的計畫，
並按著計畫去做，以達到目標的一股積極目標導向的能量與動力（positive
motivational state）。這個定義標明出希望理論的兩個重要概念：一是目標
導向的能量（或稱能量）（agency, goal-directed agency）；另一個是計畫達
到目標的路徑（或稱路徑）（pathway, planning to meet goal），他們並指出
能量與路徑兩元素在追求目標的過程中相輔相成的關係（interactively de-
rived）。通常抱持高希望者，不僅在追求目標上有相當高的動機，也願意
遵循所設定的方法追求目標的達成。稍後，Snyder、Harris、Anderson、
Holleran、Irving、Sigmon、Yoshinobu、Gibb、Langelle 與 Harney（1991）
將希望定義稍加修改指出：希望是相信自己能成功的針對已決定的目標
（goal-directed determination）設定達成目標的計畫，並能按此計畫去做而
達到目標的一種認知狀態。這定義與前一個定義類似，只是在能量方面加
上「決定性」這個字眼，並將希望是一種積極的動力（positive motivational
state）改成是一種認知狀態（cognitive set）。另一個不同是前一個定義強
調能量與路徑間是互動的關係（interactively derived）；後者則是強調能量
與路徑間是互惠的關係（reciprocally derived）。此外，Snyder（1994）指
出希望是在追求目標達成的過程中個人心理意志力（mental willpower）及
行動力（waypower）的總和。他也強調希望是為追求某個具體的目標達成
的過程中所需要的意志力，及知道要如何做以達到該目標並能夠付諸行動
的行動力。此定義與前面的定義類似，只是在此定義中他所採用的詞彙稍
有不同而已。

總而言之，希望理論包括目標、路徑與能量三個要素，以下將詳細加以說明。

一、目標

雖然在日常生活中我們經常會用到「希望」兩個字，例如「我希望明天不要下雨」，這種情況下所指的希望其實是一種期望，因為我們無法改變天氣，所以設定目標也沒有用。另外，有些希望是可以很快完成的，例如「我希望改穿另外一雙鞋上班」，這種情況下所指的希望其實是一種想要，是很容易達成的，並不需要真正去設定目標。所以要設定真實的目標就要能夠區分出希望、想要（wants）及期望（desire）間的不同，其區分的方法可以以目標達成的可能性來加以判斷。而且伴隨希望而來的目標必須具有足夠的強度，才能進入我們的意識層面以促動個體付諸行動（Snyder, Ilardi, Cheavens, Michael, Yamhure, & Sympson, 2000）。

Samuel Coleridgen 在其 1912 年所著的《沒有希望的工作》（*Work Without Hope*）中提到「沒有目標的希望是枉然的」（引自 Snyder, 2000: 9）。承襲此概念，Snyder（1994, 2002）強調希望必須是以目標為導向的。目標可歸為兩類，一類是可帶來積極結果的目標（positive goal outcome）；另一類則是會引致消極結果的目標（negative goal outcome）。可帶來積極結果的目標會引導人們有動力持續付諸行動，直至目標達成；而且當目標達成後，人們會有想要更上一層樓繼續衝刺的動力。例如當某人設定考研究所的目標後，該目標會激勵他努力準備的動力而能順利考上。而考上研究所的成功經驗，會讓此人更有動力為自己設定出另一個長程的目標。引致消極結果的目標，則包括兩種形式，一種算是較有利的做法，即是設定目標以避免讓不喜歡的結果出現，例如想辦法讓自己在修課中能低空飛過而不會被當掉；另一種則是較不利的做法，即是設定讓不喜歡的結果延後出現的目標，例如想辦法延後畢業以延後服兵役的時間（Snyder, 2002）。

Snyder 強調所設定的目標必須是實際與可行的。當人們對某些目標的達成十分確定，根本不需要有所期望就會達成時，對追求該目標的動機反而會很弱（如某間大公司的小開確知未來自己會接掌該公司，所以就不會

有太強的動機要努力充實自己）；相反的，如果某些目標的達成性相當渺茫，亦即該目標的真實性極低，人們努力的動機也會很弱（如有位學生知道自己的英文程度不好，短期內不可能改善，在準備聯考時很容易會放棄英文的準備，改在其他較有把握的科目上做衝刺）。由上面兩種極端的現象中可見人們是會隨著目標達成與否來調整其希望感的程度，所以設定實際與可行的適當目標對希望感的增強是相當重要的。所謂適當的目標指的是其重要性及達成的可能性皆在中等程度（Snyder & Ilardi et al., 2000）。研究證實在追求成功率 50%的目標時，人們的希望感最高動力也最強（Quinn, 2007; Snyder, 2000）。

　　不過值得注意的是，我們所探討的希望並不只是專指一般性的希望（global or trait hope）而言，它也涵蓋特定領域的希望（domain-specific hope）與細項目標的希望（goal-specific hope）。一般性的希望指的是人們整體性的評量自己是否有能力想出辦法，並可以順著這些辦法達到目標的信念。不過，這類的希望只是表明人們概括性的看法，並未能反映他們真實的能力（如某人一般性的希望感相當高，但對生活中某個特定領域的希望感卻很低）。特定領域的希望指的是人們相信自己對生活中某些領域，例如社交互動、親密關係、家庭生活、學術、工作或休閒生活方面能夠掌握與管理的程度。但問題是，某些人在一般性與特定領域的希望可能相當高，但在細項目標的希望感卻沒有把握，例如某些人的社交能力很強，但對於在公眾場合的演講卻沒有把握。所以諮商師在幫助案主時，應特別檢視其細項目標的希望感，及其相信自己有辦法達成該目標的情況（Snyder, Feldman, Shorey, & Rand, 2002）。

二、路徑（或稱行動力）

　　根據 Snyder（1994），路徑或行動力（waypower）指的是當在追求目標的過程中，若希望能順利達到期望的目標，最重要的是要針對該目標做出清楚的路線規劃。透過此來引導人們從目前所在的定點（A）往設定的目標（B）前進（如圖 1-1 所示）。一般來說，當人們對目標的界定越具體時，其達到目標的行動力就會越強。此外，若目標對自己越重要時，其行

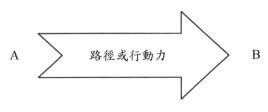

圖 1-1　路徑或行動力

資料來源：參考 Snyder（1994）。

動力就會越強。

　　Snyder（2000）強調路徑（或稱行動力）又可稱為路徑想法（pathways thoughts），並補充說明，路徑想法是指個人是否相信自己有能力為所希望達到的目標，規劃出實際可行的方法（Quinn, 2007; Snyder, 1994）。Snyder 指出人們對自己能力的信任度是相當重要的，它是路徑想法的核心（Snyder, Ritschel, Rand, & Berg, 2006）。唯有當人們相信自己能為所要達到的目標規劃出可行的路線時，才會有付諸行動的動力（Snyder & Ilardi et al., 2000）。事實上，達到同一個目標的路線可能會有好幾條，而且達到目標的效果也各有異。通常抱持高希望者（high-hope）較能設定出特定具體的目標，並能發展出較可能達到該目標的路線；反過來說，抱持低希望者（low-hope）較無法設定有效的路徑。而且萬一原本設定的路線行不通時，抱持高希望者較能想出取代性的方案，以達到預定的目標。除此之外，人們過去的經驗會影響他們對未來前途的規劃；而他們對未來目標的規劃又會回過頭來影響到此刻的想法（Snyder, 2002）。

三、能量（或稱意志力）

　　當有了可行的路徑後，個體必須要有意願跟著可行性的方法逐步付諸行動，希望理論將此決意往目標直衝的動力，稱為能量（agency）（Snyder & Ilardi et al., 2000）或意志力（willpower）（Snyder, 1994）。Snyder（1994）強調意志力是驅動個體興起希望感的重要動力，它是在人們衝向目標的過程中對自己所下的承諾。例如人們告訴自己「我做得到」、「我

願意嘗試看看」等積極性的想法。這種積極性的心理能量能促動個體從目前所在的地點（定點 A）到達目的地（定點 B）（如圖 1-2 所示）。一般來說，當人們對自己所想達到的目標越清楚時，其想達到目標的意志力就會越強。意志力的強弱也與過去的經驗有關，人們若曾有過達到該目標的成功經驗，遇到類似的經驗時對目標的達成會有較強的意志力；反之，若曾有失敗的經驗，意志力就會減弱。

圖 1-2　能量或意志力的驅力

資料來源：參考 Snyder（1994）。

Snyder（2000, 2002）指出將能量與意志力又可稱為能量想法（agency thoughts），以強調它所涵蓋的動機性。能量想法指的是人們覺知到自己可以達到目標的能力。這是一個自我提醒（self-referential）的想法，在整個朝向目標的過程中幫助自己努力向前的心理能量。例如 Snyder、Lapointe、Crowson 及 Early（1998）就發現，抱持高希望者當遇到困難時會不斷的告訴自己：「儘管困難重重，但絕不會輕言放棄。」

四、希望＝能量＋路徑

Snyder（2000）指出在追求目標的過程中，人們的能量想法與路徑想法兩者缺一不可，且是相加的關係，只有不斷的透過兩者相輔相成，個體才能繼續的往目標邁進。當個體對自己能達到目標的信心增加時，可以想出更多達到目標的路徑與方法，其達到目標的希望感就越高（Snyder & Ilardi et al., 2000）。所以研究發現抱持高希望者因其能量想法與路徑想法都較流暢，當希望感越高時，達到目標的可能性也會相對的提高。如果能量想法與路徑想法都較不流暢者，其組合成的希望程度較低，也較不容易達到目

標（Synder, 2002）。如圖 1-3 所示，左邊的箭頭指的是覺知自己想要達到目標的動力；右邊的箭頭則是指對所想要達到的目標有清楚規劃的能力。

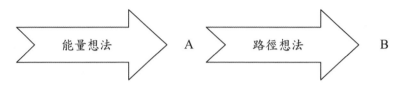

能量想法　　A　　路徑想法　　B

圖 1-3　能量想法與路徑想法的結合

資料來源：參考 Snyder（2000）。

貳、希望、阻礙與情緒

當然，人生不如意事十之八九，追求目標的過程中會遇到阻礙是很常見的情況。當阻礙臨到時，透過路徑想法，人們試圖找出替代的方法繞過障礙物而達到目標（如圖 1-3 所示）。當然在遇到阻礙時能量的想法也相當重要，因透過能量想法，個體才能有動機與信心繼續往目標前進（Quinn, 2007; Snyder, 2000, 2002）。

Snyder（2002）反對希望純粹是一種情緒的說法，而強調希望是認知的過程。他認為人們的情緒會受到他們是否相信自己能成功的想法所影響。若覺知自己能成功的達到目標，並有清楚的徑路與能量想法來克服困難，就會有積極正向的情緒（positive emotion）；反之，若自覺未能達到目標，且未有清楚的徑路與能量想法來克服困難時，就較會有消極負向的情緒（negative emotion）。所以可以推論，抱持高希望者較易有積極正向的情緒；抱持低希望者則較會有消極負向的情緒。抱持高希望者在遇到阻礙或發現先前的辦法行不通時，常能快速找到替代的方式來繼續追求目標的達成。不過，人們過去的經驗對目標達成的規劃與方向力強弱的影響也是不容忽視的（如圖 1-4 所示）。

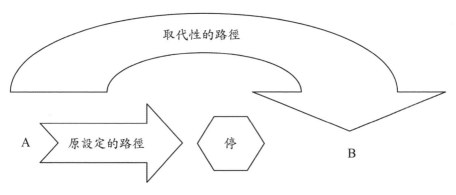

圖 1-4　原路徑與取代性的路徑

資料來源：參考 Snyder（1994）。

　　當發現目標確實不適當時，並非要堅持下去不可，可以重新設定目標（re-goaling）。Snyder 與 Feldman 等人（2002）建議這過程包括三個步驟：(1)停止原來目標的追求；(2)將此目標所有相關的事項全部放棄；(3)重新訂定新的目標。特別是當其廣泛的希望程度很高，但特定目標的希望很低時，重新設定目標是比較好的做法。

 參、希望理論的整體概念

　　總結來說，希望與目標取向的行動是有相當的關聯性，不過希望理論並不只是在強調追求目標的行動而已，內在的決定力（inner determination）也是其中相當重要的因素之一（Snyder & Harris et al., 1991）。希望是具有雙重因素的認知架構，包括路徑與能量兩個部分。路徑部分即指個人相信自己可以設定目標，並能遵循所需要的管道與路徑來完成目標。這些目標可包括短程與長程目標，但兩者都同樣重要，且應同時具有挑戰性及可行性。一旦目標設定後，人們就會專注的按自己的能力設定可達到該目標的路徑。假如不幸原先所設定的路徑受阻，抱持高希望感的人能夠採行其他的方法來達到原先所設定的目標。萬一不幸原先所定的目標完全受阻，抱持高希望感的人能夠設定取代性的目標，來滿足自己原先的期待。能量部分則是表示個人相信自己有內在的動力，相信自己願意也能夠去按所設定

的計畫付諸行動，即使是遇到挫折，也願意想辦法去克服它。當人們能夠遵循所設定的路徑而達到目標時，這成功的經驗有助於提升他們追求下一個目標的內在決定力。可見希望感的提升，必須要能同時具有清楚的路徑與充分的能量兩部分才有可能（Westburg, 2003）。

　　將上述的各個部分結合在一起，就是希望理論的整體架構（如圖 1-5 所示）。最左邊這一欄可看出，個體目標導向的思考是從其幼年學得的經驗所塑造的路徑想法與能量的想法開始的，若幼年時未被鼓勵去相信自己有機會及有能力追求成功，長大後就可能會缺乏希望感且否認自己有能力達到目標。第二欄是情緒欄，從箭頭所指的方向表明出人們的情緒狀態會受到過去追求目標經驗的影響。幼時正向的經驗會培養出對目標追求的高希望感，其情緒狀態會是友善、快樂且是有自信的；相反的，幼時負向的經驗會使得個體對目標追求缺乏希望感，對目標追求的情緒狀態也常是負向消極，且是缺乏自信的。在此圖的第三欄是對結果的評價，這裡指的是當一個人設定目標之前通常會先對達成該目標的可能性加以評價，如果評

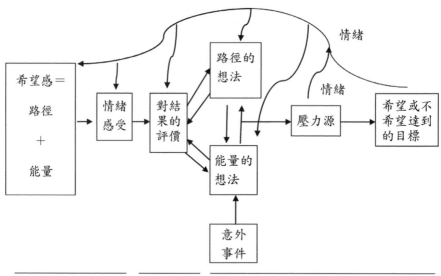

圖 1-5　路徑想法、能量想法與目標追求間的關係流程

資料來源：Synder（2002: 254）。

價結果是正向的，追求該目標的意願就會較強而進入第四欄路徑的想法與能量的想法，否則就會取消追求該目標的念頭。除此之外，第四欄下面出現一個意外事件，是指生活環境中難免會出現所謂「計畫趕不上變化」的狀況，對追求目標的情緒所造成的影響。再者，在追求目標的過程中也難免會遇到壓力的情況（如第五欄所示）而引出不同的情緒反應，此情緒會回流而影響個體的希望感。當抱持高希望者面臨此狀況時，其能量的想法是：「我應該應付得了這些挑戰，只要努力就會達到我的目標。」同時，其路徑的想法也隨著需要而想出幾個可能的路線，因而其前進目標的戰鬥力就會強壯些。反之，當希望感較低者面臨此狀況時，其能量的想法是：「我應付不了這些挑戰，乾脆放棄算了。」其路徑的想法也會因路線被阻擋而不知所措，而消減了往目標邁進的戰鬥力。最後一欄是結果，如果追求目標的結果是成功的，其成功的情緒會回流到前面的步驟，而增強下次面對新目標的信心與勇氣；反之，如果最後的結果是失敗的，其失敗的情緒會回流到前面的步驟，而減弱下次面對新目標的希望感（Synder, 2002）。

肆、希望感的威力

　　在表 1-1 及表 1-2 兩個例子中，元志與原浩都是剛從學校畢業，也同樣面臨就業市場不景氣的時候，但因希望感高低的分野，導致兩人生活態度上截然不同。元志明顯的是屬於低希望者，他缺乏能量想法去尋找工作，也缺乏往目標前進的路徑想法；反之，原浩是屬於高希望者，充沛的能量想法讓他積極尋找工作，並有充分的路徑想法知道如何進行以有助於目標的達成。高希望感者如原浩一樣，通常是有許多想達成的目標，也常設立較困難及挑戰性的目標，不過因為動力強所以達到目標的機會也較多；反之，低希望感者如元志一樣，較不會主動的去追求目標，只想被動的保護自己免受到失敗的傷害。

　　近年來，諸多的研究結果支持上述的論述，證實抱持希望感的高低對個體生理、心理健康具有相當的影響力。

表 1-1　元志的掙扎：不想做，也做不來

《元志的掙扎：不想做，也做不來》

　　元志今年暑假從大學畢業，興匆匆從宿舍搬回家。元志從小聰慧，功課從未讓父母操心過，所以父母對他期望很大，相信以他在學校優異的成績應該很快可以找到工作。但畢業後元志一直躲在房間沒有出門，工作也一直沒有著落，父母開始感到擔心，問元志是怎麼回事？元志的回答是：聽說現在經濟不景氣，很多地方都不雇員工，找到工作的機會不大，所以申請也沒用。當父母鼓勵他至少申請看看再說，他吞吞吐吐的，後來細問之下，元志才說自己一直以來都只顧念書，從沒有找過工作或工作的經驗。所以他不知道如何下手找工作，況且因自己沒有工作過不相信自己的工作能力，即使找到工作也是做不來。

表 1-2　原浩的勇氣：試試看，應該可以

《原浩的勇氣：試試看，應該可以》

　　原浩今年暑假從大學畢業，還未畢業時就開始注意就業市場的情況。雖知道現在經濟不景氣工作機會不多，但他相信只要去試機會總會有的。他參加學校職業輔導中心教導如何寫履歷表及工作面試的課程，也很積極查詢工作機會的公告。他心想，儘管暫時找不到理想的工作，學到這些經驗對將來都會很有幫助的。

一、希望感對生理健康的影響

　　在探討希望感對生理健康影響的研究方面，學者們發現希望感對於身體疾病的預防以及身體健康的恢復相當有幫助（Gum & Snyder, 2002; Irving, Snyder, & Crowson, 1998; Snyder, 1994, 1996, 1998; Snyder & Harris et al., 1991）。通常希望感高的人較能積極的參與對健康有助益的活動（Harney, 1990），即使罹患癌症，也願意積極參與治療的過程，所以其治療的效果通常會較缺乏希望感的病患來得好（Snyder et al., 1998），同時也較能以積

極態度面對死亡的來臨（Gum & Snyder, 2002）。

二、希望感對心理健康的影響

希望理論強調情緒是目標導向想法的產物，當人們能清楚的設定目標，且相信自己有能力達到目標時，其消極的情緒自然會獲得改善（Snyder, 2000）。研究就發現當人們順利達到目標時，會感受到積極正向的情緒；但若遇到重重的攔阻，就容易感到頹喪（Snyder, Sympson, Ybasco, Borders, Babyak, & Higgins, 1996）。當探討希望感與憂鬱的關係時，研究發現希望感越高時，其憂鬱程度就會較低，因為希望感高的人，即使遇到不順的境遇，也可以從中找出一丁點讓自己感到欣慰的希望感（Kwon, 2000）。而且希望感較高的人，心理適應較佳（Chang & DeSimone, 2001; Feldman & Snyder, 2005）、遇到問題時較能專注面對並解決它（Snyder & Harris et al., 1991），所以心理較健康（Magalleta & Oliver, 1999），對人生也較充滿意義感（Feldman & Snyder, 2005）與樂觀的態度。他們相信自己對人生的掌控力，喜歡接受挑戰（但不一定非贏不可）、自尊心較高且心情較愉快（Snyder, 1994）。因著如此，他們較有機會達成預期的目標。而目標的達成又轉過來變成鼓舞他們人生的力量，使得他們對人生目標的追求上更有希望感（Feldman, Rand, & Kahle-Wrobleski., 2009; Snyder, 2002; Snyder & Harris et al., 1991）。Snyder 等人（1998）的研究發現，高希望者較低希望者喜歡傾聽積極性與追求目標有關的媒體訊息。親職教育方面的研究也顯示，抱持積極希望感的父母較能培養出快樂與充滿希望感的子女（Rodriguez-Hanley & Snyder, 2000）。反之，低希望者較悲觀，覺得對人生無掌控力，較常會有敵對、焦慮、害怕、罪惡及憂鬱的心情。

克服壓力方面，高希望者的壓力容忍力較高，也有較好的因應策略（即使面對不順利的人生也能積極的面對與克服），身體的恢復力較強，且較不會有工作的倦怠感；反之，低希望者對壓力的容忍力較弱、較常會逃避壓力、較不會照顧自己、容易感到疲倦，一旦受到傷害就感到沮喪且不易恢復（Snyder, 1994）。

學者們相信即使嚴重患有憂鬱症的人在其生活中也應該有某個不讓他

們感到憂鬱的層面（Pelham, 1991, 1993; Snyder & Harris et al., 1991; Snyder, Hoza, Pelham, Rapoff, Ware, Danovsky, Highberger, Rubinstein, & Stahl, 1997），所以希望理論為準的憂鬱治療團體就著重在幫助憂鬱患者找到人生的光明面與希望，以減低憂鬱症狀（Klausner, Snyder, & Cheavens, 2000）。

三、希望感對學業表現的影響

Snyder 與 Feldman 等人（2002）提出目標的選擇是個人的價值觀、興趣程度及希望感的程度三因素互動的結果。所以若學生在學校成績不理想時，可能是他們對學習不感興趣，或者是他們對學習方面抱持不當的想法（如學校的學習都只是空談理論，對將來長大並沒有幫助）。不過更重要的是看他們對該目標追求是否具有希望感，亦即看他們是否相信自己有能力設定要達到目標的步驟，以及遵循所設定的步驟來達到目標的能力。這個希望感會影響他們是否願意去追求自己認為有價值以及感興趣的活動或目標，可見希望感在個人追求目標的達成上是具有成敗關鍵性的威力。

諸多研究發現富有希望感的人在學業方面有較好的表現（Gilman, Dooley, & Florell, 2006; Snyder, Shorey, & Cheavens, 2002），這種現象不僅發生在小學生的身上（Snyder et al., 1997），希望感高的高中生（Snyder & Harris et al., 1991）與大學學生（Chang, 1998; Curry, Snyder, Cook, Ruby, & Rehm, 1997）也會比希望感較低的學生成績較好。通常他們較不會中途輟學（Snyder, Wiklund, & Cheavens, 1999），也較不會有考試焦慮（Onwuegbuzie & Snyder, 2000; Snyder, 1999），在運動方面也表現得較精湛（Curry & Snyder, 2000; Curry et al., 1997）。

第二節　希望理論與其他積極動機性理論的異同

「希望」這個名詞因為司空見慣，是積極樂觀的一種象徵，所以在探討時很多人會認為只要是具有樂觀個性（optimism）、自我尊重（self-esteem）高、A 型人格特質者（type A）或智商（intelligence）優秀者，就會抱持著高希望。其實不盡然，下面我們將具體的將其中的區別加以介紹。

壹、希望感與樂觀的區別

當遇著沮喪的情況時，很多人都會鼓勵我們要以樂觀的態度來期待最美好的遠景。有些人的樂觀是與生俱來的，不管生活遇到多大的困難，都能夠朝著積極面去看事情，但所遇到的困難並不一定獲得解決（Snyder, 1994）。有些樂觀是可以學來的，例如根據樂觀理論，人們若能將遇到的問題歸咎於外在（external）、變動（variable）及特定（specific）的歸因，而非內在（internal）、穩定（stable）及一般（global）的歸因，就會體會到樂觀的感受（Abramson, Seligman, & Teasdale, 1978; Seligman, 1991; Seligman, Reivich, Jaycox, & Gillham, 1995）。例如學生若將考試成績不好歸咎於老師考題出得太難（外在因素）、自己考前沒睡飽（變動因素）、只是這一次的問題（特定因素）等，心情會覺得好過一些。當然樂觀開朗是重要的，但在樂觀理論中較少教導我們應如何去做規劃，好邁向美好的未來。在處理事情時，光有樂觀的態度卻沒有審慎的計畫，那種希望是空洞的（Snyder, 1994）。另外，Snyder（1994, 2002）就批評上述歸因理論的教導只是鼓勵人們遠離（distancing）負向的結果，以避免受到失敗的衝擊。所以在輔導抱持低希望感的案主時，諮商師可以採用希望理論來補強樂觀理論之不足，鼓勵案主積極的面對未來的目標，而且與他們清楚的討論到達該目標所需有的能量與路徑，並從成功的經驗中感受積極的情緒。同時也教導他們如何在原先的目標遇到阻礙時，有彈性的選擇替代性的目標或管道，達到所期待的目標。

例如對於表 1-1 的元志，不只是安慰他想開一點，樂觀一點，等經濟景況轉好機會就會來；而是可以針對他因從未找過工作而不知如何著手這個方面，先設定出一個短期目標（如蒐集工作市場的資料），並根據此目標訂定路徑（如每天要上網查資料、看報紙的求才欄、將蒐集到的資料按自己有興趣的工作分門別類等），當此短期目標完成後，再鼓勵他設定另一個相關的目標。透過這樣的做法，可以幫助他從短期目標的達成中找到希望。

貳、希望感與自我尊重的區別

Coopersmith（1967）將自我尊重定義為是對個人自我價值的評價。He-witt（1998）指出自我尊重是個人對自己評價過程的結果以及在此過程中的情緒起伏狀態，他認為自我尊重感高的人，他們的希望感也較高。Snyder（1994）反對這個說法，指出所謂「希望」並不是指積極的情緒及高自我尊重。很多人認為積極的情緒是人類行動的泉源，但希望理論是認為情緒與自我尊重是跟著人們能否有效達到目標的經驗而來。當人們能順利達到期待的目標時，就會有好的情緒及高自我尊重；反之，若無法順利的達到期望的目標就會心情不好，自我尊重程度也會降低。所以 Snyder（1994）強調在諮商過程中雖不可忽略案主的情緒與自我尊重程度，但幫助他們學習如何達到目標應該是更為重要的。因為如前所述，一旦目標達到了，情緒及自我尊重自然就跟著提高了。

讓我們再回顧元志的例子，元志的情況也許是來自他對自己工作能力缺乏信心，因此可以以鼓勵的方式來提升他的自尊心；不過希望理論則強調，如果他按前面所提示的方法，設立了短期的目標與路徑而獲得成功的經驗，其自我尊重的程度也就會跟著提升了。

、希望感與 A 型人格特質的區別

Friedman 與 Rosenman（1974）指出 A 型人格特質者相當在乎也很致力於目標的追求、生活節奏快速、個性積極、相當要強，常會將其所獲得的成功歸功於自己，但卻也喜歡將失敗歸咎於他人（Snyder, 2000）。研究發現這種人易罹患心臟病（Friedman & Rosenman, 1974）。很多人會誤以為 A 型人格特質者的希望感必定相當高，但 Snyder（1994）對此說法卻有所質疑，他說雖然 A 型人格特質者強調目標的追求，但不同的是，抱持高希望者不會太要強、社會關係良好，即使遇到挫敗，或在兩難中不知如何時，也會放聲大笑嘲笑自己。其實透過大笑可提供身心有新的能量來處理

問題。例如他們常自我解嘲的說：「假如你不會嘲笑自己一下，你就錯失了天下最大的笑話。」（If you don't laugh at yourself, you have missed the biggest joke of all）（Snyder, 1994: 20）。他們健康情況良好，且善於照顧自己。不像 A 型人格特質者缺乏具體的目標，高希望者的目標很具體，不像 A 型人格特質者常常覺得自己不夠好，高希望者對自己相當滿意。另外的不同是，在追求目標達成的過程中，A 型人格特質者重視結果，高希望者則會享受在目標追求的過程中。

肆、希望感與智商的關係

是不是智商較高者就會有較好的目標，有較高的能量及較好的路徑，所以較容易達到目標呢？Snyder（1994）指出「希望」與天生智商的高低無關，而是與個人過去達到目標的成功經驗有關。但如前面所說，高希望感的人能夠享受在目標追求過程中的樂趣，所以即使沒有達到最終的目標，也能從過程的學習經驗中強化其希望感。

伍、希望理論與自我效能理論的差異

Bandura（1977）的自我效能（self-efficacy）理論指出兩種期望，一種是對結果的期望（outcome expectancies），意即個體是否相信其特定的行為將引致特定的結果；另一種是對效能的期望（efficacy expectancies），意即個體是否有自信能達到期望的結果。Snyder（1995）指出結果的期望類似於希望理論路徑想法的部分，效能的期望則類似於希望理論能量想法的部分。不過不同的是希望理論強調這兩個部分是相輔相成的。除此之外，自我效能理論指的是在特定情境下的自我效能，這種自我效能的期待會影響目標的設定；而希望理論則強調在一般的情況下，能量想法與路徑想法對整個目標追求過程的影響。此外，自我效能理論未描述到情緒的因素；而希望理論則強調情緒對目標追求的重要性（Snyder, 2002）。

第三節 應用希望理論於臨床諮商的原則

Snyder、Rand、King、Feldman 與 Woodward（2002）指出很多案主在接受諮商時，希望感都相當低，不知如何設定目標、路徑，也缺少達成目標的能量。下面將提出一些原則性的建議，幫助諮商師了解要如何應用希望理論來協助案主透過目標、路徑與能量三要素提高其希望感。

壹、目標的設立與評量

一、目標的設定須配合案主的價值觀、個人的興趣與能力

許多研究指出幫助案主目標的達成有助於其希望感及幸福感的提升（Emmons, 1996; Feldman et al., 2009），但因為人們通常都不喜歡別人為他們設定的目標，特別是被指派「一定」或「必須」完成的目標（Sheldon & Elliot, 1999），所以 Snyder 與 Rand 等人（2002）建議要幫助案主建立諮商的目標時，應注意該目標與案主價值體系配合的程度。根據自我決定理論（self-determination theory），人們若能追求自己喜歡的目標型態，對於幸福感的提升是有相當的影響力（Deci & Ryan, 2000）。所以諮商師可以與案主一起討論他們想達到的目標，但是最終的決定權應交在案主的身上，且應切記的是所達成的目標須與案主的個人興趣相符合，才有助於案主幸福感的提升（Clarie, Kevin, & Rob, 2003），這對老年案主尤其重要（Deci & Ryan, 2000）。此外，目標的設定也須符合案主的自我概念，即按著案主所認為目標的重要程度或價值觀來設定其目標，否則很容易失敗（Snyder & Rand et al., 2002）。除了考量案主的價值觀與個人的興趣外，學者（Snyder & Rand et al., 2002）也建議要幫助案主設定符合其能力且是將其能力發揮到極致的目標。如此的目標不僅可提升案主的希望感，而且透過該目標的達成與表現，其對生活的滿意感將相對的提高（Snyder & Feldman, 2000; Snyder & Feldman, et al., 2000）。

二、所設定的目標必須是具體可行的

在設定目標時，諮商師要幫助案主評量他們所設定的目標是否太過於抽象（如要用功讀書）。因為抽象的目標不易評量，易造成挫折感；反之，具體的目標可評量（如每天要讀書三個小時），因評量容易，可以幫助案主從目標的達成中感受到希望感。此外，也要幫助他們評量所設定目標可能達成的程度。如果所設定的目標相當高，可鼓勵案主回顧先前追求相似目標的經驗，並預想要達到該目標所需花費的時間與精力。若案主有達到相似目標的經驗，其達到目標的機率會比從未有類似經驗者機率高些。特別是希望感低的人經常會設定相當困難的目標，如果諮商師沒有教導他們如何做清楚的評估，他們可能會因目標設得不當無法達成，讓其希望感更加受挫。另外，如果案主設定很多個目標，諮商師應鼓勵他們排出優先順序，如此會有助於提高目標達成的可能性（Snyder & Rand et al., 2002）。

三、目標的設定須著重於內在生活的目標

人所追求的目標可分為內在生活的目標（intrinsic life goals）與外在生活目標（extrinsic life goals），內在生活的目標包括：對社區的貢獻、自我成長的期望，與他人建立有意義的關係（Vansteenkiste, Soenens, & Duriez, 2008）、自主性（autonomy）（如可以為自己的行動做決定、可以做自己愛做的事）、富有能力（competence）（如能有效率的完成某件事）及能與他人建立關係及心靈的默契（relatedness）（Hiel & Vansteenkiste, 2009）。外在生活目標包括：有份工作、考上理想學校、置產、結婚或生子等。一項針對老人的研究發現，專注於內在生活目標的追求有助於幸福感、自我統整力（ego-integrity）與心理健康的提升，較能接受死亡並較少對死亡感到焦慮（Alain & Maarten, 2009; Hiel & Vansteenkiste, 2009）。

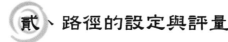

貳、路徑的設定與評量

當案主設定目標後，下一個步驟就是設定追求目標的路徑。如同設定

目標一樣，有效的路徑會有助於目標的達成。針對此，Snyder 與 Rand 等人（2002）建議應鼓勵案主探索可能的路徑，並設定與自己的價值觀及能力相一致的路徑。最重要的要幫助案主了解，追求目標達成的過程本身就是一個目標。以下將針對這幾點加以詳細說明。

一、鼓勵案主探索可能的路徑

很多案主來到諮商師面前時，常是感到最無助的時候，所以可能會希望諮商師把他們需要做的步驟排列出來。不過如前所述，人們通常不喜歡做被別人命定的事，而且諮商師所列出的步驟可能不會符合案主真正的興趣與能力，所以最好的方法是鼓勵案主探索可能達到目標的路徑，然後諮商師再幫助他們評估路徑的適切性與可行性。因為該路徑是案主經由自己探索而發展出來的，會較有動機去執行它。

二、幫助案主評量所設定的路徑是否符合其價值觀與能力

某位案主告訴諮商師他很想拿到好成績，而且知道很多同學的好成績是因常晚上通宵開夜車用功讀書的結果。問題是這位案主一直覺得晚上開夜車不是個好習慣，而且自己的身體也會撐不住。在此情況下，若設定採開夜車的方法是他拿到好成績的路徑，因不符合其價值觀與能力，其效果就會很差；反之，若案主能訂定符合自己價值觀與能力的路徑（如一個喜歡看書且閱讀能力還不錯的案主，訂定以多閱讀的方法來提高成績），其實行起來就會達到事半功倍的效果。

三、學習享受追求目標的過程

作者的一位朋友用很便宜的價錢在鄉間買了一棟房子，但問題是該房子年久失修，需要很多的整修才能居住。雖然把房子修理好是一個具體的目標，但他更有興趣的事就是整修工作本身。所以只要一放假他就會帶著家人去鄉間整理房子，雖然進度很慢，但他卻做得很快樂，因為他視整修工作為其生活中的一項消遣，並從每個小步驟的完成中得到成就感。幫助案主學習像我們這位朋友般享受追求目標過程的每個小成就感，就會提高

他們順著路徑走下去的動機。

 參、增進案主達成目標的能量

儘管設定目標與路徑相當重要，但案主若缺乏能量去付諸行動，就會像一位想煮一桌大餐請客的人，把菜都買好、切好，但卻沒有放下去煮一樣，無法達成煮出滿桌佳餚的目標。所以幫助案主增進其達成目標的能量是相當重要的。

一、給案主一雙傾聽的耳朵

很多的諮商學派都強調傾聽技巧具有增強案主能量的功效（Snyder & Ilardi et al., 2000; Snyder, Feldman, Taylor, Schroeder, & Adams, 2000; Snyder, Ingram, & Newburg, 1982），同樣的，希望理論也是認為當案主能感受到諮商師的關心與傾聽的意願時，就會增進其願意努力按所設定的路徑走下去的毅力。學者（McDermott & Snyder, 2000）因此鼓勵父母要常傾聽孩子的心聲，如此做會有助於增長孩子們的希望感。藉著傾聽可以幫助對方看清楚其行動所朝向的目標，增強其想達到該目標的動機（Rule, 1982）。

二、鼓勵案主擴展人際關係

雖然諮商關係有助於增進案主想追求目標達成的能量，但諮商師更要幫助案主擴展其外在生活的人際關係（Snyder & Rand et al., 2002）。例如與朋友及親戚間有效的互動可幫助案主適應社會的能力（Kwon, 2002），增加生活滿意（林純妃，2007）及幸福感（楊雅筠，2003）。而這些社會支持力（social support）會有助於希望感的提升（Snyder & Rand et al., 2002），當希望感提升時，能量也自然會提高。

三、幫助案主找到自己的長處

如前面所示幫助案主找到自己的長處，並設定符合自己能力的目標與路徑，會有助於追求目標能量的提升。因為當案主體會到目標與路徑都是

自己可以勝任的，其執行的動機就會較積極，其付諸行動的能量就會相對提高（Snyder & Feldman, 2000）。

四、幫助案主增強活動力

許多研究都發現，多參與各式各樣的活動，會有助於案主情緒的改善、增進積極性的思考（Snyder & Rand et al., 2002），並有助於保持心態上的年輕（Atchley, 1994; Kaufman & Elder, 2003; Mutran & Reitzes, 1981），自然的其希望感就會提高 （藍育慧、莊照明、林昭卿、趙淑員，2008）。

本章摘要

「希望」是希望理論的中心思想，它不是一種情緒感受或是無具體行動的空想，而是主動出擊，按所需的步驟追求目標達成的動力。具體言之，希望感包括目標、路徑與能量三個要素。首先，希望必須是以目標為導向，因為沒有目標的希望是枉然的。而且所設定的目標最好是以積極結果為導向，且必須是達成性高及具有某些程度的真確性，才會有追求目標達成的動力。其次，要能順利達到期望中的目標，必須針對目標做出清楚的路線規劃。不過，其中更重要的是人們對自己能力的信任度，唯有當人們相信自己能為所要達到的目標規劃出可行的路線時，才會有付諸行動的動力。尚且，達到目標的路線可能有好幾條，抱持高希望者較能在原本設定的路線行不通時，找出取代性的方案。最後，當有了可行的路徑後，必須要願意跟著路徑逐步付諸行動的動力，才有達到目標的機會。所以在目標追求的過程中路徑與能量是相輔相成的。甚至可以說，希望就是等於路徑加上能量的總和。希望感具有相當的威力，積極與高亢的希望感有助於生理與心理的健康，以及學業成績的進步，因此在協助案主處理其問題時，提升其希望感是相當重要的。

不過在幫助案主前，諮商師應先了解希望與樂觀、自我尊重、A 型人格特質、智商、自我效能是有所區別的。在樂觀理論中較少教導如何去為未來進行規劃，這種光有樂觀的態度卻沒有審慎計畫的希望感是空洞的。

積極的情緒與自我尊重是跟著人們能有效達到目標而來的。當人們能順利的達到期待的目標時，就會有好的情緒及高自我尊重。很多人會誤以為 A 型人格特質者的希望感必定相當高，事實上雖然 A 型人格特質者強調目標的追求，但不同的是，抱持高希望者不會太要強、社會關係良好，即使遇到挫敗，也可以幽默的態度去面對。他們健康情況良好，且善於照顧自己。不像 A 型人格特質者缺乏具體的目標，高希望者的目標很具體；不像 A 型人格特質者常常覺得自己不夠好，高希望者對自己相當滿意。另外的不同是，在追求目標達成的過程中，A 型人格特質者重視結果，高希望者則樂於享受目標追求的過程。而且希望感與天生智商的高低無關，而是與過去的成功經驗有關。在與自我效能的區別上，雖然兩者都強調對自己能力的信任與結果的期待對目標追求的重要性；但不同的是，自我效能理論著重在特定的情境，希望理論則著眼於一般的情境，並強調情緒在目標追求過程中的重要性。

最後，我們根據希望理論提出數項建議以幫助案主提升希望感。在目標的設立與評量方面，諮商師應幫助案主配合其價值觀、興趣與能力，設定具體可行的內在生活目標；路徑的設定與評量方面，應鼓勵案主探索可能的路徑、幫助案主評量所設定的路徑是否符合其價值觀與能力，及學習享受追求目標的過程。在增進案主達成目標的能量方面，諮商師應給案主一雙傾聽的耳朵、鼓勵案主擴展人際關係、找到自己的長處及增進活動量。

《動腦篇》

1. 希望理論中所強調的「希望」與一般人們所講的希望到底有何不同？

2. 希望理論強調的是積極的動力，但它與其他的動機理論又有所區別，到底其區別在哪裡？諮商師應如何將希望理論植入其他的動機理論，以增強諮商的效果？

3. 請以元志為例，採用希望理論於臨床諮商的原則，為元志發展出一套諮商策略，幫助他找出踏步向前的動力。

參考文獻

中文書目

林純妃（2007）。**鄉村地區老年人休閒參與對其生活滿意度影響之探討**。大葉大學休閒事業管理研究所碩士論文，未出版，彰化縣。

楊雅筠（2003）。**老年人友誼支持與幸福感之研究——以台北市老人服務中心為例**。中國文化大學生活應用科學研究所碩士論文，未出版，台北市。

藍育慧、莊照明、林昭卿、趙淑員（2008）。社區老人生活舒適感、希望感、與死亡態度及相關之探討。**社區發展季刊，121**，303-319。

英文書目

Abramson, I. Y., Seligman, M. E. P., & Teasdale, J. D. (1978). Learned helplessness in humans: Critique and reformation. *Journal of Abnormal Psychology*, 87, 49-74.

Adler, A. (1964). Individual psychology, its assumptions and its results. In H. M. Ruiten-beek (Ed.), *Varieties of personality theory* (pp. 57-73). New York: Basic Books.

Agnes, M. (1999). *Webster's new world college dictionary* (4th ed.). New York: MacMillan.

Alain, V. H., & Maarten, V. (2009). Ambitions fulfilled? The effects of intrinsic and extrinsic goal attainment on older adults' ego-integrity and death attitudes. *The International Journal of Aging & Human Development*, 68(1), 27-51.

Atchley, R. (1994). *Social forces and aging* (7th ed.). Belmont, CA: Wadsworth.

Bandura, A. (1977). Self-efficacy: Toward a unifying theory of behavior change. *Psychological Review*, 84, 191-215.

Chang, E. C. (1998). Hope, problem-solving ability, and coping in a college student population: Some implications for theory and practice. *Journal of Clinical Psyclology*, 54, 953-962.

Chang, E. C., & DeSimone, S. L. (2001). The influence of hope on appraisals, coping, and dysphoria: A test of hope theory. *Journal of Social and Clinical Psychology*, 20, 117-129.

Clarie, H., Kevin, D., & Rob, B. (2003). A daily diary study of goals and affective well-being at work. *Journal of Occupational & Organizational Psychology*, 76 (3),

401-410.

Coopersmith, S. (1967). *The antecedents of self-esteem*. San Francisco: Freeman.

Curry, L. A., & Snyder, C. R. (2000). Hope takes the field: Mind matters in athletic perfor-mances. In C. R. Snyder (Ed.), *Handbook of hope: Theory, measures, and applica-tions* (pp. 243-260). San Diego, CA: Academic.

Curry, L. A., Snyder, C. R., Cook, D. L., Ruby, B. C., & Rehm, M. (1997). The role of hope in student-athlete academic and sport achievement. *Journal of Personality and Social Psychology, 73*, 1257-1267.

Deci, E. L., & Ryan, R. M. (2000). The "what" and the "why" of goal pursuits: Hu-man needs and the self-determination of behavior. *Psychological Inquiry, 11*, 227-268.

Emmons, R. A. (1996). Striving and feeling: Personal goals and subjective well-being. In P. M. Gollwitzer & J. A. Bargh (Eds.), *The psychology of action: Linking cognition and motivation to behavior* (pp. 313-337). New York: Guilford Press.

Feldman, D. B., Rand, K. L., & Kahle-Wrobleski, K. (2009). Hope and goal attainment: Testing a basic prediction of hope theory. *Journal of Social and Clinical Psychology, 28*(4), 479-497.

Feldman, D. B., & Snyder, C. R. (2005). Hope and the meaningful life: Theoretical and empirical associations between goal-directed thinking and life meaning. *Journal of Social and Clinical Psychology, 24*(4), 401-421.

Friedman, M., & Rosenman, R. H. (1974). *Type A behavior pattern and your heart*. New York: Knopf.

Gilman, R., Dooley, J., & Florell, D. (2006). Relative levels of hope and their relationship with academic and psychological indicators among adolescents. *Journal of Social and Clinical Psychology, 25*, 166-178.

Gum, A., & Snyder, C. R. (2002). Coping with terminal illness. *Journal of Palliative Medi-cine, 5*(6), 883-894.

Harney, P. (1990). *The hope scale: Exploration of construct validity and its influence on health*. Unpublished Mater's Thesis, Department of Psychology, University of Kan-sas, Lawrence.

Hewitt, J. P. (1998). *The myth of self-esteem: Finding happiness and solving problems in America*. New York: St. Martin's Press.

Hiel, A. V., & Vansteenkiste, M. (2009). Ambitions fulfield? The effects of intrinsic and extrinsic goal attainment on older adults' ego-integriet and death attitudes. *International Journal of Aging and Human Development*, *68*(1), 27-51.

Irving, L. M., Snyder, C. R., & Crowson, J. J. Jr. (1998). Hope and the negotiation of cancer facts by college women. *Journal of Personality*, *66*, 195-214.

Kaufman, G., & Elder, G. H. Jr. (2003). Grandparenting and age identity. *Journal of Aging Studies*, *17*, 269-282.

Klausner, E. J., Snyder, C. R., & Cheavens, J. (2000). A hope-based group treatment for depressed older adult outpatients. In G. M. Williamson, D. R. Shaffer & P. A. Parmelee (Eds.), *Physical illness and depression in older adults: A handbook of theory, research, and practice* (pp. 295-310). New York: Kluwer Academic/Plenum.

Kwon, P. (2000). Hope and dysphoria: The moderating role of defense mechanisms. *Journal of Personality*, *68*, 199-223.

Kwon, P. (2002). Hope, defense mechanisms, and adjustment: Implications for false hope and defensive hopelessness. *Journal of Personality*, *70*, 207-231.

Magalleta, P. R., & Oliver, J. M. (1999). The hope construct, will, and ways: Their relations with self-efficacy, optimism, and general well-being. *Journal of Clinical Psychology*, *55*, 539-551.

McDermott, D., & Snyder, C. R. (2000). *The great big book of hope: Help your children achieve their dream*. Oakland, CA: New Harbinger.

Mutran, E., & Reitzes, D. C. (1981). Retirement, identity and well-being: Realignment of role relationships. *Journal of Gerontology*, *36*, 733-740.

Onwuegbuzie, A. J., & Snyder, C. R. (2000). Relations between hope and graduate students' studying and test-taking strategies. *Psychological Reports*, *86*, 803-806.

Quinn, C. M. (2007). *Hope theory: A formula for success*. Master Thesis of the University of Toledo.

Pelham, B. W. (1991). On the benefits of misery: Self-serving bias in the depressive self-concept. *Journal of Personality and Social Psychology*, *61*, 670-681.

Pelham, B. W. (1993). On the highly positive thoughts of the highly depressed. In R. F. Baumeister (Ed.), *Self-esteem: The puzzle of low self-regard* (pp. 183-199). New York: Plenum.

Peterson, J. P., & Byron, A. K. (2008). Exploring the role of hope in job performance: Results from four studies. *Journal of Organizational Behavior*, *29*, 785-803.

Rodriguez-Hanley, A., & Snyder, C. R. (2000). The demise of hope: On losing positive thinking. In C. R. Snyder (Ed.), *Handbook of hope: Theory, measure, and application* (pp. 39-54). New York: Academic Press.

Rule, W. R. (1982). Pursuing the horizon: Striving for elusive goals. *Personnel and Guidance Journal, 61*, 195-197.

Sheldon, K. M., & Elliot, A. J. (1999). Goal setting, need satisfaction, and longitudinal well-being: The self-concordance model. *Journal of Personality and Social Psychology, 76*, 482-497.

Seligman, M. E. P. (1991). *Learned Optimism.* New York: Knopf.

Seligman, M. E. P., Reivich, K., Jaycox, I., & Gillham, I. (1995). *The optimistic child.* New York: Houghton Miffin.

Snyder, C. R. (1989). Reality negotiation: From excuses to hope and beyond. *Journal of Social and Clinical Psychology, 8*, 130-157.

Snyder, C. R. (1994). *The psychology of hope: You can get there from here.* New York: Free Press.

Snyder, C. R. (1995). Conceptualizing, measuring, and nurturing hope. *Journal of Counseling & Development, 73*, 355-360.

Snyder, C. R. (1996). To hope, to lose, and hope again. *Journal of Personal and Interpersonal Loss, 1*, 3-16.

Snyder, C. R. (1998). A case of hope in pain, loss, and suffering. In J. H. Harvey, J. Ornarzu, & E. Miller (Eds.), *Perspectives on loss: A sourcebook* (pp. 63-79). Washington, DC: Taylor & Francis.

Snyder, C. R. (1999). Hope, goal blocking thoughts, and test-related anxieties. *Psychological Reports, 84*, 206-208.

Snyder, C. R. (2000). Hypothesis: There is hope. In C. R. Snyder (Ed.), *Handbook of hope: Theory, measures, and application* (pp. 3-21). New York: Academic Press.

Snyder, C. R. (2002). Hope theory: Rainbows in the mind. *Psychological Inquiry, 13*(4), 249-275.

Snyder, C. R., & Feldman, D. B. (2000). Hope for the many: An empowerment of social agenda. In C. R. Snyder (Ed.), *Handbook of hope: Theory, measure, and applications* (pp. 389-412). New York: Academic Press.

Snyder, C. R., Feldman, D. B., Shorey, H. S., & Rand, K. L. (2002). Hopeful choices: A school counselor's guide to hope theory. *Professional School Counseling, 5*(5), 298-307.

Snyder, C. R., Feldman, D. B., Taylor, J. D., Schroeder, L. L., & Adams, V. III. (2000). The roles of hopeful thinking in preventing problems and enhancing strengths. *Applied and Preventive Psychology*, *15*, 262-295.

Snyder, C. R., Harris, C., Anderson, J. R., Holleran, S. A., Irving, L. M., Sigmon, S. T., Yoshinobu, L., Gibb, J., Langelle, C., & Harney, P. (1991). The will and ways: Development and validation of an individual-differences measure of hope. *Journal of Personality and Social Psychology*, *60*, 570-585.

Snyder, C. R., Hoza, B., Pelham, W. E., Rapoff, M., Ware, L., Danovsky, M., Highberger, L., Rubinstein, H., & Stahl, K. J. (1997). The development and validation of the Children's Hope Scale. *Journal of Pediatric Psychology*, *22*, 399-421.

Snyder, C. R., Ilardi, S. S., Cheavens, J., Michael, S. T., Yamhure, L., & Sympson, S. (2000). The role of hope in cognitive-behavior therapies. *Cognitive Therapy and Research*, *24*(6), 747-762.

Snyder, C. R., Ingram, R. E., & Newburg, C. (1982). The role of feedback in helping seeking and therapeutic relationship. In T. A. Wills (Eds.), *Basic processes in helping relationships* (pp. 287-305). New York: Academic Press.

Snyder, C. R., Irving, L., & Anderson, J. R. (1991). Hope and health: Measuring the will and the ways. In C. R. Snyder & D. R. Forsyth (Eds.), *Handbook of social and clinical psychology: The health perspective* (pp. 285-305). Elmsford, New York: Pergamon Press.

Snyder, C. R., Lapointe, A. B., Crowson, J. J. Jr., & Early, S. (1998). Preference of high-hope and low-hope people for self-inferential input. *Cognitive & Emotion*, *12*, 807-823.

Snyder, C. R., Rand, K. L., King, E. A., Feldman, D. B., & Woodward, J. T. (2002). "False" hope. *Journal of Clinical Psychology*, *58*(9), 1003-1022.

Snyder, C. R., Ritschel, L. A., Rand, K. L., & Berg, C. J. (2006). Balancing psychological assessments: Including strengths and hope in client reports. *Journal of Clinical Psychology*, *62*, 33-46.

Snyder, C. R., Shorey, H. S., & Cheavens, J. (2002). Hope and academic success in college. *Journal of Educational Psychology*, *94*, 820-826.

Snyder, C. R., Sympson, S. C., Ybasco, F. C., Borders, T. E., Babyak, M. A., & Higgins, R. L. (1996). Development and validation of the State Hope Scale. *Journal of Personality and Social Psychology*, *70*, 321-335.

Snyder, C. R., & Taylor, J. D. (2000). Hope as a common factor across psychotherapy approaches: A lesson from the Dodo's verdict. In C. R. Snyder (Ed.), *Handbook of hope: Theory, measures, and application* (pp. 89-108). New York: Academic Press.

Snyder, C. R., Wiklund, C., & Cheavens, J. (1999, August). *Hope and success in college.* Paper presented at the American Psychological Association, Boston.

Vansteenkiste, M., Soenens, B., & Duriez, B. (2008). Presenting a positive alternative to strivings for material success and the thin-ideal: Understanding the effects of extrinsic relative to intrinsic goal pursuits. In S. J. Lopez (Ed.), *Positive psychology: Exploring the best in people. Vol. 4: Pursuing human flourishing* (pp. 57-86). Westport, CT: Greenwood.

Westburg, N. G. (2003). Hope, laughter, and humor in residents and staff at an assisted living facility. *Journal of Mental Health Counseling, 25,* 16-32.

希望理論在諮商上的應用

前言

　　在諮商中，多數的諮商師會根據案主所帶進來的問題，藉著各種不同的諮商技巧，期能幫助案主解決問題。但近年來，積極心理學的概念崛起，企圖從另一個角度來探討諮商的功能與效用，並提出「給他們魚吃，不如教他們捕魚」的概念。該理論所指的「教他們捕魚」就是鼓勵諮商師幫助案主找到生命中的希望與促動其成長的力量，因為幫他們解決問題的效用可能是一時的，而唯有讓他們體會與抓住希望感，其效用才會是無窮的（Snyder, 1994, 2000, 2002）。在前一章我們已詳細介紹了希望理論的概念，不過本章要強調的是，當應用希望理論於諮商工作時是可以相當有彈性的，它不僅可以單獨使用，也可以針對案主的需要加入不同的諮商理論與技巧合併應用。

第一節　希望諮商理論的本質

　　根據第一章的介紹，我們了解希望理論強調希望感是路徑加上能量的總和，所以在希望諮商過程中最重要的是要幫助案主設定出清楚的目標、架構出可行的路線，鼓勵案主卯足勇氣與信心來按照計畫追尋目標的達成，並願意在必要時能有彈性與智慧的轉換跑道完成目標。在使用此諮商理論與技巧之前，諮商師要先了解此理論對人性本質的界定與在諮商過程中應遵行的原則。

壹、希望諮商理論對人的本質與改變過程的看法

　　希望理論是強調動機的認知模式（cognitive model of human motivation），它相信每個人都有能力去架構富有希望的想法（hopeful thinking），不論遇到何種情境，只要願意都可以將劣勢的失意感轉換成有優勢的希望感，而且此希望想法的強度是可以持續增加的。每個人所抱持的希望感難免會受到其過去生活經驗與社會期望的影響，所以鼓勵案主去評量審思自己過去的經驗及對未來的期望，會有助於案主更能清楚掌握目前的狀態。不過人們常因受制於負向想法（negative thoughts）的左右，而降低其達到所設定目標的信心，所以在諮商過程中諮商師可以透過建立支持性的諮商關係，專注於探討所遇到情況積極正向的一面，以幫助案主增強對目標達成的希望感。當此希望感提高時，案主對處理其他問題的希望程度也會相對的提高（Lopez, Floyd, Ulven, & Snyder, 2000）。

貳、希望諮商的基本原則

Lopez等人（2000）提出十個原則做為諮商師進行希望諮商時的參考：
1. 原則一：希望諮商的過程中應兼顧案主的性情（disposition）、目前的狀態（state-like）及所面對的情境（situation）三方面。

2. 原則二：希望諮商採用的是半結構及短期的諮商模式，諮商師可幫助案主從探尋過去所慣有的希望性想法，及了解他們在認知、行為與情緒方面想做的改變。更重要的是，幫助他們如何以過去的經驗為基礎，來設定目前所想達成的目標，並設定有效的方法以有助於該目標的達成。

3. 原則三：諮商師應了解光讓案主談過去的問題與失敗的經驗是無濟於事的，唯有透過幫助案主聚焦於過去成功的經驗及該經驗對目前目標達成的應用，才能增強案主自我參照信念（self-referential beliefs）。

4. 原則四：建立一個信任與積極的諮商關係，可增進案主願意主動參與的動機。

5. 原則五：諮商師應傾聽與尊重案主對所遇到情境的了解與看法，並根據其意願幫助他們規劃出處理該問題有效的方法與路徑。

6. 原則六：希望諮商是一個教育過程，從中諮商師可教導案主如何面對與處理在目標追求中所遇到的困難。

7. 原則七：在諮商中，諮商師的主要任務是幫助案主學習訂定可行的目標、設定幾個可行的路徑、克服障礙的方法，及教導案主如何提振士氣以能順利達到目標。而這個諮商過程的本身就提供了案主體會到希望感就是如何從無到有的發展過程的有效範例。

8. 原則八：諮商過程中應強調幫助案主專注於增強其自我參照能量的想法（self-referential agentic thinking）及目標導向路徑的想法（pathway goal-directed thinking）等認知層面上的改變。

9. 原則九：在諮商過程中，諮商師可有彈性的融合問題的解決以及認知與行為等技巧，為案主發展出一套有效的治療系統。

10. 原則十：諮商師本身抱持希望的程度對案主會有相當大的影響，所以諮商師除了要對希望理論、行為問題解決理論與認知行為等理論有充分的認識外，更應先審視自己抱持希望感的程度。若發現自己本身希望感極低，在投入諮商工作與實際幫助案主之前，應先處理自己希望感的情況。

第二節　應用希望理論幫助案主建立一個希望之家

表 2-1　光耀的案例

《光耀的案例》

　　光耀，25 歲，當完兵後，在台北找到工作，所以從台中的老家隻身搬到台北去住。他告訴諮商師，工作三個月來，因為除了上班外，下班後都沒有朋友，且不知要如何結交新朋友，所以感到相當寂寞，心情也一直都很低落。

　　針對此案例，可採用 Lopez 等人（2000）所提出的建立希望之家（house of hope）的諮商模式來幫助他，此模式包括四個步驟：探掘希望（instilling hope or hope finding）、建立希望性的關係（hope bonding）、增加希望（increasing hope）與提醒案主他們所擁有的希望（hope reminding）。下面將介紹此模式及舉出如何以此模式幫助光耀的例子。

壹、探掘希望

一、幫助案主從訴說故事中找到希望

　　希望理論重視目前與未來，但也相信過去的行為與態度對人們目前情況的影響，所以在諮商過程中，諮商師的工作雖著重於幫助案主檢視目前的景況，並定睛於未來的目標，但卻不能忽視案主過去的經驗。要幫助案主探掘希望感就是要鼓勵他們訴說一些已發生的過往，透過案主敘述的不同經歷中，諮商師可以了解案主過去追求個人成長及成就的方式，及該方式對其希望感高低的影響。當案主願意將自己未曾向他人訴說的過去經歷大聲說出來時，就較能以積極的心態來審視自己的人生。從中可以幫助案主從過去的故事中探討自己希望落空或被消抹的緣由，請他們探討過去的

經驗中與目前問題有關聯性的故事，並從過去的故事探討中去找出自己未來人生的希望（Lopez et al., 2000）。

二、希望諮商師使用訴說技術時應注意的重點

諮商師可以讓案主以自己喜歡的型態（如以寫詩、寫故事、畫圖或講述等方式）來訴說故事，並讓案主清楚知道講述生活故事的目的是要幫助他們從對過去生活的省思中（特別是從過去追求目標的路徑想法與能量想法的經驗），來加強其追求未來目標的動力與信心。當案主因想到曾有過的低潮而感到沮喪時，諮商師應同理案主心裡的痛苦，但更重要的是要幫助他們學習摒除（dispute）自己永遠無法擺脫過去痛苦經驗的想法。希望理論並不否認人生在世總有無可奈何的時候，但也相信再怎麼糟的情境人們都能從中找到一絲希望。所以諮商師應常鼓勵案主，只要抱持著希望的想法，即使在困境中也會看到希望的亮光（Lopez et al., 2000）。

三、如何將訴說故事的技巧應用於希望諮商中

Lopez 等人（2000）建議諮商師可使用下面的技巧來幫助案主訴說故事：

(一)以放鬆技巧開始

在講述故事之前先以放鬆技巧來幫助案主放鬆，以增進其思考的流暢性。讓案主自己決定想採用的講述方法，但當其思潮有阻礙時，諮商師應給予必要的引導。

(二)專注在案主想探討的問題上

鼓勵案主回憶與目前想探討的問題有關的人生經歷（從最早的記憶開始回憶起），並從其不同的生活層面探討此問題。如此可觀察案主在解決該問題時所抱持希望感高低的情形。例如針對學業學習上沒有信心的案主，可請他們回憶自己第一次課業失敗的經驗、到目前為止在課業上最大的失敗經驗及其處理的方式。從該故事的訴說中可幫助案主了解自己在過去是：(1)如何設定目標？達成該目標的動機有多強？可行性有多高？(2)如何看待

自己所設定的目標？在追求目標的過程中是抱持何種心情與態度？(3)追求目標的過程是否遇過障礙？是什麼？如何克服那些障礙？(4)該目標是否達成？案主對目標的達成感受到什麼？或者案主對沒有達成的目標感受到什麼？最後，幫助案主思考：如果現在還要追求相同的目標，其採用的方法是否仍會相同？

(三)在講述結束時應將其引用至案主目前的狀況

在案主每次講完一個故事時，問案主在該故事中他們所訂的目標與現在想設定的目標是否一樣？其先前採行的策略是否仍適用於目前的情況？如果可以，他們計畫要如何執行？如果不可以，他們計畫要如何修改，以能適用於目前的情境？透過這樣做，可以幫助案主從過去的經驗中學習如何面對與處理目前的問題。

(四)幫助案主以目前遇到的情況預測未來會有的結果

告訴案主每個人都是撰寫自己人生故事的作者，所以要他們按照自己從過去經驗的學習中，預測自己目前遇到的事件未來會有的結果。在進行預測的過程中，鼓勵案主專注在設定自己期望達成的目標、思考達成該目標的可能性，並能夠設定出達到的路徑，以及徹底執行該策略以達到目標的能量。透過此讓案主知道在未來他們並不一定會遇到與過去相同的遭遇，積極找到希望感可增進他們面對目前困境的動力。

(五)設定連續幾次的會談時間讓案主能暢快的訴說自己的故事

雖然訴說故事的方法並不一定適用於整個諮商的過程，但是當案主開始根據他目前遇到的問題訴說有關的故事時，就不要將其打斷。如果一次會談的時間不夠，下次會談時要讓他們繼續訴說那個故事。有時候可能需要好幾次的會談才能將整個故事的來龍去脈理清楚，及學習到如何應用於處理目前的情況，好使情況有所轉變。

(六)給案主書寫希望想法的家庭作業

在每次會談結束時，指定案主每天約花 20 分鐘的時間針對某個特定的主題，以積極性的態度書寫其想法。例如針對某個特定的目標寫下自己想

如何達到該目標，或是想採用哪些不同的方法達到該目標等。透過這類的家庭作業，提供案主學習從不同的角度來看待一件事情的機會。

　　根據以上的說明，我們將光耀的案例加以分析說明，如表 2-2 所示。

表 2-2　案例說明——幫助光耀探掘希望的輔導實例

《案例說明——幫助光耀探掘希望的輔導實例》

　　諮商師向光耀介紹探掘希望的方法，並徵得他的同意後決定採用上述方法幫助光耀探討結交朋友的問題。

　　諮商師首先讓光耀閉上眼睛，並以放鬆技巧讓他全身放鬆後，請他回憶最早有記憶的友誼。光耀指出他記得最早的朋友是在幼稚園的時候，那時候有個鄰居男孩與他上同一所幼稚園，所以他記得他們兩個經常一起到學校，放學後也經常到彼此家玩。後來那男孩子搬家了，他們就失去聯絡，他也失去了好朋友。在諮商師的引導下，光耀又回憶起他高中與大學時，雖然在班上他都是屬於較安靜的學生，但還是有幾個較談得來的同學，畢業後他們偶爾還是會以電子信件互相聯絡。

　　當光耀講述這段故事時，諮商師提醒光耀從這段故事中看出來他是具有交友技巧的。並幫助光耀回想：(1)那段時間他是如何維持那段友誼？(2)有否吵過架？如果有，事後是如何重建友誼？然後請光耀想想如何應用那時候的交友經驗到現在的情境？從上述三個題目的省思中，光耀憶起他常會主動要母親打電話請那位男孩到家裡來玩，而且當那男孩到家裡來玩時，他會把自己最喜歡的玩具拿出來和他一起玩。讀高中及大學時，他與幾個談得來的朋友會相約一起到圖書館讀書。他說印象裡他們沒有吵過架。從上述的故事敘述中，諮商師告訴光耀：「聽起來，你好像是一個很會維持友誼的人。」

　　最後，諮商師問光耀要如何將那時候的經驗應用到現在的情境，他說本來午餐時間他都自己帶便當在辦公室吃，現在他願意試著到公司的餐廳，或去其他同事較常去的地方吃飯，好跟別人有多的機會接觸與認識。

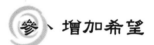貳、建立富有希望感的關係

若要幫助案主改變其負向的認知以增加其希望感，案主與諮商師在諮商關係的初期就應該建立富有希望的諮商關係，以增進案主的希望感（Snyder, Cheavens, & Symptoms, 1997）。在建立富有希望性的諮商關係上，Lopez 等人（2000）建議諮商師應以同理心、信任與了解的態度來對待案主，諮商師應常用積極性的語言與態度與案主互動，幫助案主探掘希望的曙光。不僅如此，諮商師也鼓勵案主在生活中與他人建立富有希望感的關係，即是多與會互相支持與鼓勵的人互動，以有助於增加希望感及追求目標的動力。

參、增加希望

根據 Lopez 等人（2000）的理論，抱持高希望者是能夠設定目標、制定有效的路徑、有足夠的動機來完成達成目標所需的行動，及能有效的克服障礙。所以諮商的目標就是要幫助案主改變其先前所設定的不合實際的目標，以及改善追求目標時的路徑。

一、幫助案主設立確切性的目標與路徑

步驟一：幫助案主發掘目標。要增強案主的希望感，最重要的是要幫助他們確定自己想達到的目標。但問題是有些案主可能連初步的如何設定目標都有困難。所以在幫助這樣的案主時，第一步驟就是提供案主發掘目標的方法。Lopez 等人（2000）建議諮商師可用表 2-3 來幫助案主探索自己想達到的目標。

表 2-3　目標設定探索表

目標設定探索表		
方向	重要性的評量	滿意性的評量
學業方面		
家庭方面		
個人成長方面		
健康方面		
人際關係方面		
宗教方面		
工作方面		
我選擇設定目標的方向是		
我應該如何做，以增加我對這個方面的滿意度		

資料來源：參考 Lopez 等人（2000）。

　　如前述，在填寫表 2-3 時，讓案主繼續講述人生的故事，這會有助於案主了解在過去與現在中，其人生各個不同方面發展的情形，及確定哪一方面是他們未來想專注於發展的重點，其想達到的目標是什麼。

　　步驟二：幫助案主設定具體且是積極正向的目標。當案主把目標設定出來後，諮商師可以使用表 2-4 來幫助案主澄清其所設定目標的可行性，並擬出要達到該目標所要採行的步驟。更重要的是，提醒案主應以具體及積極正向的方式來陳述目標（Lopez et al., 2000）。例如光耀將交友計畫訂成每個星期要與兩個同事打招呼並有兩次的寒暄，這樣的目標就較具體可行。

表 2-4　目標發展計畫表

目標發展計畫表	
我的目標是	
請評量該目標的可行性 （1-100%）	
要達到此目標我需要採行的 步驟是	
請將上述的步驟按序排出來	

資料來源：參考 Lopez 等人（2000）。

　　步驟三：幫助案主有充分的動機去實踐目標。當案主將想要達到的目標確定出來後，諮商師可以使用表 2-5 來幫助案主審視其達到目標的可能性，及發展出可行性的備案。如此會有助於增進案主實踐目標的動機。Snyder（1994）並建議案主在發展路徑時應將大目標化為小目標、多發展幾個不同的路徑，以便從中選出最好的來進行、預想可能會遇到的阻礙及其克服之道，若行不通是因為路徑選擇錯誤，所以不要怪罪自己，要願意學習達到目標所需要的技巧，或尋求必要的協助。

二、幫助案主發展出足夠達到目標的能量

　　經過上述的步驟，案主可能已發展出具體的目標及可行的步驟，且有動機要完成它，下一個步驟就是要幫助案主卯足能量，來達到所預定的目標。Lopez 等人（2000）建議要幫助案主發展出足夠達到目標的能量，最重要的步驟是幫助案主再重新認識自己中來增強完成目標的能量。也就是幫助案主鑑往知來，從回憶自己過去是如何鼓起勇氣克服困難，以達到目標完成的過程中，來增強自己達到現有目標的能量。要做到此，最重要的是幫助案主找到富有希望的故事。

表 2-5　目標達成的路徑圖

目標達成的路徑圖			
我的最終目標是			
要達到最終目標的子目標是			
選出一個子目標（第一個或是最重要的）			
達到此子目標的路徑			
相信自己可以達成的程度	極弱	中等	極強
相信自己具備可以達成該目標的能量	極弱	中等	極強
我認為自己可達到該目標的理由是			
什麼情況會減緩我進行的速度			
如果我持續跟著設定的路徑走結果會怎樣			
如果我改變所設定的路徑結果會怎樣			
我的備案是什麼			
在此時我相信自己可完成此目標的程度是多少	極弱	中等	極強

資料來源：參考 Lopez 等人（2000）。

　　Riskind、Sarampote 與 Mercier（1996）提出在幫助案主尋找富有希望的故事時，可以採用積極視野（positive visualization）的技巧，亦即要求案主以積極與樂觀的觀點來講述自己所要追求的目標、如何開始目標的追求、如何克服障礙，並順利達到目標的故事。Lopez 等人（2000）建議當案主在講述時，諮商師應觀察案主在講述故事時的聲調、自覺能掌握進程與有把握能克服障礙的情形，來了解案主追求目標的能量。另外透過讓案主講述過去的成功史，會有助於增進案主達成目標的信心。但是在鼓勵案主尋找富有希望的故事時，動機較弱的案主可能會表示他們的人生到目前為止都一無是處。Lopez 等人（2000）建議這時候諮商師可採用烏雲邊曙光的技巧（silver lining technique），即是鼓勵案主針對某個情境找出一些積極的觀點（Riskind et al., 1996）。此技巧對沮喪的案主會具有振奮的作用。

　　在這過程中，Snyder（1994）建議應提醒案主學習為自己所設定目標負起責任、預想可能會遇到的阻礙及其克服之道、當原始目標行不通時就轉換成另一個目標、將問題視為挑戰、學習享受追求目標的過程而不是只在乎最後的結果、經常以積極的語調講話，且能注重健康的生活習慣。

三、幫助案主學習克服阻礙希望的想法

　　很多時候不是真正有具體的障礙物攔阻了追求目標的希望，而是人們自己負向的想法消弭了能成功達到目標的希望感。例如光耀負向的、消極的想法使他打消了想要認識新朋友的念頭。Seligman（1998）指出應用理情治療的 ABC 模式，可以讓案主以局外人的身分寫下發生的事情（activating events, A），寫下他們對該事件的想法（beliefs, B），然後與案主討論對事件的想法所帶出來的結果（consequences, C）。最後在挑戰其負向的想法，幫助他們將這些負向想法改為正向想法。在表 2-6，我們將 ABC 模式應用在光耀身上，看其效果如何。

表 2-6　案例說明——以 ABC 模式幫助光耀增加其希望感的諮商實例

《案例說明——以 ABC 模式幫助光耀增加其希望感的諮商實例》

　　為增加光耀的希望感，諮商師讓光耀填寫表 2-3，並鼓勵他評估生活各方面的重要性與滿意的程度。探討後，光耀表示他認為交友情況是他最不滿意，但卻是最重要的層面。諮商師便要光耀針對這一點以表 2-4 設定出具體且積極正向的目標，一開始光耀設定的目標是要減少自己的寂寞感，但這個目標似乎只是在消極的避免寂寞，諮商師便建議他修改為較積極的陳述句。經思考後光耀將其改為讓自己人際關係好一點。不過諮商師認為這個目標仍太籠統，經過多方討論與修改後，光耀將計畫訂成每個星期要與兩個同事打招呼並有兩次的寒暄，這樣的目標就較具體可行。

　　路徑確定後，諮商師鼓勵光耀講述過去交友的成功經驗，藉此來增強他追求目標的能量。講述故事時，光耀提到在念大學時，若遇到假日他會約幾個較好的朋友到郊外走走，有時因為大家都很忙碌而很難湊出共同的時間，但經由他耐心的聯繫與協調，大家才有機會一起出去走走，而使得友誼能繼續增長。當光耀談到這段往事時，顯得精神奕奕，諮商師就趁機將所聽到光耀過去在交友上的成功經驗整理後與他分享，以增強光耀達成目前所定目標的信心。

　　但在諮商過程中，光耀不止一次的告訴諮商師：「我口才不好，人家不會很有興趣跟我講話。」並指出這種想法使他打消了要在新環境認識新朋友的念頭。為此，諮商師要光耀寫下他平常有機會與別人互動的場合，光耀寫下「在公司的自助餐廳吃飯」；針對想法方面，光耀寫下「我口才不好，人家不會很有興趣跟我講話」；結果方面，光耀寫下「所以到現在都沒有朋友」。經過討論與角色扮演練習後，光耀在信念方面，改寫為「雖然我口才不是頂好，我從小到大也交了一些朋友，他們都有興趣要跟我講話啊！」這樣的信念增加光耀的信心，而在結果的部分寫下「我要依所定的計畫去執行」。

肆、希望的提醒

　　在諮商的過程中，諮商師應隨時提醒案主曾有過的成功經驗來增進其希望感。Michael（1999）描述所謂希望的提醒者（hope reminding），是刻意的回想過去那些因成功而讓自己希望感提高的經驗，而且在希望理論的治療過程中，要幫助案主思考有希望性的想法，能區分出目標取向想法（goal thoughts）與阻礙性的想法（barrier thoughts）。並鼓勵案主當阻礙性的想法出現時，就要努力的回想過去成功的經驗來提醒自己。Lopez 等人（2000）也建議要幫助案主找出自己較困難突破的點（rough spots），例如有些人覺得自己無能力改善人際關係、有些人對自我的成長抱持悲觀的態度。針對此，可幫助案主從圖 1-5 的流程圖去找出其問題的根源，然後從其問題處進行處理。最後，Lopez 等人（2000）建議在諮商過程結束前，要幫助案主設立治療結束後的目標，並鼓勵他們每天要花一些時間審視自己當日的目標、該星期的目標與長期的目標，及其進展的情形。特別如前面光耀所提的想要突破交友的困難這項目標，就很適合放入諮商結束後的目標中。

　　總而言之，幫助案主建立自己希望之家（house of hope），可以強化他們追求目標達成的動力。建立自己希望之家，包括四個步驟：第一步驟是先找到希望（finding hope），即是設定你要建立希望之屋的地點，就像你要蓋房子要先找到一塊地；第二步驟是架構希望之屋（hope bonding），例如建立支持性的網絡，就像你要把房子的鋼架架起來；第三步驟是加強希望（hope enhancing），例如學習要達成目標所需要的技巧及需要的支持力，就像將房子鋪上磚塊與水泥；第四步驟是希望的提醒（hope reminding），就像蓋好的房子需要時時檢查與整修一樣，在學習達成目標的過程中，也需要常常提醒與鼓勵自己。

第三節　將希望理論應用於認知行為諮商理論

　　如第一章所述，Snyder（1989）將希望定義是一種目標導向的思考，人們透過此思考模式去評量自己是否有能力設計出達成目標的可行路線（路徑想法），及是否有能力經由這個路線達到目標（能量想法）。從此定義中可看出，希望理論在本質上是屬於認知理論的範疇（Taylor, Feldman, Saunders, & Iiardi, 2000），所以將希望理論與認知行為理論合併應用，應該可以相得益彰，讓諮商效果更加增益。在此我們將兩種理論合併，稱之為希望性的認知行為諮商，下面將詳細加以介紹。

壹、希望性的認知行為諮商初期──評量階段

　　當案主尋求心理諮商時，通常是當憑己力在克服生活的困境上已精疲力竭的時刻（Frank & Frank, 1991），所以很容易將諮商師視為是自己達成未來目標的唯一希望（Snyder, Ilardi, Cheavens, Michael, Yamhure, & Sympson, 2000）。若要幫助案主建立自信心，相信自己是達成目標的關鍵人物，則應在進行評量診斷中，避免過度專注在問題上而應著重在評量案主的特長（strengths）及曾有過的成功經驗（Cheavens, Feldman, Woodward, & Snyder, 2006）。因為細數成功的經驗可以幫助案主改善其心情，且透過發掘自己的能力會增長案主對自己問題解決的信心。並較能按其能力設定有效的諮商計畫。

　　設立諮商會談的議程（setting agenda）是希望性的認知行為諮商中一個相當重要的步驟，不過不像傳統的認知行為治療強調解決特定的問題，希望性的認知行為諮商則著重在鼓勵案主設立「延展性」（stretch）的目標（Snyder, 2002），意即設定一個對案主具有足夠的挑戰但卻又不會太困難的目標。它不是只著重在問題的解決，而更要鼓勵案主透過問題解決的過程中有所成長（Cheavens et al., 2006）。例如幫助因成績不好而感到憂鬱的案主時，傳統的諮商目標會設定在去除憂鬱的症狀，但延展性的目標則

是鼓勵案主以憂鬱前的成績為進步的標準，並學習有效的讀書方法以達到該目標。除此之外，希望理論相信當案主找到生活與讀書的動力時，其憂鬱感自然就會減除，所以鼓勵案主願意走出家門參與社會互動（如加入社團活動等），會是有效的策略之一。Feldman 與 Snyder（2005）也建議在諮商中可鼓勵案主思考一些與人生目標有關的問題，例如「我的人生中有什麼是值得我繼續活下去或值得我繼續努力以赴的理由？」這類的問題會有助於案主發展出延展性的目標。不過很重要的是，在設定目標時要注意到該目標的具體可行性，並將大目標細分為許多類似但卻是可行的小目標，會有助於案主行動力的增加（Snyder, 1994; Snyder et al., 2000）。

當案主開始針對所訂的目標後付諸行動時，希望理論所提的路徑想法在這時候就扮演一個相當重要的角色（Cheavens et al., 2006）。例如當諮商師要幫助案主減輕憂鬱症狀時，可讓案主透過路徑的想法，將如何減輕其症狀及克服阻礙的方法清楚的理出來，並幫助案主把之前所訂的延展性目標及達到該目標路線加以清楚的規劃。

貳、希望性認知行為諮商中期──處理階段

當議程與目標設定後，接下來的步驟則是鼓勵案主開始付諸行動朝所定的目標前進。不過這個階段的進行對案主可能是另一個挑戰的開始，因為案主可能會因缺乏能量而無法按照所規劃的路線去進行，或因對自己達到目標的能力缺乏自信而無疾而終（Cheavens et al., 2006）。所以在這階段中重要的任務是增加案主能量的想法，亦即幫助他們增加達成目標的自信心。為了避免案主追求目標的動力像曇花一現般的短暫，諮商師應隨時給案主清楚且具體的回饋，讓他們知道自己進展的狀況，好準備繼續往前行的路線。這樣的做法在諮商過程的早期階段尤其重要，會有助於案主希望感的增進（Frank & Frank, 1991）。Snyder 等人（2000）也強調此做法的目的是：(1)讓案主確知他們最近做的決定（如尋求諮商師的協助）是有效的，以增強案主的路徑想法；(2)藉著增強案主的路徑想法可間接增強案主的能量想法，例如當案主因為感受到諮商師對其協助所產生的效果，了解

自己按計畫尋求諮商的行動是有效的，就更增加其相信自己是有能力將計畫執行出來的能量想法。

除此之外，希望性認知諮商強調案主的自我語言（self-talk）對其情緒的想法的影響。所以在諮商中鼓勵案主將扭曲與無助的自我語言（如「我無法達成這個目標」）轉換成積極與正向的話語（如「我一定可以達成這個目標」），而有助於案主自信心的提高（Cheavens et al., 2006）。Snyder、Lapointe、Crowson 與 Early（1998）的研究就發現，抱持高希望者較低希望者喜歡聽積極正向與自我肯定性的訊息，認為積極的訊息可反映出他們心裡的感受。而且他們較能過濾掉也較不會記住負向的訊息；相反的，低希望感的人較不容易過濾掉負向的訊息，所以較容易因憶起負向的訊息而失去鬥志。

歸納言之，在此階段中，諮商師應強調：(1)在追求目標過程中路徑與能量想法的互相影響力，讓案主知道當其路徑想法增進時，其能量想法也會跟著增進；(2)教導案主如何具體的列出其路徑想法（諮商師不要避諱將自己對案主追求路徑的興趣展現出來，如此做可讓案主從諮商師的態度中，親身感受到積極正向的力量，並能從中學到積極面對人生的態度）；(3)鼓勵案主承諾願意在諮商過程中盡最大的努力，即使在處理問題中遇到阻礙時，也願意全力以赴並克服萬難以追求目標的達成（Cheavens et al., 2006）。

參、希望性認知行為諮商的終結階段

在此階段應著重在兩個重點：(1)回顧在諮商過程中症狀減輕的狀況以及所學習到的技巧，如此做可幫助案主了解到自己從諮商過程中所獲得的收穫及目標達成的狀況，而有助於增進他們願意繼續努力的能量；(2)若原先所設定的目標已完成時，鼓勵他們往前跨一步，設定目標與策略以減低自己重蹈覆轍的可能性。例如讓他們想像未來可能會發生的問題，然後想像自己將如何運用現在所學得的技巧來處理那些問題，如此做會增加他們處理未來的問題及避免問題再現的能力與信心（Snyder et al., 2000），及強

化他們希望的想法（hopeful thinking）（Cheavens et al., 2006）。

第四節　將希望理論應用於問題解決取向的諮商

　　除了與認知行為理論合併使用外，希望理論也可以與問題解決取向的諮商理論（solution-focused therapy）合併使用。為增進讀者對該理論的認識，我們先概要的介紹問題解決取向諮商理論的原理原則，之後再介紹如何將希望理論融入其中，並將其命名為希望性的問題解決取向諮商。

 壹、問題解決取向諮商理論的原理原則

一、問題解決取向諮商理論的假設

　　問題解決取向諮商理論，是由 de Shazer（1985）及其同事發展出來的，此理論強調諮商是一個積極、解決性及未來取向的過程，在此過程中問題的解決比問題本身更加重要，所以諮商師是否全盤了解案主的問題並不重要。下列的 12 項假設是本理論進行諮商所依據的基礎：

1. 假設一：此理論著重在目前的問題在未來會有的正向改變，所以諮商是問題解決取向的話題，而非問題取向的話題。
2. 假設二：當案主發現原先經常使用的方法已行不通時，諮商師應幫助他們從其經驗中找出其他的解決方式。
3. 假設三：相信事情不會總是一成不變的。
4. 假設四：相信小改變會帶來大改變。
5. 假設五：在諮商中當案主表達其想改變的計畫或想法時，諮商師應把握機會給予適當的反應，以有助於案主與諮商師間合作關係的建立與維繫。
6. 假設六：相信每個人都具有足夠的資源去解決自己的問題。
7. 假設七：相信人生的意義與經驗是互相輝映的。人們常會賦予經驗某個特定的意義，再用這個意義來解釋生活的經驗。人們對該經驗

所賦予的意義也會影響其對問題的看法、目標的設定及採取的解決之道。

8. 假設八：相信人們對問題或目標的描述與界定、所採取的應對措施及所產生的結果三者間是有關聯性的。

9. 假設九：相信人們會透過與他人溝通互動中，彼此傳達訊息，增進互相的了解。

10. 假設十：相信案主是自己問題的專家，所以他們對要如何處理自己的問題是相當清楚的。

11. 假設十一：相信當案主對解決問題的目標或方法有所改變時，則其整個處理過程與情況也會跟著改變。

12. 假設十二：相信在諮商過程中，諮商師與案主是屬於同一個團隊，他們擁有共同的目標並願意為該目標一起努力（Walter & Peller, 1992）。

二、諮商原則

問題解決取向的諮商強調以積極的態度來開啟諮商的過程是相當重要的，為此，諮商師應遵循下面幾個重要的原則：

1. 原則一：如果案主已經試了一些解決問題的方法，且效果不錯，應鼓勵他們繼續嘗試，不要去改變它。

2. 原則二：如果案主已經試了一些解決問題的方法，但效果並不好，應鼓勵他們嘗試新的解決方法。

3. 原則三：當案主選擇解決問題的方法時，應鼓勵他們為自己的行動負責任，並著重在選擇與案主的經驗有關且簡單易行的方法。

4. 原則四：每次在進行諮商時都視該次是最後且是唯一的一次，而盡最大的努力來幫助案主，因為案主可能會因某些緣故，不一定有機會再回來接受諮商。

5. 原則五：諮商師所採用的方法無所謂成功或失敗，案主對諮商過程的反應與回饋，可用來做為設計下一次諮商策略的參考。如果一種方法行不通，可嘗試採用另一種方法（Walter & Peller, 1992）。

三、界定目標的要件

Walter 與 Peller（1992）指出幫助案主解決問題的諮商過程就像是拍電影一樣，諮商師應鼓勵案主視自己為其自身問題的專家，不僅當這部電影的導演也當主角。此理論強調設定以解決問題為取向的目標是相當重要的，清楚界定目標的條件如下：

1. 條件一：所界定的目標必須是正向且是積極的。如果案主列出的目標是消極與負向的，諮商師應鼓勵案主，以「追求目標達成為主」的積極目標來取代「企圖逃避為主」的消極目標。

2. 條件二：目標的陳述應是現在進行式的語句。就像是電影一樣，重視此時此刻進行的過程。諮商師可以問案主：「具體來說，你將如何做？」「就此時此刻來看，你會如何做，好讓事情可以有所轉機。」

3. 條件三：目標的設定應該越具體越好，且應採用案主習慣使用的語言，內容也應著重在案主可掌控的範圍內。諮商師可以問案主：「如果事情真的發生了，你會如何處理？」如此做可讓案主去思考自己對問題的真正想法。

四、架構解決問題的路徑

在架構解決問題的路徑時，諮商師應先了解案主想要什麼？即是了解其目標、目前的進展或受到阻礙的狀況，以及該問題未來可能會獲得解決的情況。Walter 與 Peller（1992）提出下面有幾種不同的路徑，並建議諮商師可幫助案主按其實際的情形來設定。

路徑一：目標的陳述與特例的路徑

如果案主對問題解決上已有清楚的目標，且已開始朝向該目標在努力了，或是當你要幫助他們將其抱怨或期望轉換成目標時，可使用設定特例路徑的方法（exception path）。當案主陳述其目標時，諮商師應幫助他們審查並確定該目標是否積極正向。此外，應鼓勵案主確切的陳述目前該目標進行的狀況。如果案主覺得其目標的進展是在自己的掌握中，則幫助他

們思考應如何往下一步進展；反之，若案主覺得目標的進展過程有失控感，則可幫助案主思考可採取哪些行動，以使他們能對目標的進展有所掌控。

路徑二：目標的陳述與假設性的解決路徑

當案主所提的目標還沒有真正發生或案主無法以積極正向的方式來陳述時，諮商師可採用假設性的解決路徑（hypothetical solution path）來幫助案主對其目標能有更清楚的了解。

路徑三：問題陳述與特例的路徑

當案主並未表示已有目標而只是陳述其問題時，可使用特例的路徑幫助案主回想在何種情況下該問題較不會出現。

路徑四：問題陳述與假設性的解決路徑

當案主指出他自己用了很多方法去處理但似乎沒有什麼效果時，則可用假設性的解決路徑來幫助案主做進一步的探討，找出路線。

貳、希望理論在專注於問題解決取向諮商中的應用

Michael、Taylor 與 Cheavens（2000）指出希望理論與問題解決取向理論兩者具有很多的共同性，所以在應用上可以相輔相成，形成有力的希望性問題解決諮商，著重在人們積極的能量（strength-oriented）與案主的福祉（wellness），而非將案主的問題視為是病態。在諮商過程中幫助案主找到自己健康的一面，了解到自己其實已經在問題解決方面，做了很多積極與建設性的努力，所以應相信自己是有能力解決問題的。如此的領悟會增長案主解決問題能力的信心。因著存有這樣的希望感，案主較會願意嘗試改變自己並朝解決問題的目標來努力。

其次，希望性的問題解決取向諮商著重在未來（future-oriented），所以在諮商開始之前就應讓案主將眼光鎖定在未來不再有問題的時候，想像自己會是一個什麼樣的人，然後幫助案主針對這個前景訂定出具體與可行的目標。當案主能體會到未來是充滿機會與希望，且肯定自己是書寫未來人生的作者時，就會對自己未來目標的追求抱持更多的希望，此希望感能幫助案主更能持續著以積極且符合期望的行動來追求目標的達成。即使遇

到阻礙時，也會較有能量透過取代性的路徑來完成目標的達成。當案主的希望感提高，看到了光明的未來時，就較能相信沒有什麼問題是解決不了的（Michael et al., 2000）。

再者，希望性的問題解決取向諮商目標導向的（goal-oriented），所以目標的界定與澄清是該諮商過程中的首要步驟。因為若案主對其未來的目標極為含糊或訂定得不恰當時，就很難感受到問題解決的可能性，因此幫助案主將其抱怨與問題轉換成具體的人生目標是很重要的。當有了這樣的目標之後，即可鼓勵案主設定有助於解決問題的路徑、增長解決問題的行動力，以有利於目標的達成。諮商師並要教導案主，解決問題不是光坐著抱怨，而是從付諸行動著手。可從具體而微的小目標開始，逐步建立達到目標的信心與希望感。當案主有所抱怨時，可能是反映著他們追求的目標正受到了阻撓，且原來採行的方法也行不通的無力感（Michael et al., 2000）。de Shazer（1985）將此種挫折感的情況形容像是一個鎖上的門找不到鑰匙般，或是追求目標的路線被卡住的情況。諮商師的工作就是要幫助案主像尋找開門的鑰匙般，尋找替代性的解決方案，以有助於目標的完成。當然在尋找替代性的路徑時並非是一蹴可成，因為案主已經習慣某種固定的行為方式，即使行不通也很難能馬上改變。所以諮商師可以採用特例路徑的方法幫助案主從原來的模式中找出一些特例情況，讓案主體會其所認為的阻礙並不是那麼滯礙難行的，然後再鼓勵案主從小幅度改變中嘗試一些新的方法，從小改變的成功中增強希望感，然後就可漸進式的嘗試較大的改變。學者們（Michael et al., 2000; Snyder, 1994; Spiegel & Linn, 1969）稱此為漣漪效應（ripple effects）。另外，學者們（Greene, Lee, Mentzer, Pinnell, & Niles, 1998）建議可採用奇蹟式的問話技巧（miracle question technique）來處理。就是要案主想像自己目前感到困擾的問題已完全獲得解決的情況，並想像在那種情況下心中的感受。如此做法可以幫助案主明瞭自己希望的解決方法，而增進解決問題的能量。

第五節　希望與人生意義的關聯性

　　人生的意義通常指的是對自己的生活有所了解，而且當人們相信自己的生活是有意義時就較不會有負向的情緒出現（Feldman & Snyder, 2005）。在心理諮商的領域中，Frankl（1972, 1992）是第一個強調應將尋找人生意義放入心理諮商理論的中心，並提出「存在的空白」（existential vacuum）的概念。此存在的空白感受雖不是憂鬱或焦慮的症狀，但卻是很多心理疾病的前兆（Dyck, 1987）。Frankl（1966）指出人生在世常在追求三樣價值觀，包括創造性（creative）、經驗性（experiential）（即聽覺、嗅覺、視覺等五官的感受）與態度性的價值感（即是來自對人生事物的看法）。雖然 Frankl 的理論並未使用「目標」這個字眼，但該理論中指出生命的意義就是以追求獲取創造性、經驗性或態度性的價值感為主（Feldman & Snyder, 2005）。人們應為自身目標的追求負起責任，當無法做到如此時，就會經驗到存在空白的感受（Frankl, 1992）。

　　除了 Frankl 的理論之外，Greenberg、Pyszczynski 與 Solomon（1986）根據 Becker 的論點提出畏懼處理理論（terror management theory），此理論相信自尊心（self-esteem）是幫助人們減少恐懼的要素。而人們自尊心的高低是取決於是否能成功的達到所居住社區的文化標準。當自覺並未能達成其文化價值觀所界定的角色標準時其自尊心會降低，而引致對死亡的焦慮感。如同 Frankl 的理論，畏懼處理理論也未使用「目標」這個字眼，但此理論認為人們會刻意設立符合文化標準的目標，以提高自信心，而減低對死亡的焦慮感（Feldman & Snyder, 2005）。這其中更重要的是個體有需要感覺自己能掌控所處的環境。當人們相信自己的生活有符合文化的標準時，就覺得對自己有掌握力與自尊心會提高。所謂的掌控力是一種認知的模式，是指人們會致力於經營其生活使其達到期待的結果，並且去逃避不期待的結果。從這個觀點來看，人生的意義是來自對文化環境的掌控力。所以說人生的目標是在追求對文化環境的掌控力，以達到人生意義的最高境界（Feldman & Snyder, 2005; Snyder, 1997）。Feldman 與 Snyder（2005）

探討人生的意義與希望感的關聯性，他們發現人們所抱持的希望在人生意義的界定中占了一席相當重要的地位。當人們不了解自己人生的意義時，其抱持希望的程度與憂鬱間就會有極強的負相關。

　　探討上述理論對人生意義的界定後，希望理論的創始者 Snyder 指出人生的意義是在於能夠掌控周遭的環境，管理自己的人生。當人們覺知到自己能有效的掌握自己的人生，並已達到理想的目標時，他們就找到了人生的意義了（Feldman & Snyder, 2005）。Antonovsky（1979, 1987）也提出與 Snyder 類似的理論，他說人們對具有凝聚力的感受（sense of coherence）有著強烈的需求，也是促進身體與心理健康的重要元素。這種凝聚力包括理解力（comprehensibility）、掌管力（manageability）及具有意義性（meaningfulness）。理解力指的是人們需要對所處環境的運作狀況有清楚的了解，並相信其運行的方式會是一致的；掌管力指的是人們必須相信自己對所處的環境能有所掌握，好能達到所期望的目標。不過除了理解所處環境的運作狀況，並從環境的管理與安排中努力追求目標的達成外，更重要的動力來源則是在於他們相信這些努力會帶來很有意義的結果。

　　總之，諮商師可透過把人生的意義與希望感一起整合運用的方法，幫助案主對目標的期望加入更深層的意義，也更清楚努力的目的了。

本章摘要

　　Coleridgen 曾說過：「沒有目標的希望是枉然的」（引自 Snyder, 2000: 9）。所以在希望諮商過程中最重要的是要幫助案主設定出清楚的目標、架構出可行的路線、有足夠的勇氣與信心去執行，並在必要時有彈性的轉換跑道完成目標。希望理論是強調動機的認知模式，它相信每個人都有能力去架構希望性的想法，即使在劣勢的失意情境，也可以將其轉換成有優勢的希望感。進行希望諮商時，諮商師需兼顧案主的性情、目前的狀態與面對的情境進行短期與半結構的諮商。諮商師應積極主動的傾聽案主過去成功的經驗及該經驗對目前目標達成的應用，而且諮商師本身應持有高度的希望感才能幫助案主找到希望的動力。在教導案主建立希望感時，可形容

希望感的建立就像蓋一個希望之家一樣，需先找到要建立希望之屋的地點、建立支持性的網絡、學習要達成目標所需要的技巧及需要的支持力來加強希望感，最後需要常常提醒與鼓勵自己才能讓希望感持續維持著。

不過應用希望理論於諮商工作時是可以相當有彈性，不僅可以單獨使用，也可以針對案主的需要加入不同的諮商理論與技巧。當將希望理論應用於認知行為諮商時，應著重在評量案主的特長及成功的經驗，設立延展性的目標，在諮商過程的早期就讓案主清楚知道自己在目標達成的進展狀況，準備繼續往前行的路線，以有助於他們希望感的維持。在終結時，應與案主回顧在諮商過程中所獲得的收穫，以及設定如何預防原先問題再現的目標與策略。當與問題解決取向的諮商理論合併使用時，著重在開發案主積極的能量與福祉、從具體而微的小目標著手，逐步建立達到目標的信心與希望感，並持續以積極性且符合期望的行動來追求目標的達成。最後，可以藉著尋找人生意義的哲理，幫助案主對目標的期望加入更深層的探索，而能更清楚了解為追尋目標所做的努力與所蘊含的意義了。

 《動腦篇》

1. 請說明希望理論與其他傳統諮商理論的主要差別。

2. 請針對你（或你的案主）生活中遇到的一個困境，以建立一個希望之家的架構策劃出一套諮商計畫，及預測可能會有的療效。

3. 就你所設計題 2 的諮商計畫，是否有哪些別的諮商理論與技巧可加入你的計畫中以增加療效？你會加入哪些諮商理論與技巧？你會如何修改你的諮商計畫？

參考文獻

Antonovsky, A. (1979). *Health, stress, and coping*. San Francisco: Jossey-Bass.

Antonovsky, A. (1987). *Unraveling the mystery of health*. San Francisco: Jossey-Bass.

Cheavens, J. S., Feldman, D. B., Woodward, J. T., & Snyder, C. R. (2006). Hope in cognitive psychotherapies: On working with client strengths. *Journal of Cognitive Psychotherapy*, *20*(2), 135-145.

de Shazer, S. (1985). *Keys to solution in brief therapy*. New York: Norton.

Dyck, M. J. (1987). Assessing logotherapeutic constructs: Conceptual and psychometric status of the purpose in life and seeking of noetic goals tests. *Clinical Psychology Review*, *7*, 439-447.

Feldman, D. B., & Snyder, C. R. (2005). Hope and the meaningful life: Theoretical and empirical associations between goal-directed thinking and life meaning. *Journal of Social and Clinical Psychology*, *24*(4), 401-421.

Frankl, V. (1966). What is meant by meaning? *Journal of Existentialism*, *7*, 21-28.

Frankl, V. (1972). The feeling of meaninglessness: A challenge to psychotherapy, *American Journal of Psychoanalysis*, *32*, 85-89.

Frankl, V. (1992). *Man's search for meaning: An introduction to logotherapy* (I. Lasch, Trans.). Boston: Becaon Press.

Frank, J. D., & Frank, J. B. (1991). *Persuasion and healing*. Baltimore, MD: Johns Hopkins University Press.

Greenberg, J., Pyszczynski, T., & Solomon, S. (1986). The causes and consequences of the need of self-esteem: A terror management theory. In R. F. Baumeister (Ed.), *Public self and private self* (pp. 189-212). New York: Springer-Verlag.

Greene, G. J., Lee, M. Y., Mentzer, R. A., Pinnell, S. R., & Niles, D. (1998). Miracles, dreams, and empowerment: A brief therapy practice note. *Families in Society*, *79*(4), 395-399.

Lopez, S. J., Floyd, R. K., Ulven, J. C., & Snyder, C. R. (2000). Hope therapy: Helping clients build a house of hope. In C. R. Snyder (Ed.), *Handbook of hope: Theory, measures, and application* (pp. 123-150). San Diego, CA: Academic Press.

Michael, S. (1999). *The effects of expressive and hopeful writing on coping with traumatic events*. Unpublished master's thesis, University of Kansas, Lawrence.

Michael, S. T., Taylor, J. D., & Cheavens, J. (2000). Hope theory as applied to brief treatments: Problem-solving and solution-focused therapies. In C. R. Snyder (Ed.), *Handbook of hope: Theory, measures, and applications* (pp. 151-166). New York: Academic Press.

Riskind, J. H., Sarampote, C., & Mercier, M A. (1996). For every malady a sovereign cure: Optimism training. *Journal of Cognitive Psychotherapy: An International Quarterly*, *10*, 105-117.

Seligman, M. E. P. (1998). *Learned optimism: How to change your mind and your life*. New York: Pocket Books.

Snyder, C. R. (1989). Reality negotiation: From excuses to hope and beyond. *Journal of Social and Clinical Psychology*, *8*, 130-157.

Snyder, C. R. (1994). *The psychology of hope you can get there from here*. New York: Free Press.

Snyder, C. R. (1997). Control and the application of Occam's Razor to terror management theory. *Psychological Inquiry*, *8*, 48-49.

Snyder, C. R. (2000). Hypothesis: There is hope. In C. R. Snyder (Ed.), *Handbook of hope: Theory, measures, and application* (pp. 3-21). New York: Academic Press.

Snyder, C. R. (2002). Hope theory: Rainbows in the mind. *Psychological Inquiry*, *13*(4), 249-275.

Snyder, C. R., Cheavens, J., & Symptoms, S. (1997). Hope: An individual motive for social commerce. *Group, Dynamics: Theory, Research, and Practice*, *1*, 1-12.

Snyder, C. R., Ilardi, S. S., Cheavens, J., Michael, S. T., Yamhure, L., & Sympson, S. (2000). The role of hope in cognitive-behavior therapies. *Cognitive Therapy and Research*, *24*(6), 747-762.

Synder, C. R., Lapointe, A. B., Crowson, J. J. Jr., & Early, S. (1998). Preference of high-hope and low-hope people for self-inferential input. *Cognitive & Emotion*, *12*, 807-823.

Spiegel, H., & Linn, L. (1969). The "ripple effect" following adjunct hyponosis in analytic psychotherapy. *American Journal of Psychiatry*, *126*, 53-58.

Taylor, J. D., Feldman, D. B., Saunders, R. S., & Iiardi, S. S. (2000). Hope theory and cognitive-behavioral therapies. In C. R. Snyder (Ed.), *Handbook of hope: Theory, measures, and applications* (pp. 109-122). New York: Academic Press.

Walter, J. L., & Peller, J. E. (1992). *Becoming solution-focused in brief therapy*. New York: Brunner/Mazel.

第二部分

在希望中成長

「孩子不是一個要被用來填裝東西的器
皿,而是一個等待著被點燃的火苗」
(Snyder, 2000: 25)。

　　一個具有安全感,又有鼓勵與支持的環境,才
能培育出積極與樂觀的希望感。

第3章

希望的萌芽——
希望理論在幼童階段的應用

前言

　　很多父母者都希望子女們不要輸在起跑點上，所以從小就開始注意各種學習的機會，希望能透過各種外在的刺激幫助子女們快速成長。不過希望理論的創始者 Snyder 在其 2000 年的著作中提醒我們：「孩子不是一個要被用來填裝東西的器皿，而是一個等待著被點燃的火苗」（頁 25），主要是在強調培育富有希望感的孩子，比教他們技能更為重要，因為惟有抱持有希望的孩童對未來才有奮鬥冒險的勇氣。事實上孩子希望感的萌芽是從出生的那刻起就已開始，他們透過對環境的探索中，學習如何達到目標的過程中建立起希望感。

　　孩子希望感的建立深受其成長環境的影響，一個具有安全感，又有鼓勵與支持的環境，較能培育出孩子對未來抱持樂觀與積極的希望感；相反的，一個搖擺不定、冷漠或暴力充斥的環境，不僅很難培養孩子的自信心，也容易使他們小小心靈中就對未來存有消極與悲觀的絕望感（Rodriguez-Hanley & Snyder, 2000）。在幼童階段，幫助幼兒建立希望感的重要人物主要是父母，或祖父母、保母、老師等。所以若要能提供給孩子安全又有希

望的環境，這些照顧兒童的人本身就需要對自己的人生也抱持著高希望感，因為誠如 McDermott 與 Snyder（2000）所提醒的，人們無法教導或提供孩子自己所沒有的東西或環境，如果成人本身對人生缺乏希望感，就很難養育出富有希望感的孩子。所以當自己的孩子、學生或幫忙照顧的小孩希望感不高時，不妨先省視一下你自己。

本章的重點將放在探討幼童希望感的萌芽及如何幫助幼兒建立希望感方面，至於如何幫助照顧兒童的人增進其希望感及其重要性，則將留於探討希望理論在成人諮商的運用中再加以探討。

第一節　希望感的萌芽與滋長

抱持希望的想法是植基於有具體的目標，而這些目標則是來自於人們心中最深渴望達到的理想標的。希望是個人自覺到自己有能力及知道要如何達到目標的一種想法。一個富有希望的人具有目標、知道要如何達到這些目標，而且相信自己有能力可以達到這些目標，這三要素缺一不可，如果欠缺其中一項，人們的希望感就會減低；相反的，只要其中的任何一個要素增加了，就會有助於希望感的提升（Snyder, McDermott, Cook, & Rapoff, 1997）。有趣的是，這種希望感的發展居然是從人們出生的那一刻就已經開始了。

壹、出生到兩歲

不要小看初生的嬰兒，其實他們在出生時已具有齊全的視覺、聽覺、嗅覺、觸覺與味覺，所以從出生到一歲中他們已能開始透過這些感官的覺知（sensations/perception）去探索外在的事物。在探索事物的同時，嬰兒也已開始能將刺激與反應之間加以連結（linages），例如當大人給嬰兒餵奶時，嬰兒會在碰到奶頭時就張開嘴巴去吸。嬰兒雖然還不會說話，但就會開始用手指頭去指自己想要的東西，並會以一些聲音表明他們希望能達到該目標，這些動作顯示出嬰兒已有追求目標的概念（Snyder et al., 1997）。

雖然幼小的嬰兒還未有因果關係的認知能力，但已能透過感官的覺知與連結來追求目標的達成。他們透過覺知的探索來了解各項事物發生的順序，透過連結學習什麼事物可以達到什麼結果，並從中發展出對生活的預測力。也因為如此，所以很多小孩似乎都很早就學會如何從父母或照顧者的身上要到自己想要的東西。例如想要媽媽抱而拚命哭，直到媽媽來抱才肯罷休的嬰兒，就是一個例子。當他們能爬行或走路時，就會進一步採用這些管道追求自己想達到的目標（McDermott & Snyder, 2000; Snyder et al., 1997）。

隨著語言的發展，一歲到三歲的孩子開始能察覺到自己的存在（self-recognition），並體會到目標達成的原動力是來自自己。例如兩歲左右的孩童就常會說：「我可以自己做這個」、「我要」、「我也要」、「讓我做這個」；或者說：「我不要」、「我不會」。從這些話語中可看出這個階段兒童的路徑想法能力，包括鎖定自己想要達到的目標、想要自己付諸行動達到目標，且能開始評量自己是否有能力達到目標（Snyder et al., 1997）。

貳、三歲到六歲

孩童在三歲到六歲時腦部急速成長，從約是大人頭腦 50% 的重量成長至約有 90% 的大人頭腦的大小與重量，其字彙量也從 50 個字急速增至 10,000字左右。語言的發展幫助孩童能對周遭的世界架構出心智圖（mental map of the world）及透過語言來認識世界。字彙的增加讓孩子能以語言表達其希望達到的目標及發展出目標導向（goal-directed）的想法。這個階段的兒童不斷的學習如何透過語言與環境及他人互動，來幫助自己達到目標（Snyder, 1994, 2000）。在學習以語言表達其目標時，大人們鼓勵他們清楚與具體的表達，例如孩童在超級市場吵著要買餅乾時，父母可鼓勵他們清楚說出是要哪種餅乾，並幫忙找到放置餅乾的位置才買給他們。此法有助於幫助孩童學習建立目標的想法及經歷追求目標達成的過程（Snyder, 1994）。

　　除了語言的發展之外，這個階段孩童的目標追求過程是跟隨著腳本（script）來進行的。所謂腳本指的是某個特定的情境中事件發生與進行的前後順序（Snyder, 2000）。教導此年紀孩童的腳本，通常包括如何避免危險的情境（如遇到危險的情況要如何反應）、生活能力方面的腳本（如孩童甲從早上起床到上學的腳本，包括刷牙、洗臉、吃早餐、穿衣、穿鞋、整理書包上學去。孩童乙的腳本可能又是另外一套）、文化規範（如什麼節日是如何慶祝的）、男女角色的期望（如男孩子不可以愛哭或女生要像淑女一樣）。這些腳本的學習對孩童希望感的增長相當有助益，因為熟悉這些腳本，有助於他們日後在遇到相似的情境時，知道如何採用相似的路徑來達到目標。而且當孩童熟悉越多的腳本且能從中找到共通的原則時，越有助於他們目標導向想法的發展（Snyder, 1994）。

　　孩童們喜歡具有預測性的劇本，所以若能讓孩子清楚知道在每種情況下該遵行的生活規則，並在他們遵循規則時給予清楚的獎勵，會有助孩童對生活掌握度的提高，因而增進其希望感。在他們跟隨劇本行事的過程中，照顧者扮演著教練的角色，帶領他們能正確的跟隨著腳本的流程行事。這其中，照顧者本身所採用的腳本對孩童的影響相當大，對孩童希望感的滋長也扮演相當重要的角色。如果照顧者使用的是低希望感的腳本（如常常說自己不會或遇到困難就想放棄），孩童很容易受影響，而成長為希望感低的人（Snyder, 2000; Snyder et al., 1997）。

　　當孩童漸漸長大，會開始試著要書寫自己的腳本，因處於嘗試的階段，難免會出現不按牌理出牌的現象。心理學家 Erikson 的社會心理發展階段就指出，兒童在三至五歲的發展任務是創造性（initiate），例如他們會坐在紙箱裡，把紙箱當做車子假裝是在開車。這是他們探察人生的開始，如果大人給予適當的鼓勵，並能站在他們的角度與他們一起探索（如可以問假裝開車的孩童：「想開車到哪裡去玩？開車中看到什麼樣的風景？現在開車的道路限速是多少？有沒有超速？有沒有遇到塞車？塞車中會怎麼處理？」），有助於他們創造性的提高。而同時他們也從這個過程中學到社會生活的準則，知道什麼事是可以做的，什麼事是社會所不容的，有此理解，有助於他們對人生掌握力的提高，對人生的希望感也相對增加。相反

的，如果在這創造過程中經常受到責備或譏笑，很容易在日後對自己任何創意的想法產生罪惡感，而失去創造性（Papalia, Olds, & Feldman, 2004）。其改善之道是如果需要制止孩童某種行為的同時，順便告知如何做才是可行且是被允許的行為時，就可避免這種罪惡感的產生。

第二節　如何幫助幼童增進其希望感

從幼童希望感萌芽過程，我們了解到幫助兒童增進其希望感是從嬰兒時期就要開始的。而更應注意的是，照顧孩童者要先審視自己的希望感，自信心低且常說「我不行」、「我不會」的父母或照顧者，通常也較不信任自己的孩子，因而很容易將這些負向與消極的話植入孩子的腦中。所以身為父母或照顧者必須要先提高自己的希望感才能幫助孩子提高其希望感（McDermott & Snyder, 2000）。此外，在希望感的萌芽過程中，孩童與父母或照顧者之間的關係是相當重要的，安全與親密的依附關係有助於孩童希望感的提高，自覺有能力達到目標。這樣的孩童日後與他人的人際關係會較好，也較具有解決問題的能力（Snyder et al., 1997）。在培植孩童的希望感時需要相當的智慧，所以父母或照顧者在這過程中不要常急於馬上滿足孩子的需要，那反而會「愛之適足以害之」的反效果，而阻礙他們探索目標及達成過程的學習，剝奪了他們從成功經驗中建立自信心的機會（Snyder, 2000）。下面將針對如何幫助他們設定目標、增進能量想法與路徑想法等方面，逐一加以探討。

壹、幫助幼童學習抓住目標

一、把握孩子想知道「那是什麼？」的時刻

Snyder（1994）建議要幫助幼童設立目標以增進他們的希望感，重要的是應了解他們的需要。嬰兒從很小時就會以手指頭比向他們想認識的事物，漸漸長大後就會開始問：「那是什麼？」那是他們探索與追求目標的

開始，所以針對其好奇的目標給予反應，適時的告訴他們那是什麼東西，並教導他們要如何說出來是相當重要的。因為如此做可鼓勵孩子學會問問題，知道如何從其小小的世界中去設立目標，及尋求達成目標的方法。有時候孩子可能沒注意到一些東西，父母或照顧者可以主動的指著某個目標物問孩子：「那是什麼東西？」這樣做的主要目的是要幫助孩童注意身旁發生的事物，對周遭的世界產生興趣。

當孩子的語言表達能力漸漸進步後，應鼓勵孩子能夠具體且清楚的表達自己想要達到的目標及目標物。當他們能夠具體說出來時，則應給予適時的鼓勵，不過並不是他們要什麼就得給什麼。例如孩子告訴你他想吃糖，但那並不是該吃糖的時候，大人可以說：「謝謝你告訴我你想要什麼。不過等一下就要吃飯了，等吃完飯才能吃糖。」如此可訓練孩子學習追求遠程目標的達成的耐心。

二、鼓勵孩童做決定前學習眼觀四方

在生活中我們可能常會面對多種選擇，尤其是對人生抱持著高希望感的人，在選擇目標時較有彈性，所以 Snyder（1994）建議當孩子學會能夠具體表達目標後，就可以幫助他們在做某一個決定前，學習試著提出幾個可能性的選擇。若孩子還沒學會做出有彈性的選擇時，很容易因達不到某個目標感到挫折而生氣。例如小麗想要看某個電視節目但該節目還未上演，可能因而哭鬧，這時候父母或照顧者可以問她還有哪些節目是她平常也愛看的，然後跟她一起找是否那些節目現在正在上演。如此做法可幫助孩子學習到無法達成原先設定的目標時，並非就是世界的末日，因為還會有其他類似的選擇機會。如此的教導有助於幫助孩子提升其希望感。

三、應給予孩童具體的期望

當孩子漸漸長大後其涉獵的領域逐漸擴大，需要設定目標的機會越來越多，Snyder（1994）建議若要幫助孩子學會設定具體的目標，父母應常給予具體的鼓勵。很多父母在鼓勵孩子的時候會說：「不妨試試看，盡力就好了。」Snyder 認為這樣的說法對鼓勵孩子的效用不大，因為這個目標

很模糊，孩子不知道如何評量「盡力就好」的標準。反之，若父母能給予較具體的期望，例如對剛在學鋼琴的小萱說：「我希望你每天能練習彈十分鐘」，如此做讓孩子很清楚父母的意思，較能設定自己努力的方向。當孩子已朝該目標努力時，父母就可以用「很好，你已盡力了」來鼓勵孩子。

四、注意孩子情緒背後的含意

前述所指的要具體的設定目標說來很簡單，但做起來並非那麼容易，孩子有可能在這個過程中會因感到挫折而有情緒反應。Snyder（1994）建議在協助孩子設定目標時要能夠傾聽，了解其情緒反應的緣由，從中聽出其真正想要的意願，然後從中協助其訂出目標。以下是剛上幼稚園的偉強與幼稚園老師的對話過程。

老師：偉強，你怎麼嘟著臉好像很生氣的樣子。

偉強：我要回家，再也不要上學了。

老師：怎麼了，發生什麼事了？

偉強：小朋友笑我穿紅色的衣服，像女生一樣。

老師：小朋友都取笑你，讓你又難過又生氣，是嗎？

偉強：我要回家不要再見到他們，反正他們也不是我的朋友。

老師：我知道你一定很生氣，那你希望我怎麼幫你呢？

偉強：我希望小朋友能夠喜歡我，願意當我的朋友。

老師：你剛才不是說你不要上學，反正他們也不是你的朋友嗎？

偉強：我真的希望同學能夠喜歡我，願意當我的朋友。你可以教我怎
　　　麼交朋友嗎？

五、鼓勵孩子能擴展目標

Snyder（1994）建議當孩子能清楚的陳述自己目標時，可鼓勵他們將既定的目標加以擴大（goal stretching），即是鼓勵他們設定比原來較為困難的目標。例如幼兒學會用湯匙後，可鼓勵他們學習使用叉子來吃東西。對於大一點的孩子則應以對其較重要的目標為主，且目標應是具體可行的。例如小禮學會使用剪刀剪直線，可以將其目標擴展到學習用剪刀剪圓圈與

三角形。不過要注意，此目標應是由孩子自己來設定，而非父母或老師所設定的目標。而且讓孩子自己設定目標的好處是可增進他們追求目標的動力。

六、幫助孩子從多個相容的目標中選出較適合的目標

很多時候孩子們會想同時追求一個以上的目標，雖然那也許不是什麼大不了的問題，但萬一這些目標是不相容的（如小強想跟爸爸媽媽去逛街，但又想去鄰居的小朋友家去玩），會讓孩子在追求這些目標的過程中，因為方向上互相背道而馳而感到無所適從。Snyder（1994）建議這時應鼓勵小強評量這兩個目標的相容性，當他們發現兩者是不相容時，則鼓勵他們從中選出較適當的目標。

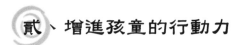

貳、增進孩童的行動力

從前面討論中我們學到了一些可以幫助幼童學習抓住目標的方法，但是這還不夠，要增進孩子希望感的第二個要素是路徑想法或稱為行動力（waypower），意指人們相信自己具有能力可以找到達到目標的方法（McDermott & Snyder, 2000）。下面的建議可增進孩童相信自己能想出有效的方法以完成目標的信心。

一、幫助孩童體會連結間的關係

Snyder（1994）建議從嬰兒很小起，就可以透過其自然的反應幫助他們體會其行為與結果的關係。例如幫嬰兒換尿片時他們的雙腿常會動來動去，這時不要去干涉他們，直等到其雙腿自然打開時再把尿片包上去。這樣重複多次後，他們會把換尿片與雙腿打開產生連結。久了以後當你要幫他們換尿片時，其雙腿自然就會打開。另外，與孩子玩躲迷藏的遊戲也是訓練他們路徑想法的方法之一。剛開始玩時給他們較多的線索及獎品，讓他們有動機從線索中思考怎麼達到目標的路徑。當孩子漸漸長大，可以慢慢再把困難度增加，好訓練其思考路徑想法的能力。這種尋找東西的遊戲

是訓練路徑想法的一個重要方法,透過此可增強他們對自己尋找路徑以達到目標的能力更具信心。

二、鼓勵孩童學習達到目標所需要的技巧

有時候你要孩童去做某些事時,孩子可能會以「不!」來回應你。如果這種情況發生,請先不要馬上斷定孩子不聽話而生氣,因為你的孩子在說「不」的背後,可能正在傳達一個訊息,那就是「我不知道該如何做,好達到你所期待的目標!」例如你跟孩子說我們來玩摺紙飛機的遊戲,他可能說:「我不要玩摺飛機,要玩球。」當然有可能他是真的想玩球,但另一個可能原因是因為他不知道如何摺飛機,所以不要玩。如果你可以改用另一種口氣問他:「你想不想玩摺紙飛機的遊戲,我來教你怎麼摺。」也許孩童會因知道你會教他如何摺飛機而較願意嘗試。當孩童漸漸累積較多可以達到目標的技巧時,其行動力就會漸次提高。

三、讓孩童有機會將目標達成的過程演練一次

有時候孩童雖然已定好目標而且也很希望能達到目標,但是卻因為對過程有所不確定,或擔心會發生自己處理不來的情況,因而躊躇不前。例如四歲的小堅上幼稚園後第一次要上台演話劇,雖然興奮了好幾天,但越靠近上演的日期,他就越緊張,一直說他不要上台。問清原因,是因為他擔心萬一忘了台詞怎麼辦?在這種情況下我們常會鼓勵對方:「沒事的,不要緊張就好!」但其實這種方法不一定很好,Snyder(1994)建議要增進孩童的行動力就是要讓他們有機會將已設好的目標(如小堅的上台表演),在腦中詳細的把整個過程(如上台表演的過程)預想一次。特別是對其不確定(如可能忘詞)的情況預想清楚,並把可以用的處理方式想出來。必要時,可以角色扮演的方式演練出來。如此做法可以幫助孩童減除對追求目標過程的焦慮感,而增進其行動力。

四、鼓勵孩童從小處著手

五歲的明遠跟父母到玩具店去,看到玩具店擺了一艘用積木堆起來的

海盜船，好興奮的要求父母買給他，回家後馬上把積木倒在地板上，但才不一會兒就因積木太多不知要如何開始，於是告訴母親：「這太難，我不要玩了。」McDermott 與 Snyder（2000）指出，通常希望感低的孩子常是因為只看到大目標而覺得太難無法及時達成就放棄了，若要提高這種孩子的希望感，就是幫助他們將大目標劃分為幾個小目標，當他們覺得該目標的達成性較高時，就較會相信自己是可以完成的（McDermott & Snyder, 2000; Snyder, 1994）。根據此，可以幫助明遠去思考在追求這大目標完成的過程中有哪些小目標是他認為自己可以做得來的（如先將船底的部分堆起來），就從那個部分先著手。如此做的好處是因為可以具體看到進展的狀況，而增進追求大目標的堅持力。更重要的是，不要給孩子超過他們能力所及的目標，例如明遠的例子，父母應幫助他選擇適合他年齡層的積木（通常玩具都會註明該玩具所適合玩的年齡層），讓明遠較有機會從完成中獲得成功的經驗。

五、鼓勵孩童問問題

前面我們說過，孩子從很小就學會用手去指出他們感興趣的東西，但漸漸的他們不僅想要知道那些東西是什麼，還想知道如何能獲得那些東西。隨著語言、肢體能力與智力的慢慢成長，孩子們從摸索學習中累積達到目標的能力。但是不管怎麼努力總會遇到不會的時候，如果不小心處理，對孩子希望感的增進會有所影響。所以在幫助孩童成長過程中，不要忘了常提醒他們：「有問題沒關係，可以問啊！」不過學者（McDermott & Snyder, 2000）建議當孩子問問題或請求協助時，大人的回答需要相當有智慧，特別是針對解決問題方面的問題，有時候不用急著告知答案。可讓孩子們先就他們所知的想出一些可行的方法，大人們再透過引導方式加入一些建議。不過真正採行的策略最好是讓孩童們自己決定，如此做才會有助於行動力的提高。例如明遠玩積木的例子，當他覺得不知從何下手時，父母可先讓明遠自行提出想要先達到的目標，以及要如何堆積木以達到該目標，必要時才加入自己的意見。誠如 Snyder（2000）的建議，在培植孩童的希望感時需要相當有智慧，所以大人們在過程中不要急於馬上滿足孩子的需要，

免得剝奪了他們從成功經驗中建立自信心的機會，也阻礙他們從探索目標
到達成過程中的學習。

六、幫助孩子善待與耐心面對阻礙與困難

　　每個孩童的發展進度不一，所以很多時候會因缺乏某些能力而遇到阻
礙。例如一位小肌肉機能還未發展健全的小孩，可能因無法掌握好剪刀的
運用而對剪貼的活動感到挫折。這時應細心的指導他握剪刀的方法，並讓
他從較簡單的圖形（如直線）慢慢的練習起，讓他累積了成功的經驗後再
漸次增加圖形的複雜度。另外也有孩子因不知道如何綁鞋帶被嘲笑而感到
挫折，照顧者應將綁鞋帶的動作分解成小步驟，並以較大條的鞋帶讓他學
習。當然在這過程中，孩童很容易會因操作上的困難而想放棄，這時可以
帶孩童看看花園中正在成長的小花，以盛開的花做比喻，告訴他們有些能
力就像花園中的小花一樣正在成長，需要有耐心的等待與學習，就會長成
像盛開的花朵那樣的美麗。在面對這些較困難的任務時，Snyder 等人
（1997）建議鼓勵孩子將「我不會」的語言改成「我可以試試看」，可幫
助孩子能善待與耐心的面對遇到的困難，並幫助他們在每一步的成功經驗
中學習肯定自己，如此就能按部就班的提升幼童能量的想法。

七、幫助孩童學習轉換跑道

　　有時候孩童達到目標的能量減弱，是因為他們原先設定的目標遇到阻
礙而感到挫折感所致。事實上這是生活中人們無法避免的經驗，若能自幼
就教導他們學習如何面對這種阻礙的狀況，對其希望感的增進會是相當有
幫助的。例如要訓練孩子「路不轉人轉」的道理，可以放一個孩子喜愛的
東西在終點處，而在中間放置很多障礙物，讓他們無法按原先的路線取得
該物。當他們感到挫折時不要急著幫他們解決，只要不斷鼓勵他們探索其
他可行的路線。當然開始練習時不要將情境設計得太困難，之後再循序漸
進增加難度。在這過程中最重要的是幫助他們思考其他較可能達成的替代
性目標，或將原目標再設定出較小的目標。當孩童覺察到目標達到的可能
性較高時，其追求目標的行動力就會較強。

、幫助幼童提升其能達到目標的意志力

討論至此，我們了解數種可以幫助幼童學習抓住目標，及增進其行動力的方法。下一個重要的步驟是要增強孩子願意努力追求目標達成的意志力（willpower），這股力量也稱之為能量想法。下面的建議可幫助幼童提升其能達到目標的意志力。

一、與孩童建立信任的關係

在希望感的萌芽過程中，孩童與父母或照顧他們的人之間的關係是相當重要的，兩人間安全與親密的依附關係有助於孩童希望感的提高，並相信自己有能力達到目標。這樣的孩童日後與他人的人際關係較好，也較具有解決問題的能力（Snyder et al., 1997）。

二、當孩子達到目標時別忘了給予鼓勵

要幫助孩子能夠有動機追求目標的達成，很重要的是每次他們達到既訂的目標時就應即時給予鼓勵。Snyder（1994）建議這應從孩子還很小時就要做起。例如當嬰兒開始學習認知自己的存在時，可以問他們：「鼻子在哪裡？」若他們比出來時，就可順下來問：「是誰指出了鼻子在那裡的啊？」這是對他們成功的指出鼻子的認可。而「是誰做的？」的問句，每個年紀都可用，如此問可讓付諸行動的人感覺到其努力已獲得了認可。

三、鼓勵孩子以積極語言代替消極的內在語言

很多時候孩童雖然設定了目標但卻缺乏動機去完成它，可能是因為他們內在「我不會」的負向聲音在作祟。Snyder（1994）指出這種「我不會」的負向聲音對希望性的想法是極具殺傷力的。孩子有這樣的想法可能是，父母或照顧者自小就沒有幫助他們設定一個適當的目標，好讓他們從達成中獲得成功經驗，或是常告訴孩子「你不會」或者「我來幫你做就好」。Snyder（1994）建議在幫助有此想法的孩童時，可循序漸進的從鼓勵他們

從「我不會」漸漸改成「我有時候不會，但多數時候我會」。例如曾和別的小朋友一起在台上唱過歌的小莉，害怕單獨上台表演。針對這個情況，老師可以鼓勵她大聲的告訴自己「我不會害怕與其他小朋友一起上台唱歌，但有時候我會害怕自己上台唱歌」（可讓她多講幾次直到自己相信為止）。然後再讓她說說與其他小朋友一起上台唱歌的愉快經驗，之後針對這個情況大聲的告訴自己「我會，我可以上台唱歌」（讓她多講幾次直到她自己相信為止）。

四、幫助孩子肯定自己的長處

幼童們各方面的能力都正在成長，每種能力發展的速度也不一，而且每個孩子發展的速度不一樣，所以大人們要避免將孩子們互相做比較，或責備孩子還未發展出來的能力。例如小肌肉技能（fine motor skill）發展較慢的孩子學習鋼琴或畫圖時會比該機能發展較快的小孩來得慢；大肌肉技能（cross motor skill）發展較慢的孩子學習體操或打球時會比該機能發展較快的小孩吃力。所以要幫助孩童建立自信與希望感的一個重要關鍵，就是要能不斷的肯定他們的長處。當孩童的某些能力還未發展好而大人卻硬要他們勉強去做，且又因未能做好而受到責備時，很容易讓孩童喪失了追求目標的動力。所以在此奉勸急著讓孩子成龍或成鳳的父母，在決定要讓幼童學習某些新的才藝時，應先將子女生理成熟度做為主要的考量，讓孩子從能勝任的方向著手，並給予適時的鼓勵。幼稚園老師在教學上更應該按孩童的發展情況，給予適時適量的教導與鼓勵，並讓每個孩子有機會表現他們的長處。透過此，讓孩子的心理累積充分「我會」的自信心，將有助於孩童希望感的提高。如此，當追求目標的動機減弱時，可提醒孩子從「我會」的自信心去擷取能量的來源。

五、幫助孩子學習等候

Snyder（1994）指出很多時候孩子們認為自己不可能達到目標而感到挫折，其主要的導因是因為他們不願意等待，所以增進幼童們等待的能力會有助於增進其追求目標能量。例如幼稚園老師可讓孩童們排隊拿取他們

愛吃的糖果（可從較短的隊伍，逐漸將隊伍增長，並讓每個孩子都有機會排在前面或後面的機會），並聲明如果他們無法等待可以坐下來，但就拿不到糖果。活動結束時，可以幫助不願意等待的孩童思考在等待時可以做哪些事（如可以觀察別的孩子在做什麼事或欣賞周圍的風景或圖片等），讓他們想像自己正在做那些事，然後體會是否其等待的挫折感會稍微減少。當他們學會等待時，其「我能夠」做的事的籌碼就又多了一個，這對孩童自信心的增加上會很有助益。當父母帶孩童出門時就知道會遇到要等待的情境，可以事先向孩子們預告，並與他們想想等待時可以做哪些事好打發等待的時間。當孩童們能成功的度過等待的時間，不要忘了給予鼓勵，如此做可增強孩童等候的耐心。

肆、採用講故事的方式來厚植幼童希望感的滋長

幼童雖然讀寫能力都還有限，但吸收力卻相當的強，所以多數的孩童會很喜歡聽故事，而且學者（McDermott & Snyder, 2000; Snyder et al., 1997）也建議講故事是增強孩童希望感一個相當有效的方法，因為透過故事可教導孩童要如何生活、克服困難與面對具有挑戰的情境，特別對缺乏人生歷練的孩童，透過故事的講述，可以讓他們間接的學習到許多人生的故事。諮商師可將講勵志性故事的時間加入諮商過程的設計，老師可以在教學中加入勉勵性故事，父母也可以透過訓練成為會講故事的人。

其實不用太擔心故事不好編，因為要說給孩童聽的故事不需要什麼偉大的創作，他們喜歡的是大人從故事中傳達的獨特訊息、講故事中表達舒暢的聲音與專注的神情。透過故事的表達不會讓孩子感覺大人的教導太嚴肅或帶有威脅感，因為聽故事者可以自己決定何時及如何將故事應用到自己的生活中。

Snyder 等人（1997）建議有四類的故事適用於孩童。第一類是適於由父母來講授，就是告訴孩子自己幼時的故事。從講述幼時的故事有助於孩童了解父母成長的經驗、成功的故事，及曾用過克服困難的方法。例如父母是如何克服游泳恐懼，如何克服第一天上學的恐懼等經驗。透過此類故

事有助於講授者把過去與現在加以整合，從自己過去的歷史中看到自己是有能力設定目標，且有能力設定路徑並能持之以恆的完成它。此類的故事讓孩童從父母的經驗中學到問題解決的技巧，而使自信心及希望感都得以提高。

　　第二類的故事是父母、老師與諮商師皆適用的，父母、老師或諮商師可講述自己的故事。不過應避免講述太過於完美與偉大的故事，這會讓孩子覺得講授者陳義過高與他們的生活無關。最好的故事是與孩童目前的經驗類似或曾犯過愚蠢的錯誤。當孩子知道父母、老師或諮商師也曾有過與他們類似的經驗，可增進彼此關係的親密性。當父母、老師或諮商師分享自己遇過最困難的一天或一件事時，特別是經過一段長時間才克服的困難，可提供孩童學習如何在困難中也能抱持希望面對未來的勇氣。

　　另外一類是針對特定孩童編造的故事。有時候父母、老師或諮商師會急著以說教的心態來講故事，這很容易讓兒童失去聆聽的興趣。Snyder 等人（1997）建議最好是在故事中有 90%的情節是娛樂性的，10%才是針對問題解決的，如此會培養孩童聆聽故事的興趣，以後才會願意傾聽較具有挑戰性的故事。他們並建議在講述故事時應包括五個步驟：

1. 步驟一：介紹故事中主要人物的特質（年紀、性別、身高等）及故事發生的場地。

2. 步驟二：述說故事中的主角所發生的問題。特別強調故事中主角具有很多的優點，而且有一個很具體想要達到的目標，但目前這位主角遇到困難阻礙了他或她達到既定的目標。

3. 步驟三：要有一個智者出面來給故事中的主角一些協助。而且這智者對主角是給予無條件的尊重、接納與愛。智者了解主角遇到的問題且提供主角其他可行的路徑。

4. 步驟四：故事中的主角開始在思考智者所講的話，也開始有彈性的探討其他可行的路徑，並也好奇的願意嘗試不同的方法來達到目標。

5. 步驟五：給故事一個很好的結局。並在事後有機會讓孩子憶起故事中的一些情節。特別是當孩子遇到挫折時，可讓孩子將自己放入故事中，想想那智者在這情況下會如何說。

第四類的故事是與孩子輪流講述的故事。Snyder 等人（1997）建議使用者要信任這個方法，使用上才易成功。講述這種故事時可以是隨性的，腦海中想到什麼就講什麼，然後就交給下一位接下去。你會發現這種方法可增加孩子的想像力及對故事的領悟程度。如果孩子在講述時有卡住或接不下去的情況，剛好可以趁此幫助他們學習怎麼用其他的方法來繼續故事情節的發展。如此方式可以幫助孩童透過與你一起創造故事中，體會到目標達成的過程、克服困難的方法，更能從故事主角達到目標的結局而增進其希望感。

第三節　應用希望理論在幼童階段的團體諮商範例

針對上述的建議我們歸結整理成一個為期 12 次的希望團體範例，此團體適用於三至六歲的幼童。目的是在幫助幼童們從遊戲與聽故事中，學習目標的設定與達成中，增進希望感的提升。

第一次活動：希望的燈塔

目標：幫助孩童們彼此認識，並了解希望的意義。

預備項目：

1. 準備一張燈塔的圖片（沒有塗色）。
2. 選一首兒歌當作主題曲。

活動過程：

步驟一：入場典禮

1. 讓參加的小朋友先在教室外面排好隊，並將教室內的座椅排成圓圈。
2. 諮商師選一首兒歌，當音樂響起時，諮商師唸出每個孩子的名字，每個被叫到的孩子進入教室，按自己的喜好選一個位置坐下來。
3. 坐好後，諮商師歡迎小朋友來到團體中，教導小朋友唱主題曲。

步驟二：彼此認識

1. 玩記名字的遊戲：請第一個小朋友講自己的名字，第二個小朋友先講前面小朋友的名字後，再講自己的名字，如此依次下去，直到全

部輪完。

2. 問大家是否都把名字記住了，需要的話再複習兩次。徵求志願者起來告訴大家他記得的其他小朋友的名字，然後諮商師發給志願者一個獎品（如棒棒糖或貼紙等）。

步驟三：解釋「希望」的定義

1. 諮商師以講述故事的方式解釋「希望」的定義（見表 3-1 的範例）。

表 3-1　汪洋中的燈塔

《汪洋中的燈塔》

　　從前有一個漁夫，每天都在天剛亮時就划著船出海去捕魚，天還沒黑之前就駕著船回家，晚上就在家裡陪著家人。那時候因為沒有電視，所以大家聚在一起時就聊聊天、講故事或唱唱歌。雖然漁夫每天工作得很辛苦，但想到晚上全家聚在一起的時間，他就很快樂，也就不覺得辛苦。而且希望能有好的收穫，好讓家裡的太太與孩子們能有好的生活。

　　有一天，他照樣出去捕魚，但那一天不知怎麼回事，一直捕不到魚，所以他就把船駛到離岸較遠的海上，希望能多捕一些魚，果然如所願，捕到較多的魚。他捕啊捕的居然忘了時間，天就黑了，這時他看看所捕到的魚為數也不少，就把網收起來，準備要回家了。

　　正要往回家路上駛去，他才發現他是唯一的一艘船在汪洋大海中，且四邊黑漆漆一片，他看不清楚要往哪個方向駛去才能到達岸上。（暫停）

2. 諮商師講到此時暫停，問小朋友如果他們是漁夫的話，會覺得怎麼樣？會怎麼辦（鼓勵每個小朋友踴躍發言）？

3. 諮商師再繼續講述故事（也可以將小朋友講的解決方法納入故事中（如表 3-2）。

表 3-2　汪洋中的燈塔（待續）

《汪洋中的燈塔》（待續）

　　正在著急中，他突然看到遠處隱隱約約有座燈塔在指引他的方向，他開始往燈塔的方向划過去。漸漸的，燈塔的光線越來越清楚，他也知道自己離岸邊越來越近了。終於抵達岸上，回到了家。

　　抵達家門時，等待得很焦急的家人都高興的與他擁抱。平常天亮時他經常看到卻不覺得稀奇的燈塔，卻成了他黑暗汪洋中的航行指標。

---

4. 發給每個小朋友一張燈塔的圖讓他們塗上顏色。然後每個人展示他們的燈塔圖。

5. 請每位小朋友分享當漁夫看到燈塔時的心情，該燈塔對漁夫的幫助。

6. 諮商師對小朋友解釋「希望」就像是燈塔的光，讓漁夫在黑暗中有機會找到回家的路的意思。

7. 諮商師將寫有「希望」兩字的字卡發給小朋友，請他們一起唸兩次，請每個小朋友把「希望」兩字以他們理解的方式說出來，並將它貼在燈塔上。

步驟四：謝謝小朋友參加團體

1. 請每個小朋友一起把一開始的那首歌再多唱幾次，諮商師歡迎並謝謝大家一起參加希望團體。

2. 家庭作業：請每個小朋友畫一張燈塔的圖帶來團體。

第二次活動：大家一起來畫圖

目標：讓小朋友經驗到如何透過路徑及等待來完成目標。

預備項目：

1. 準備一些可以作畫或剪貼的素材（如有圖片的舊雜誌、色紙、色筆及海報紙）。

2. 準備獎品（如棒棒糖或貼紙等）。

活動過程：

步驟一：家庭作業分享

　　1.團體以唱主題曲開始，一起唱兩次後諮商師歡迎小朋友再次來到團
　　　體。

　　2.每個小朋友拿出他們所畫的燈塔，諮商師將這些圖畫貼起來展示，
　　　並發給每個人一個獎品。

步驟二：設計一張團體的海報

　　1.諮商師告訴小朋友，大家要一起合作製作一張海報。

　　2.小朋友先討論出所要畫的主題，然後一起根據這個主題來集思廣益
　　　要在海報紙上畫些什麼，及哪些圖片應擺在哪個位置上。

　　3.諮商師讓小朋友開始以準備好的素材（有圖片的舊雜誌、色紙、色
　　　筆），獨自作畫或剪裁。

　　4.諮商師與小朋友討論哪個圖形應該先擺上去，哪個圖形應慢一點擺
　　　上去。諮商師依照大家的意見列出優先順序，並請小朋友按所列的
　　　順序一一把圖片貼上去（註：在這整個過程中，諮商師應記下所觀
　　　察到的行為和語言，特別是像「我不會」、「我不要」等負向的語
　　　言或沒耐心等待的情況。並將成員一一輪流貼圖片及等待的情形拍
　　　下來，做為下次團體諮商之用）。

步驟三：欣賞畫作

　　1.諮商師謝謝小朋友的努力與合作，並解釋大海報就像是我們所定的
　　　目標，然後每個小朋友是如何透過個人的努力，遵循一個一個的步
　　　驟來完成它。

　　2.最後讓大家一起唱歌，活動在歌聲中結束。

第三次活動：我是可以的

目標：幫助小朋友體會如何透過路徑及等待來完成目標的過程。

預備項目：諮商師把前次活動的整個活動過程的照片做成投影片（power-point），並複製給小朋友一人一片 CD。

活動過程：

步驟一：溫故而知新

1. 活動以前次活動所唱的歌開始，做為暖身運動。

2. 諮商師放映投影片，讓小朋友欣賞他們努力達到目標的過程。

3. 請小朋友分享在這活動中最喜歡的是什麼部分。

4. 請小朋友分享在這活動中覺得最難的是什麼部分。並請說出在感到困難的時候他們告訴自己的話是什麼？諮商師把小朋友困難時說的話列出來。

5. 請每個小朋友說一句他在困難時說的話（如「我不會！」），諮商師再次放投影片放映出該位小朋友成功的將圖片貼在海報上的照片。讓小朋友從照片中看到自己實際上是會的證據，然後問小朋友：「你不是會嗎？怎麼說你不會呢？」然後要小朋友改說：「雖然我有時候不會，但只要繼續嘗試就可以做出來的。」（此步驟繼續進行，直到每個抱怨有困難的小朋友都輪過了為止）。

6. 諮商師再次放映投影片，讓小朋友知道只要相信自己的能力，不斷努力，就會達到理想目標。

步驟二：只要努力，就會成功

1. 諮商師發給每個小朋友一張投影片的CD，謝謝每個小朋友的努力。

2. 讓小朋友圍在一起，面向內伸出一隻手臂，一起說：「加油！只要努力！就會成功！」

第四次活動：我真的會耶！

目標：再次增強小朋友肯定自己能力的信心。

預備項目：準備一些可以作畫或剪貼的素材（如有圖片的舊雜誌、色紙、色筆及海報紙）。

活動過程：

步驟一：暖身運動

　1. 小朋友一起以唱主題曲暖身。

　2. 諮商師歡迎小朋友再次來到團體。

　3. 諮商師展示集體完成的海報，並問小朋友有否興趣再來一起團體創作。

步驟二：完成團體畫作

　1. 諮商師解釋要完成創作前要先訂定目標，所以請小朋友先討論所要畫的主題。

　2. 諮商師讓小朋友知道如果只有訂出目標（如我們畫作的主題），卻沒有創作的行動，我們的海報是不可能完成的。所以鼓勵小朋友根據所訂的主題，大家集思廣益在大海報紙上要畫些什麼及應擺放的位置。

　3. 諮商師按照小朋友的意願分配每人負責的畫作或剪裁的圖形。

　4. 小朋友開始作畫或剪裁。在這過程中諮商師應觀察小朋友作畫時的行為及語言。當小朋友對自己的能力有所質疑時，諮商師應適時的給予鼓勵。

　5. 諮商師讓小朋友自發的把自己的創作一一的貼在海報上。貼完後要說一句自我鼓勵的話，例如「我會畫圖」、「我會剪紙」，其他小朋友並給予掌聲鼓勵。

步驟三：成果展

　1. 諮商師展示成果，鼓勵小朋友將自己的能力貢獻在海報上，並讓小朋友把剛才大家所說的積極語言重述一次，以增強小朋友對自己能力的肯定。

2. 最後讓大家在一起唱歌，活動在歌聲中結束。

第五次活動：被擋住了，怎麼辦？

目標：幫助小朋友發展克服阻礙的能力。

預備項目：

1. 諮商師準備一些地點，例如動物園、兒童樂園、博物館等，並把它貼在椅背上，放在教室的不同角落中。

2. 諮商師準備一些交通標誌，例如「此路不通」、「改道行駛」等，並把它貼在椅背上擋在地點的前面。

活動過程：

步驟一：暖身運動

1. 小朋友以唱主題曲做為暖身運動。

2. 諮商師再次鼓勵小朋友來到團體中。

步驟二：此路不通

1. 諮商師要小朋友排成一行，每個人將手搭在前面小朋友的肩膀上。

2. 諮商師當駕駛員帶著小朋友出發，讓小朋友選擇要去玩的地方。

3. 走到所計畫要去的地方前，並到「此路不通」、「改道行駛」的指標，讓小朋友想想該怎麼辦？

4. 可讓其他小朋友負責當駕駛員，諮商師當警察負責指揮交通，把他們帶去本來要去的地方（此步驟可重複多次，讓小朋友有機會當司機或交通警察）。

5. 讓小朋友討論下面幾個問題：

(1)當司機的時候若遇到此路不通或被要求要改道行駛時，感覺怎麼樣？

(2)當經過交通警察的指揮，終於可以達到目的地時，感覺怎麼樣？

(3)當交通警察負責指揮時，感覺怎麼樣？

(4)在生活中有否遇到過這樣的狀況，負責開車的大人如何處理這個狀況？結果怎麼樣？

6. 請小朋友提出在他們的生活中是否有些想達到的目標遇到阻礙了，

要怎麼辦？請小朋友一起討論可以處理的方式？

步驟三：回饋和分享

1. 諮商師鼓勵小朋友，在生活中當我們原來計畫要達到目標的方法行不通時，可以適時的加以改變，以增加達到目標的可能性。

2. 最後讓大家一起唱歌，活動在歌聲中結束。

第六次活動：又被擋住了，怎麼辦？

目標：幫助小朋友發展克服阻礙的能力。

預備項目：

1. 諮商師準備一些當標的玩具以及用來做為障礙物的東西。

2. 事先將標的放在教室的不同角落，在每個目標物的四周用重重的障礙物圍起來，並標示目標物的號碼。

活動過程：

步驟一：暖身運動

以唱主題曲做為暖身運動。

步驟二：英雄救美人

1. 諮商師解釋今天有幾個好玩的玩具要帶來讓大家一起玩，但這些玩具卻被巫婆藏在一個不易拿到的地方。所以今天小朋友的任務就是要想辦法去除巫婆的咒詛，找到目標物，並想辦法拿到目標物，但有一個規則必須要遵循，就是不能移動任何阻礙物。

2. 諮商師將小朋友分成三組，每一組抽一個目標物的號碼。

3. 每組輪流想辦法在遵循規則的原則下取出玩具，其他的小朋友觀察但不可以出聲音或給予建議。

4. 請每個小朋友說說他們在克服障礙取出玩具的心情。有哪些方法是本來想使用，但發現行不通後又改用其他的方法。

5. 請每個小朋友分享他們所看到的意見，有些什麼方法他們會覺得是比較好的方法。

6. 如果有任何一組無法取得玩具，諮商師可針對該情況帶領大家一起討論並尋求解決的方法。

7. 諮商師鼓勵小朋友，在生活中當我們原來計畫要達到目標的方法行不通時，可以適時改變，以增加達到目標的可能性。

步驟三：享受戰果

為鼓勵小朋友的努力，本次活動可空出一些時間讓小朋友玩他們克服障礙所取得的玩具。

第七次活動：再顯一次威力

目標：繼續幫助小朋友發展克服阻礙的能力。

預備項目：

1. 諮商師再次準備一些當標的玩具以及用來做為障礙物的東西。
2. 事先將標的放在教室的不同角落，在每個目標物的四周用重重的障礙物圍起來（障礙物的擺設方式要比上次再複雜些），並標示目標物的號碼。

活動過程：

步驟一：暖身運動

1. 以唱主題曲做為暖身運動。
2. 告訴小朋友上一次他們很厲害，能突破重圍找到玩具，這一次要再讓他們試一下自己的威力。

步驟二：破除咒詛

1. 諮商師說巫婆又再一次把好玩的玩具藏在一個不易拿到的地方。所以小朋友要想辦法再一次去除巫婆的咒詛，找到並拿到目標物，但切記不能移動任何阻礙物的規則。
2. 小朋友隨機分成三組（應與上次不同的組合），每一組抽一個目標物的號碼。
3. 每組輪流遵循規則去尋找並取出玩具，其他的小朋友安靜觀看但不可以出聲音或給建議。
4. 請每個小朋友分享他們在克服障礙的心情及採用的策略。
5. 請觀察的小朋友說出他們所觀察到的意見。
6. 諮商師可針對無法取得玩具的情況，帶領大家一起討論並尋求解決

的方法。

7. 諮商師再次強調，在生活中當我們原來計畫要達到目標的方法行不通時，可以適時的加以改變，以增加達到目標的可能性。

步驟三：享受戰果

為鼓勵小朋友的努力再顯現一次威力，本次活動可空出一些時間讓小朋友玩他們克服障礙所取得的玩具。

第八次活動：告訴他們該怎麼辦？

目標：幫助小朋友發展克服挫折的能力。

活動過程：

步驟一：暖身運動

1. 以唱主題曲做為暖身運動。

2. 問小朋友生活中是否遇到障礙，他們是如何克服的。

步驟二：當小立的軍師

1. 諮商師介紹有一個小朋友名叫小立，他因為知道我們團體中的小朋友都很願意幫助別人，所以他想把他遇到的困難告訴我們，請我們告訴他該怎麼辦（詳細故事如表 3-3 所示）。

表 3-3　天公不作美

《天公不作美》
小立一家人計畫這個星期天要到郊外烤肉，小立好興奮，每天都在等待這個日子的來到。沒想到從星期五開始就下起雨來了，小立開始擔心爸媽會取消烤肉的計畫。星期六雨還是一直下，但好在中午雨停了一陣子，他就跟爸媽去超市購買烤肉要用的材料及要吃的東西。回家後也自願在廚房幫媽媽的忙，把買來的肉醃一醃。然後看爸爸在削水果，也趕快跑過去幫忙。當晚一切就緒，就等著隔天起床後出去烤肉了。 　　沒想到星期天起床時，發現雨又滴答滴答的下起來，一直等到接近中午，天氣好像沒有轉晴的徵兆。小立很難過，他真的很希望父母不要取消烤肉的計畫。

2. 讓小朋友討論下面幾個問題：

　　(1)如果你是小立，你會有什麼反應？

　　(2)如果你是小立的父母，你會怎麼做？

　　(3)有什麼取代的方式可以用來處理這個情境？

　　(4)問小朋友是否遇過類似的情形，是如何處理的？結果怎麼樣？

步驟三：當曉華的軍師

　　1. 諮商師介紹有一個小朋友名叫曉華，她也遇到困難，想請我們告訴
　　她該怎麼辦（詳細故事如表 3-4 所示）。

表 3-4　隊伍太長了

《隊伍太長了》

　　等了許久的「哈利波特」電影終於來了，曉華的父母約好表姊一家，計畫星期六的中午一起吃完午飯後就去看電影，曉華好高興，每天都在等待這個日子的來到。星期六早上表姊一家來到，她與表姊好一陣子沒見了，且因時間還早父母就讓她們兩人先在房間玩一陣子，約中午時，父母先帶她們到電影院附近的麥當勞吃午餐，然後就到電影院去，沒想到等著要看電影的人很多，隊伍已經排得很長了。因為她們都很想看這部電影，所以就決定排隊等待。等啊等啊，隊伍前進的速度很慢，曉華真的很想看電影，但是又不知道應該等多久？而且等待的時候又不知道該做什麼事？

2. 讓小朋友討論下面幾個問題：

　　(1)如果你是曉華，你要不要繼續等下去？

　　(2)如果你是曉華，你會怎麼做來打發等待的時間？

　　(3)有什麼取代的方式可以處理這個情境？

　　(4)問小朋友是否遇過類似的狀況，是如何處理的？結果怎麼樣？

步驟四：謝謝小朋友的寶貴建議

　　1. 諮商師謝謝小朋友給小立和曉華的建議，當了很偉大的軍師。

　　2. 諮商師把小朋友所提的學習改變路徑、修正目標或學習等待的建議，

再次強調一次，並指出這樣做會有助於生活中希望感的提高，並讓自己生活快樂些。

3. 小朋友一起以唱歌結束今天的活動。並請小朋友留意一下自己的生活中是否也發生過類似的狀況，觀察一下自己是如何處理的。

第九次活動：軍師再度出馬

目標：繼續幫助小朋友發展克服挫折的能力。

活動過程：

步驟一：暖身運動

1. 小朋友齊唱主題曲。

2. 問小朋友生活中是否有碰到類似小立或曉華的挫折經驗，如果有，他們是如何處理的。

3. 告訴小朋友因為他們上次給小立和曉華很好的建議，所以又有其他小朋友也碰到類似的困難要來請教他們。

步驟二：當小涵的軍師

1. 諮商師介紹有一個小朋友名叫小涵，她遇到了困難，請我們告訴她該怎麼辦（詳細故事如表 3-5 所示）。

表 3-5　我不會

《我不會》

　　小涵所讀的幼稚園將有遊藝會，老師要班上同學一起參加話劇表演，並按每個小朋友的專長分配給每個人一個角色。老師因為知道小涵有學跳舞，就派給她一個蝴蝶的角色，負責在話劇演到花園時要表演一段舞蹈。練習時，小涵跳得很好，她記得所有的舞步，也與音樂配合得很好，但預演時，小涵看到很多人坐在台下看她，變得好緊張，跳到一半突然忘記了舞步，然後一直說：「我不會跳了！我不要上台表演了！」

---

2. 讓小朋友討論下面幾個問題：

(1) 小涵是真的不會？還是太緊張了？

(2)如果你是小涵，遇到這種情況要怎麼處理？

(3)如果你是小涵的父母或老師，你會怎麼做？

3. 讓小朋友想像自己是小涵，並練習以肯定語言代替消極語言。

    (1)讓扮演小涵的小朋友想像自己練習跳舞的情境，並告訴自己「我會跳舞」、「我記得舞步」、「我可以和音樂配合得很好」。繼續說，直到小朋友相信自己所說的。

    (2)問小朋友如果是小涵，是否相信自己可以上台表演？是否相信自己願意上台表演？

    (3)請每個小朋友輪流跟小涵說：「你會跳舞，你應該上台表演！」

4. 問小朋友是否遇過類似的狀況，諮商師根據小朋友提出的問題，教導他們如何以肯定的語言來取代消極性的語言。問小朋友講述肯定性的語言是否有助於其心情的改變（可重複此步驟直到所有的小朋友都有機會輪到）。

步驟三：謝謝小朋友寶貴建議

1. 諮商師謝謝小朋友給小涵的建議，當了很偉大的軍師。

2. 諮商師把小朋友所提的肯定性語言對自信心的影響，並指出這樣做會有助於生活中希望感的提高，讓自己生活快樂些。

3. 小朋友一起以唱歌結束今天的活動。並請小朋友留意一下自己的生活中是否也發生過類似的狀況，記得以肯定性的語言代替消極的語言。

第十次活動：我的希望之燈(一)

目標：幫助小朋友學習設定適當目標的能力。

預備項目：準備一張燈塔的圖片，上面寫有「希望」兩個字（沒有塗色）。

活動過程：

步驟一：暖身運動

1. 以唱主題曲做為暖身運動。

2. 諮商師歡迎小朋友再次回到團體中。

步驟二：我的希望之燈

1. 諮商師發給每個小朋友燈塔的圖片，並複習第一次所提的漁夫的故事，請小朋友將所記得的細節都說出來，及說出該燈塔所代表的涵義。

2. 諮商師指出燈塔上面所寫的「希望」兩個字，問成員是否還記得這兩個字怎麼唸？是什麼意思？

3. 諮商師告訴小朋友，我們每個人都像漁夫一樣，也需要一個燈塔，就是設定自己想要達到的目標。

4. 現在請小朋友想想有什麼事是自己希望在這個星期中能夠做到的？並告訴小朋友訂定好目標的原則：
   (1)可以馬上開始的。
   (2)清楚明白的。
   (3)自己可以掌控的。
   (4)自己願意去做的。
   (5)有達到的可能性的。

5. 請小朋友說出他們希望達到的目標，諮商師和小朋友一起評量該目標是否符合上面的原則。如果符合的，諮商師就幫忙把該目標寫在該小朋友的燈塔上（此步驟不斷重複，直到每個小朋友都輪到為止）。

6. 請自願的小朋友說出他希望達到的目標，及該小朋友計畫達到目標的步驟。當該小朋友說出達到目標的步驟時，諮商師與小朋友一起幫他評量其可行性，並幫他們把步驟寫在燈塔旁邊（此步驟繼續進行，直到每個小朋友都輪到為止）。

步驟三：加油！小朋友

1. 諮商師鼓勵每個小朋友帶著希望之燈所列的目標及所計畫的步驟回家，並將此計畫付諸實行。

2. 讓小朋友圍在一起，面向內伸出一隻手臂，一起說：「加油！只要努力！就會成功！」

第十一次活動：我的希望之燈(二)

目標：幫助小朋友學習設定適當目標的能力。

預備項目：

1. 準備另一張燈塔的圖片，上面寫有「希望」兩個字（沒有塗色）。

2. 準備獎品（如棒棒糖或貼紙等）。

活動過程：

步驟一：暖身運動

1. 以唱主題曲做為暖身運動。

2. 諮商師歡迎小朋友再次回到團體中。

步驟二：我的希望之燈

1. 每個小朋友分享上個星期他們遵循步驟追求目標達成的過程。

2. 諮商師發給每個小朋友一個獎品，鼓勵他們達成目標所做的努力。

3. 如果有人在過程中感到困難，鼓勵該小朋友說出來，大家一起討論解決之道。

4. 諮商師發給每個小朋友燈塔的圖片，請小朋友想一個希望在這個星期中能夠做到的目標（提醒小朋友好目標的原則）。

5. 請小朋友說出他們希望達到的目標，諮商師和小朋友一起評量該目標是否符合上面的原則。如果符合，諮商師就幫忙把該目標寫在該小朋友的燈塔上（此步驟不斷重複，直到每個小朋友都輪到為止）。

6. 請自願的小朋友說出他希望達到的目標，及該小朋友計畫達到目標的步驟。當該小朋友說出達到目標的步驟時，諮商師與小朋友一起幫他評量其可行性，並幫他們把步驟寫在燈塔旁邊（此步驟繼續進行，直到每個小朋友都輪到為止）。

步驟三：加油！小朋友

1. 諮商師鼓勵每個小朋友要像上星期一樣的努力，將希望之燈所列的目標及所計畫的步驟帶回家，並將此計畫付諸實行。

2. 讓小朋友圍在一起，面向內伸出一隻手臂，一起說：「加油！只要努力！就會成功！」

3. 提醒小朋友下星期是最後一次聚會。

第十二次活動：回饋與分享

目標：幫助小朋友能給予彼此鼓勵及分享學習的成果。

預備項目：

1. 將小朋友所畫的圖展示出來。
2. 準備獎品（如棒棒糖或貼紙等）。
3. 準備獎狀給每個小朋友，上面註明「最佳勇敢獎」、「最佳勇氣獎」、「最佳堅持獎」、「最佳意見獎」、「最佳表演獎」等。

活動過程：

步驟一：暖身運動

1. 讓參加的小朋友先在教室外面排好隊，並將教室內的座椅排成圓圈。
2. 當音樂響起時，諮商師唸出每個孩子的名字，每個被叫到的孩子進入教室。
3. 諮商師歡迎小朋友來到團體中，並鼓勵小朋友 11 次活動中的努力，邀請大家一起唱主題曲。

步驟二：我的希望之燈

1. 每個小朋友分享上個星期他們遵循步驟追求目標達成的過程。
2. 如果有人在過程中感到困難，鼓勵該小朋友說出來，大家一起討論解決之道。
3. 諮商師發給每個小朋友一個獎品，鼓勵他們達成目標的努力。
4. 鼓勵小朋友採用這種方法來幫助自己確實達到希望達到的目標。

步驟三：回饋與分享

1. 諮商師把每次活動做一次複習，並說明每次活動所提供的學習目標。
2. 問每個小朋友自己最喜歡的活動是哪一次，並分享他們在該次活動中的體會。
3. 諮商師根據每個小朋友的成長給予回饋，並根據他們的表現給予獎狀。
4. 最後小朋友一起唱主題曲，整個活動在歌聲中結束。

◎ 本章摘要 ◎

　　希望感的萌芽是從出生的那刻起就已開始，孩子們透過探索及學習如何達到目標的過程中，建立起希望感。不要小看初生的嬰兒，從出生到一歲中他們已能開始透過這些感官的覺知去探索外在的事物，並能將刺激與反應之間加以連結，嬰兒雖然還不會說話，但就會開始用手指頭去指自己想要的東西，並會以一些聲音表明他們想要得到某目標物的期望。雖然幼小的嬰兒還未有因果關係的認知能力，但已能透過感官的覺知與連結來追求目標的達成。且透過覺知的探索來了解各項事物發生的順序與因果關係，並從中發展出對生活的預測力。一歲到三歲時，隨著語言的發展，孩子開始察覺到自己的存在，並體會到目標達成的原動力是來自自己，便開始會以「我要」、「讓我做這個」或「我不要」、「我不會」等話語表達其路徑的想法。三歲到六歲時隨著腦部急速成長與語言的發展，孩童能對周遭的世界架構出心理的圖像，並學習透過語言與他人互動，來幫助自己達到目標。除此之外，這個階段的孩童目標追求的過程是跟隨著腳本進行的。當孩童熟悉越多的腳本且能從中找到共通的原則時，越有助於他們發展出目標導向的想法。父母或照顧者所採用的腳本對孩童希望感滋長的影響相當大，低希望感的父母或照顧者，易培養出希望感低的孩子。漸漸長大後，孩子進入 Erikson 的創造期，會開始試著要去創造並書寫自己的腳本，如果大人給予適當的鼓勵，並能站在他們的角度與他們一起探索，會增長他們對人生的掌握力與希望感。

　　所以，幫助幼童增進其希望感，就應從幫助幼童學習抓住目標、增進他們的行動力與意志力等方面著手。學習抓住目標方面，應把握孩子想知道「那是什麼？」的時刻、鼓勵孩童做決定前學習眼觀四方並訂定擴展性的目標、對於孩童在目標的達成上給予具體的期望、注意孩子情緒背後的涵義、幫助孩子從多個相容的目標中選出較適合的目標。增進他們的行動力方面，應幫助孩童從事物連結中體會行為與結果的關係、鼓勵孩童學習目標達成所需要的技巧並經常演練、鼓勵孩童將大目標畫分為幾個小目標

並從小處著手、鼓勵孩童問問題並願意耐心的面對阻礙與困難，而且當原先設定的目標遇到阻礙時學會轉換跑道。幫助幼童提升其能達到目標的意志力方面，首先應與孩童建立信任的關係、當他們達到目標時別忘了給予鼓勵、教導他們學習使用積極的語言並肯定自己的長處，最後，幫助孩子學習等候，培養他們追求目標的耐心、嘗試幾種可行的策略來增進目標達成的可能性。此外，講故事是增強孩童希望感的有效方法，因為透過故事可教導孩童要如何生活、克服困難與面對具有挑戰的情境，很多特別情境孩童可能還沒有機會親身去體驗，透過故事的講述，可以讓他們間接的學習到。

　　本章最後針對幼童階段希望感滋長的特質上，我們為三到六歲的幼童設計一個為期 12 次的希望團體諮商範例，提供給兒童諮商師或幼稚園老師參考，此團體諮商的目的是希望從遊戲與聽故事中，以及幫助幼童們學習目標的設定與達成中，增進其希望感的提升。

 《動腦篇》

1. 請根據嬰兒與幼童們希望感滋長的特質，設計一個父母效能訓練課程，幫助父母學習如何增進其稚齡孩子的希望感。
2. 請根據三到六歲兒童們希望感滋長的特質，設計一個幼稚園教師效能訓練課程，幫助教師學習如何增進其幼稚園小朋友的希望感。
3. 請將你自己的生活經驗寫成一篇故事，用來鼓勵小朋友增進他們的希望感。

參考文獻

McDermott, D., & Snyder, C. R. (2000). *The great book of hope: Help your children achieve their dreams.* Oakland, CA: New Harbinger.

Papalia, D. E., Olds, S. W., & Feldman, R. D. (2004). *Human Development* (9th ed.). St.

Louis, Missouri: McGraw Hill Higher Education.

Rodriguez-Hanley, A., & Snyder, C. R. (2000). The demise of hope: On losing positive thinking. In C. R. Snyder (Ed.), *Handbook of hope* (pp. 39-54). New York: Academic Press.

Snyder, C. R. (1994). *The psychology of hope: You can get there from here*. New York: Free Press.

Snyder, C. R. (2000). Genesis: The birth and growth of hope. In C. R. Snyder (Ed.), *Handbook of hope* (pp. 25-38). New York: Academic Press.

Snyder, C. R., McDermott, D., Cook, W., & Rapoff, M. A. (1997). *Hope for the journey: Helping children through good time and bad*. Boulder, Colorado: Westview Press, A Division of Harper Collins.

第4章

希望的滋長──希望理論在
兒童、青少年與青年諮商上的應用策略

前言

　　兒童、青少年與青年逐漸脫離幼童階段的懵懂無知，從凡事要依賴他人，開始因心智與體能各方面的發展，而能逐漸獨立的處理與面對自己的人生。在這裡，我們所以強調「逐漸」兩個字，是要標明他們各方面能力發展是一種進行式的漸進狀態，而且每個個體不同能力的成長以及每個人與其同儕間同一個能力的發展速度都不臻一致。再加上大人對這階段孩子態度的不一致（如有時將他們視為是懂事的大人，有時候又以其太小不懂事而忽視他們的存在），更容易讓兒童、青少年與青年在自我認同上感到困惑而不知所措，而影響其希望感的滋長。這種現象在青少年與青年階段尤其明顯，所以學者（Hall, 1904）就形容青少年與青年是處在「狂飆與充滿壓力」（storm and stress）的時期。尤其是這階段中他們開始要面對許多的選擇，如何能做正確的選擇與其希望感的高低是有相當大的關聯性的。Snyder、Feldman、Shorey 與 Rand（2002）提出目標的選擇是個人的價值觀、興趣程度及希望感的程度三因素交互影響的結果，但其中以希望感最為重要，它是影響兒童、青少年與青年是否會真正朝目標付諸行動的主要

關鍵因素（Snyder & Feldman et al., 2002）。所以，本章將介紹影響兒童、青少年與青年希望感的滋長的因素，以及家庭與學校如何提供其富有希望感的滋養等方面的建議，期望能提供家長、學校老師或諮商師等專業協助人員，在培養兒童、青少年與青年發展希望感時，有具體的架構可遵循。

第一節　影響兒童、青少年與青年希望感滋長的因素

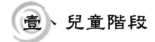

壹、兒童階段

一、勝任感的增加

根據心理學家 Erikson 的發展理論，兒童階段的重要發展任務是勝任感（industry）。在心智的成長（mental booster）上，此階段的兒童由於知識的增加，會比幼兒時期更有能力去做自己想做的事（希望理論稱此類的活動為目標導向性的活動）。由於視野的逐漸拓展，兒童開始對自己所處的環境，像是所住的社區與鄰居產生好奇心。Snyder（1994）指出當孩童對周圍環境越多的認識時，會越有助於他們希望感的提升。無奈的是，很多時候父母因顧及子女的安全不敢隨便讓他們獨自到社區各處去探索，可能在無形中抹殺了他們希望感的增長。

兒童在此階段閱讀能力迅速增加，讓其希望感的滋長上多了一個重要的來源。不像幼童們仍需要學習如何閱讀，此階段的兒童已漸能透過閱讀去學習新的事物。隨著閱讀能力的增加，他們在目標的追求與抱持希望感的程度會身受其閱讀材料的影響。所以應多鼓勵兒童閱讀勵志性的文章或書籍，會有助於他們希望感的提升。研究發現，閱讀較多的兒童，希望感會越強（Snyder, 1994, 2000）。

除了閱讀能力外，此階段兒童的記憶力增加，從記憶中抓取訊息的能力及對事物的理解力也大幅度的增加，這是兒童希望感滋長的另一個重要

來源。因著這些能力的增加，兒童越能進行目標導向性的思考，因此對於自己想追求的目標較有具體的概念，也較能清楚思考及設定與追求目標有關的路徑。

另外一個重要的發展是孩童已漸能與他人討論自己的記憶與思考的過程。Snyder（1994）認為這個能力的發展對孩童希望感的發展是相當重要的，因為孩童有能力向他人表達受到阻礙的感受。Snyder 在他的書中有個例子：一個十歲的男孩因感覺他的父親不再像先前那麼關心他，就告訴父親真希望以前的爸爸再回到他的身邊。父親聽到這話了解兒子心裡的感受，就盡量撥時間來陪伴兒子。

總之，兒童在此階段已具備讀、寫、算、運用工具、製作東西及社交互動等能力，而這些能力的發展有助於兒童希望感的拓展（Snyder, 1994）。反之，如果兒童在上述的能力發展上未獲得成功經驗，而大人又未能給予適當的處理，常會導致自卑感（inferiority）。

二、家庭環境的影響

McDermott與Hastings（2000）指出缺乏希望感的家庭對孩子的成長是相當不利的。因為富有安全感、鼓勵與支持的環境，能培育出孩子們樂觀進取的希望感；反之，不穩定、冷漠或暴力充斥的環境，易導致消極與悲觀的絕望感（Rodriguez-Hanley & Snyder, 2000）。例如一個成長在家裡有人酗酒，且每次酗酒時就有暴力傾向家庭的孩子，因長期受父親這不定期炸彈的影響，而對事物間因果關係上無法產生有效的連結（如父親在清醒時對孩子表示關心，而酒醉時卻罵孩子不長進，這兩種極端的反應，使孩子對父親的愛產生困惑），也因而對自己行動的掌握力產生質疑。研究發現對生活缺乏掌控性易引致憂鬱感，並降低希望感（Snyder & Feldman et al., 2002）。

三、同儕之間的關係

此階段中，兒童從原先以自我為中心的心態跳脫，開始學習與社會互動，並非常在乎同儕間的關係，而且與同儕間的情誼也成了他們建立自信

心的重要來源。為了贏得同儕的支持，兒童在目標的設定與路徑的選擇上，常會以友伴間的關係為主要的考量。例如想參加排球隊是因為某位同學也參加；不想去郊遊旅行是因為某位同學不去（Snyder, 1994, 2000; Snyder, McDermott, Cook, & Rapoff, 2002）。然而，兒童雖在乎自己目標的達成（如想贏得球賽），但也會注意到為達到該目標其所必須遵循社會的規範與秩序（如遵循球賽的規則），並顧及在團隊中自己與他人的合作關係（如注意到比賽中的團隊關係）。Snyder 在他的書中舉了一個例子，提到一個小孩在練棒球時被球打到，痛得不得了，很不想再上場練習了。他的母親就給他三個選擇：回家、留在觀眾席看別人練球或忍痛回去練習。考慮了一下，為了不妨礙團隊的練球狀況，他做了第三個選擇，當他回到球場上時獲得全體隊員的歡呼。他之所以會做這個選擇，是因為這個年紀的孩童在友誼的交往上最在乎的是同儕間的溝通、互惠、承諾，他們極力避免衝突，並保持積極正向的情緒。所以上例中的小孩為了維持友誼，就忍痛回球場練球了。另外，這階段的孩童喜歡參與競賽，透過參加個別或團體的競賽，可幫助他們學習社會秩序與規範，學習如何從遵循規範中修整自己的行為去達到預期的目標，並學習在追求自我中心與社會互動間取得平衡。而且希望感與敵對的心態也很有關，通常希望感較高的孩童較不會對競爭的對象有敵對感；反之，希望感較低的孩子較會對競爭對象有敵對感（Snyder, 1994）。

貳、青少年與青年階段

一、自我認同感的確定

青少年與青年階段正值青春期，除了生理上的急速轉變與成長，及渴望獲得同儕肯定外，他們開始有自我認同的困惑，常會問：「我是誰？」這樣的問題。根據 Erikson，此階段重要的發展任務是自我認定（self-identity），如果他們無法認清自己的角色，很容易陷入認同迷失的困惑感（identity confusion）（請看表 4-1 芸麗的自白）。

表 4-1　芸麗的自白

《讀國二的芸麗對諮商師的自我表白》

　　「如果你要問我到底是一個怎麼樣的人，我真的是說不上來。爸媽可能會說我是一個內向的人，因為我是獨生女，沒有兄弟姊妹可以聊天，所以在家裡通常都是靜靜的。而且上國中之後，功課加重，父母開口閉口都是問功課有關的事。你也知道，考試的成績難免會時好時壞的，如果考不好時把成績說出來可能會挨罵，所以每次回家我就趕快躲到房間去用功讀書，避免與父母碰面。不過如果你問我學校的同學，她們可能會認為我是個外向的人，因為我喜歡朋友，所以跟同學在一起總是有說有笑的很快樂。另外，小時候，媽媽喜歡讓我穿洋裝把我打扮得像公主一樣，但現在我喜歡像同學一樣穿牛仔褲。但每次媽媽只要看到我那樣的打扮，總難免會嘮叨幾句。我希望當爸媽的乖女兒，但又希望同學會喜歡我。真難兩全其美呢！」

　　芸麗的表白很多人並不陌生，讓我們從芸麗的對話中來分析青少年與青年在自我認同的特點。首先，我們可以看出他們已能以具體的資訊來描述自己。不像兒童通常會較廣泛的定義自己（如我很內向），青少年與青年則會以較特定的方式來描述自己（如芸麗所說的，在家裡我較內向）。再來，青少年開始發現自己在不同的情境下，其個性與人格特質也會變得不一樣（如芸麗在家裡和學校判若兩人）。除此之外，我們也可以看出青少年與青年已經開始能區別出真實我（actual self）（如芸麗的整段描述中都是真實的她，在不同情境中展現自己的不同面）、理想我（ideal self）（是指青少年與青年希望當的自己，如芸麗希望能像同學一樣，穿著牛仔褲，做個有說有笑開朗的自己），以及不喜歡的自己（feared self）（是指青少年與青年不喜歡自己變成的樣子，如芸麗不喜歡再穿得像小公主一樣或當個靜靜不說話的自己）。再者，青少年與青年也具有區別出他們什麼時候表現出來的是真我，什麼時候表現出來的是假我（false-self behavior）的能力。例如芸麗為了躲避爸媽與她談學校功課的事，每次一放學回家就

躲到房間去。所以靜靜不講話是芸麗假我的一面（Steinberg, 2005）。研究發現青少年與青年在好朋友面前較常表現真我，但在父母面前較易表現假我（Harter, 1990）。雖然大部分青少年與青年表示並不喜歡表現假裝的自己，但有時候為了讓別人對自己有好的印象，他們認為表現出一點假象是必要的。不過一般來說，較少獲得父母與同儕情緒支持、自尊心與希望感較低的青少年與青年，較常會隱藏真正的自我，而以假我來與他人互動（Steinberg, 2005）。不過，到了青少年晚期，他們會因對自己的能力、興趣與愛好，較有清楚的掌握與了解，所以在自我認同上較清楚，其人格特質與行為表現較不會因地制宜，較能有安全感的在不同時與地中展現真正的自我，他們的希望感也就會相對提高（Snyder, Hoza, Pelham, Rapoff, Ware, Danovsky, Highberger, Rubinstein, & Stahl, 1997）。

二、探索與承諾

美國心理學家Marcia指出在青少年與青年的自我認同上是取決於兩個層面，包括對自己生活角色的探索（exploration）與承諾（commitment）。所謂探索，指的是對自己生活的各個接觸面與要扮演的角色主動加以尋找與探求，而承諾則指經過深思熟慮之後決定所要扮演的角色及願意為該角色承擔的負責。青少年與青年經過探索與承諾後，會在這兩層面有不同的投注程度的，依其程度的高低可分為四種認同的狀態，分別為：(1)認定達成（identity achievement）；(2)認定擴散（identity diffusion）；(3)喪失主動權（foreclosure）；及(4)延期償付（moratorium）（參見圖 4-1）。

	探索 高	探索 低
承諾 高	認定達成	喪失主動權
承諾 低	認定擴散	延期償付

圖 4-1　自我認同的四個向度

資料來源：參考 Wade 與 Tavris（2011）。

　　認定擴散型的青少年與青年雖花了許多時間進行探索與思考，但卻未對自己的定位或生涯的選擇做出任何的決定。喪失主動權型的青少年與青年並未真正經歷探索，也不知道究竟什麼最適合他們，但卻已經決定了生涯發展的方向及自己的定位。他們多數是選擇遵循父母的規劃，並將自我的主權交給他人掌管而未去探索其他可能的選擇。延期償付型的青少年與青年正處於統合危機之中，他們既未對自己生活有過探索，也未做出任何的承諾。這四種中，最理想的認同是認定達成型。這類的青少年與青年花了許多時間去探索與思考自己的生活後，在生涯及自我的角色上做了選擇，並應允為該選擇負起責任（Wade & Tavris, 2011），這樣的青少年與青年其希望感程度也會是最高。

三、自我尊重感的提升

　　所謂的自我尊重（self-esteem）指的是人們覺知到自己價值感的程度（Snyder, 2005）。如前所述，由於青少年是尋求自我認同的關鍵階段，他們自我尊重程度的高低會影響其希望感的程度。雖然有研究發現，青少年對自己身體與外表的評價對其自尊心的預測力最強，其次才是他們與他人的關係（Harter, 1999），但多數的研究都是強調家庭與同儕間的關係對他們自我尊重感的影響是相當大的。

(一)家庭成員間的關係對青少年與青年自我尊重程度的影響

　　如同兒童階段一樣，家庭成員間的關係對青少年與青年自我尊重程度的發展也是有相當重要的影響力。Steinberg（1988）指出心理的健康是來自良好親子關係的滋養，特別是當青少年與青年面對從依賴到獨立的轉型過程中，親密的親子依附關係會有助於他們克服心理的掙扎，成功且有自信的發展出獨立性，以及高程度的自我尊重感（張秋蘭，2000；Steinberg, 2005）。此過程中，父母若能清楚透過語言及行動給予青少年與青年子女情緒的支持，會有助於他們身心的健康與自動自發個性的發展、學業的進步（Aquilino & Supple, 2001; Bertrand, Barber, & Bolitho, 2001），以及自我尊重的增長（Barber, Ball, & Armistead, 2003）。很多人會把親子關係建立

的責任交在母親的手中，但研究發現父親與子女的關係對孩子的自尊心與學業表現也是深有影響力的，父女關係較好者其子女的自尊心較高，學業表現也會較好（Cooper, 2009）。

(二)同儕間的關係對青少年與青年自我尊重程度的影響

除了家庭因素以外，青少年與青年和同儕間的關係亦會影響青少年自我尊重的程度（張秋蘭，2000）。一般來說，與同儕之間關係較好者，對自己的自我尊重感較高（Steinberg, 2005）。因為青少年與青年經常會根據同儕給他們的回饋來決定自我的價值感，例如患有過動症的青少年，因和未有該症狀的青少年與青年比起，較易受到他人負向的回饋，所以其自我尊重的程度通常也會較低（Richman, Hope, & Mihalas, 2010）。

第二節　如何幫助兒童、青少年與青年增進其希望感

希望理論相信諮商的重點不只是消極的處理問題，而是應幫助孩童增進其希望感。所以要增進兒童、青少年與青年的希望感，可以幫助他們從目標設定、增強能量與路徑等技巧中來著手。

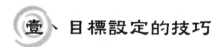

壹、目標設定的技巧

一、增加對目標達成的信任度

希望感的高低是受制於人們對自己的信任度，所以對於希望感較低的學生應先了解其希望感較低的範圍，如果是針對某個特定目標的希望感（goal-specific hope）較弱者（如認為自己某一科不會考及格），可教導他們以較積極性的內在語言來取代消極的內在語言（如從消極的「我考試從沒有考好過」改為積極的「我雖然有幾次考得不好，但也有好幾次都考及格了」），以提升其希望感（Snyder & Feldman et al., 2002）。

二、學習從生活不同層面中訂定目標

　　兒童、青少年與青年的生活層面已逐漸擴展，例如兒童的生活層面包括學校、家庭、安全與健康的維護、休閒與精神生活等層面。青少年與青年則可包括學業、家庭、健康與健身、交友等層面。要增進兒童與青少年的希望感，可以幫助他們思考在生活的不同層面中想要達到的目標。因為在生活中無法預期達到目標的情況總會有十之八九的，所以幫助兒童、青少年與青年多設一些目標，其達到目標的機會較大。如此，即使某個目標無法達成，也可能可以藉由其他目標的達成而增加其希望感（Snyder & Feldman et al., 2002）。

三、訂定一系列有意義的目標

　　兒童、青少年與青年所以會缺乏希望感，可能是在生活中曾遇過失意的經驗而導致對生活失去掌控感。有如此經驗的孩子，要他們設定有意義的目標可能會是相當困難的。Snyder 與 Feldman 等人（2002）建議要幫助這樣的孩子提高希望感，有兩個設定目標的技巧可以使用。第一個方法是諮商師可用討論或心理測驗量表評量出他們價值觀或興趣，然後幫助他們根據所評量出來重要的價值觀與最感到有興趣的方面訂出一系列有關的目標。第二個方法是可鼓勵兒童、青少年與青年回想最近他們追求某個重要目標達成的經驗，當他們能回想起追求該目標達成的愉快經驗時，就會有助於增強他們設定新目標的動機。並且鼓勵他們將過去追求目標的經驗應用於追求未來目標的達成上，而訂出對他們一系列有意義的目標。當案主能訂出他們有意義的目標時，其希望感就會相對的提高。

四、將系列的目標訂出優先順序

　　不過，能想出一系列有意義的目標固然很好，但若未能清楚將其每個目標間的優先順序列出來，很容易讓兒童、青少年與青年在追求目標達成時感到像多頭馬車一樣的無所適從，結果反而會因一事無成而使原先好不容易培養出的希望感又破滅了。所以當案主列出目標後，很重要的就是要

幫助他們按目標的重要性與急迫性列出優先順序。然後從中訂出處理時的優先順序。如此做法可幫助兒童、青少年與青年學會將目標排序的技巧，也因知道應從何處著手而增加其希望感（Snyder & Feldman et al., 2002）。

五、具體訂出想達成的目標任務

想達成的目標訂出後，下一個步驟就是要幫助兒童、青少年與青年具體訂出想達成的目標任務，例如「數學課要拿到好成績」這樣的目標可能會過於籠統（Emmons, 1992）、不易評量，也較難及時給予增強（Pennebaker, 1989），而使得他們在學習時失去興趣。並可能因成績滑落而導致憂鬱感的增加（Semmer & Fresse, 1985）；反之，若設定是「數學考試得到80分」這樣的目標，就很容易看到自己進步的狀況，而能增強其追求目標的動力與希望感。

六、設定出接近傾向的目標而非逃避傾向的目標

所謂接近傾向的目標（approach goals）指的是成功導向性的目標（如我希望考上前三志願的學校），如此的目標可以讓兒童、青少年與青年較有動力付諸行動為追求成功而努力；反之，逃避傾向的目標（avoidance goals）指的是只求不要失敗就好，不一定非成功不可（如我只求不要落榜就好）。若訂定這樣的目標，個體只想維持原樣，抱著所謂的「不做不錯，多做多錯」的心態，免得遇到消極負向性的結果。不過學者建議，應多鼓勵兒童與青少年設定接近傾向的目標，因為設定這樣的目標會有助於希望感的提高（Snyder & Feldman et al., 2002）。

七、確定目標間是相容的

如果兒童、青少年與青年同時設有一個以上的目標，但目標間彼此卻不相容，很容易讓他們在追求的過程中感到無所適從。例如萬祥想要多花時間在功課上好讓自己的成績能夠進步，但卻又希望能與不愛讀書的一群同學當朋友。這種情況下應鼓勵他們評量目標間的相容性，並將不相容的目標加以調整與選擇（Snyder, 1994）。

八、設定符合自己的目標

當孩子漸漸長大，對同儕認同的渴求會越強，也較傾向於以他人的標準來設立目標。Snyder（1994）指出希望感較高者在設定目標時雖會與他人做比較，但設定標準時還是會以自己的需求為準。基本上希望理論是相信孩子本身對自己的能力多少有些了解，所以設定目標時應幫助兒童與青少年審視所設定的目標是否符合本身的能力，如果不易做決定，父母可以適當介入，但決定權還是應交在孩子的手中。例如小強每次看到同學買新的電腦遊戲軟體就吵著要買，這時父母可給小強每個月固定的零用錢，讓他等存夠錢再買電腦軟體。

九、可採用一天一個目標的架構

學者指出即時的增強，可以幫助兒童、青少年與青年增加對學習的興趣，並減少產生憂鬱感的機會（Pennebaker, 1989; Semmer & Fresse, 1985），所以 Snyder 與 Feldman 等人（2002）建議，可採用一天一個目標的架構讓兒童、青少年與青年每天都有機會經驗到成功，而對目標的追求更有信心。

貳、增進能量的技巧

當目標設定之後，下一個步驟就是要幫助兒童、青少年與青年能鼓足勇氣往目標前進。下面將介紹一些幫助兒童與青少年增進目標達成的能量之技巧。

一、了解所訂目標的真正動機

兒童、青少年與青年常因在乎同儕間的關係，所以在目標設定上難免會以取悅他人為主要的考量。雖然這並沒有什麼不對，但研究發現如果人們追求的目標是為了滿足他人的需要而不純粹是為了自己，則其追求目標達成的能量會減弱（Sheldon & Elliot, 1999）。所以在目標設定後，應鼓勵

他們再檢視一次，了解其追求目標的真正動機，以及所定目標確實是自己認為最重要的，才有助於增進追求目標達成的能量（Snyder & Feldman et al., 2002）。

二、目標應難易適中

所設定的目標難易程度是影響追求目標能量高低的另一個因素，太簡單及缺乏挑戰性的目標會使追求目標者缺乏動機；反之，太難且挑戰性太強的目標也常會讓目標追求者還沒開戰就先棄械投降。研究發現難易適中的挑戰，其追求目標的能量最強（McDermott & Snyder, 2000）。例如曉萱立志在暑假中要背 1,000 個英文單字，並列出三個計畫。計畫甲是每天背三個單字，計畫乙是每天背 50 個，計畫丙是每天 15 個單字（但分早中晚各背五個）。比較起來丙計畫難度較為適切，所以可能會是三者中動機最強的。Snyder（1994）指出當兒童、青少年與青年成功的達成原所設定的目標時，可鼓勵他們將目標再加以擴大，追求比先前較為困難的目標，因為這種擴展性目標的挑戰難易較適中。例如小芸的數學成績定為 70 分，其第一次月考算術成績是從 70 分進步到 75 分，可以將其目標擴展到 80 分。但最好是讓孩子自己設定目標，以增進他們追求目標達成的動力。

三、以積極的語言代替消極性的語言

孩子進入青少年與青年階段後，較易自我苛責，很容易用消極負向的語言，例如告訴自己「我不夠聰明」、「我不會」等類的話，來貶低自己，而這種負向消極的語言是最容易降低自己追求目標的能量。所以要增加兒童、青少年與青年追求動機的能量，就是教導他們思考對情緒所造成的影響，鼓勵他們以積極正向的語言，像「我會，我有能力做這件事」，來取代消極性的語言，以增強其追求目標的能量（Snyder & Feldman et al., 2002）。

四、容忍弱點發揚長處

每個人都有弱點也有長處，但我們常常會因太在乎自己的弱點而喪失

了追求目標的動力。為此，Snyder（1994）提供一個技巧可幫助兒童、青少年與青年處理這種心態，即要他們畫一個大圈圈，裡面畫許多小圈圈，然後在每個小圈圈裡面寫上自己擁有的特質與能力。之後問他們會不會因發現自己的一個弱點就覺得自己一文不值（如會不會因電池壞掉就把整台筆記型電腦丟掉）。當案主能從上述的活動中找到自信後，就鼓勵他們專注在自己專長之處，並找機會讓自己的專長獲得更大的發揮，累積「我會」的自信心。當追求目標的動機減弱時，提醒他們從「我會」的自信心去擷取能量的來源。

五、增強其面對阻礙與困難的勇氣

　　Snyder（1994）指出學會面對阻礙目標的障礙物是希望性思考的關鍵要素，所以他提出幾個建議可用來幫助兒童、青少年與青年增強其面對阻礙與困難的勇氣。

　　第一是教導他們以平常心來面對阻礙。教導孩子時可適時分享自己曾遇過的阻礙經驗及心中的掙扎，如此做可以幫助孩子體會到自己不是唯一遇到此困難的人，而增強面對困難的勇氣。

　　第二是不要忘了獎勵兒童、青少年與青年在追求目標上所做的努力，並提醒孩子過去在克服障礙與困難曾做過的努力或成功的經驗，如此有助於增強孩子在面對障礙物的能量。

　　第三是鼓勵兒童、青少年與青年以積極的態度來看待所面臨的阻擾。如「失敗為成功之母」、「沒有石頭怎麼能激起美麗的浪花」等的成語，都會有助於孩子去將阻礙物看成是積極的挑戰物，而不是要破壞目標達成的咒詛。

　　第四是幫助兒童、青少年與青年學習以幽默的態度來面對阻礙與挫折的情境，大笑幾聲會有助於心理能量的提升，並消減心理囤積負向思想的機會。可與案主一起以所遇到的情境為藍本編造一個故事，由他們構思情節，然後加入較誇大性的幽默情節。當他們能以大笑幾聲來面對問題時，其面對挫折的容忍力就會增加。

　　第五是幫助兒童、青少年與青年學習等待。與幼童時期一樣，等不及

也常是孩童、青少年與青年的弱點之一，所以幫助他們學習等待會有助於增進其追求目標能量的提升。例如可以讓他們想像正在排隊等著看一部他們很想看的電影，但隊伍很長可能要等幾個鐘頭，請他們列出在等待時可以做哪些事，讓他們想像自己正在做那些事，然後體會是否其等待的挫折感會因而稍微減少。當他們學會等待時，其「我能夠」做的事的籌碼就又多了一個，這對孩童自信心的增加上會很有助益。

第六是幫助兒童、青少年與青年學會轉換跑道。當遇到阻礙無法達到原所預定的目標時，有可能表示原所設定的目標是不切實際的。教導孩童「路不轉人轉」的道理，幫助他們思考其他較可能達成的目標，或將原目標再設定出較小的目標。當兒童、青少年與青年覺察到目標達到的可能性提高時，其追求目標的能量就會較強。

六、鼓勵追求目標的過程而不要只注重結果

「人比人」經常會減損兒童、青少年與青年追求目標的動機，因為他們只顧著跟其他人的成就相比，而忽略在追求目標的過程中所獲得的學習。Snyder（1994）就建議要幫助兒童與青少年了解過程的可貴，可以讓他們針對所設定的目標做一張每日進步表，讓兒童、青少年與青年每天記錄自己進步的情形，並隨時對其過程的進步給予讚賞，這會有助於增進其持續努力朝目標前進的動機。兒童、青少年與青年喜歡與別人比較，也很在乎學習的結果是否能得到讚賞，針對此，應教導他們了解學習是為了幫助自己成長，而不是為他人的這個概念。

七、教導兒童、青少年與青年恢復追求目標元氣的方法

其實不管希望感再怎麼高的人都會有士氣消沉的時候，所以當兒童、青少年與青年感到力不從心時，成人們不用太緊張，可適時的教導他們恢復元氣的方法，將有助於精神的振作。Snyder（1994）就建議要讓兒童、青少年與青年了解充分的睡眠與經常的運動是保持元氣充沛的要件之一。另外，有時候兒童、青少年與青年感覺後繼無力可能是對原來所追求的目標感到厭倦，如果鼓勵他們轉換跑道重新再找另一個目標，會讓兒童、青

少年與青年因新目標的新鮮感而有新的能量。

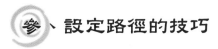

參、設定路徑的技巧

　　至此，我們介紹了幫助兒童、青少年與青年定出目標，與增強能量的方法。但是這還不夠，更重要的是，他們是否相信自己有能力想出有效的路徑以完成目標，下面的建議可幫助兒童、青少年與青年建立路徑的信心。

一、將大目標分出小目標

　　在追求目標時，光有高能量是於事無補的，除非有具體可行的路徑。兒童、青少年與青年漸漸長大後其所定的目標也會跟著逐漸擴大，但是有時候目標太大會因不易即時完成而影響追求該目標的動力。Snyder（1994）建議此時可鼓勵兒童、青少年與青年先將大目標劃分為幾個小目標，去思考在追求這大目標完成的過程中有哪些小目標是他們目前做得到的，先從那個部分著手。Snyder 與 Feldman 等人（2002）也建議要鼓勵兒童、青少年與青年在選取目標時應衡量自己本身具有的能力及設定該目標的動機，並按每個小目標的重要性與即時性來排優先順序，然後從中選出最重要與最即時的目標來發展出達到該小目標的路徑。例如可讓兒童、青少年與青年在一張紙的頂端寫下想達到的終極目標，將紙放在地上擺在離孩子的腳有點距離的前方，讓兒童、青少年與青年想如果要走到那張紙的目標需要先完成哪些小目標，讓他們每踏一步就想出一個小目標。當他們每想出一個小目標時就用一張紙把它寫下來，一直到列出所有的小目標為止。當小目標列出來後，把它們按順序排好，要他們踏在每個小目標上思考並講出在該小目標上他們需要做的事，訂出該子目標達成的指標，以及達到該目標時他們想給自己的獎賞。如此做的好處是可以具體看到目標達成的進展狀況，而可增加追求長遠大目標時的堅持力。

二、所需技巧的補強

　　有些兒童、青少年與青年抱怨功課太多或懶得上學，這可能因為他們

以為讀書是為了父母或老師，不了解讀書與自己的關係，對這樣的孩子，給予責備並不是最好的策略。處理方式是讓他們思考並寫下有什麼目標是自己想完成的，然後列出完成此目標所需有的能力與技巧，並做口頭報告。當他們完成上述的作業時，也可以打鐵趁熱的讓他們想想做該作業時他們使用到什麼樣的能力？這些能力是否是從學校學來的？透過此活動可以幫助兒童、青少年與青年了解在追求目標的過程中需要很多的技巧，當他們透過此類的活動體會到上學是為了增強其達成目標所需的能力，以增進目標達成的可能性時，其學習動機就會增加。

三、提供練習的機會

有時兒童、青少年與青年會因為對實施過程的不確定感而躊躇不前。針對此情況 Snyder（1994）建議可讓他們根據所設定的路徑，以角色扮演或在腦中預想方式先做練習。特別是對其不確定的情況，鼓勵他們預想出來，並把可以用的處理方式以想或演的方式加以練習。如此做法可以幫助孩童減除對追求目標過程的焦慮感，而增進路徑想法的確定感。

四、應了解如果未能達成預期的目標，是策略錯誤而非是自己的失敗

在目標追求的過程中，沒有保證能萬無一失的。Snyder（1994）建議當兒童、青少年與青年在執行過程中遇到挫折時可以指導他們去評估是哪個策略出狀況，而非一味的責備自己的疏忽。當他們發掘到某個原先預定的策略較不恰當時，告訴他們「條條大路通羅馬」，鼓勵他們思考其他可行的辦法。Snyder 與 Feldman 等人（2002）建議應多設幾個替代性的計畫，這可提供兒童、青少年與青年較多感受成功的機會而提高希望感。

第三節　提供兒童、青少年與青年一個富有希望感的環境

壹、富有希望感的家庭環境——希望感的提升由父母本身做起

　　McDermott 與 Snyder（2000）指出雖然每個人有天生的個性趨向，但孩子的好壞並非天生注定的，這其中成長的環境是塑造他們行為的重要因素之一。而環境中最先影響到他們的就是父母的角色。所以如果要子女富有希望感，就必須從提升父母的希望感著手（Snyder & McDermott et al., 2002）。除了提升父母的希望感外，也藉著父母與子女積極的分享與互動中，能幫助兒童、青少年青年發展出希望感。以下將介紹一些方法幫助父母來營造一個富有希望感的家庭環境。

一、將消極的生活經驗轉成積極的故事

　　希望感較低的父母是因為他們的記憶中留存了很多消極的故事，如果父母常回過頭去咀嚼悲傷的過去，就很難對未來會抱有希望感（Snyder & McDermott et al., 2002）（請看表 4-2 小力母親的故事）。

表 4-2　小力母親的故事

《小力的母親》
　　「小力的媽媽小時候家裡很窮，而且小力的祖父又重男輕女，所以她小學畢業就留在家裡幫忙種田，沒能繼續上學。雖然如此，她常在有空時就拿哥哥的國中課本自己進修，花好幾年的時間能持之以恆的把國中三年的課本進修完畢，所以現在小力國中的課業有不懂的，媽媽都會指導他。不過雖然如此，小力的媽媽仍常會怨嘆自己是無知識的女人。」

事實上，每個事情都有一體的兩面，如果小力的母親能從積極面去看待她的經歷，例如強調她透過「拿哥哥的課本自己進修」的路徑及「花好幾年的時間能持之以恆的把國中三年的課本進修完畢」的能量來達到目標，套入第一章所介紹的公式：路徑＋能量＝希望，小力媽媽的希望感就較易提升，也較能影響小力有高希望感。

二、將消極的語言變成積極的語言

希望感較低的父母是因為當他們遇到攔阻或對目標的達成，抱持著「我不會！」「我做不到」的消極語言（Snyder & McDermott et al., 2002）。如表 4-2 小力母親的故事中，雖然她自己進修但並沒有國中畢業的學歷，所以每次小力問她功課，她都會先推託說她不會，幫不了小力的忙，非得小力多方拜託，她才願意幫他。小力受此影響，每次遇到較困難的功課，就會說他慘了，要被留級了。小力的媽媽若想幫助小力發展出希望感，她自己就得學習在遇到困難時，以「讓我試試看」來代替「我不會」，其希望感就較能提升。

三、告知子女他們不記得的幼年時光

兒童、青少年與青年通常都會喜歡聽自己小時候的故事，特別是人生頭幾年的他們不記得的故事。例如我們常告訴女兒：「你小時候奶嘴一直吸到兩歲都戒不掉，但是當兩歲生日那天，我們告訴你奶嘴被蟲咬走後，你從此就不再吵著要奶嘴了。」這故事讓我們的女兒了解她小時候面對新的改變時，適應的方式。跟孩子訴說他們自己不記得的幼年時光，特別是遇到困難時他們所採用的處理方式，會有助於他們了解自己的長處，因而提高其面對未來的希望感（Snyder & McDermott et al., 2002）。

四、適時的現身說法

父母可以透過告訴子女自己成長的故事來幫助他們了解家族史。但除了分享自己成功的經驗外，Snyder 與 McDermott 等人（2002）建議父母可讓子女們知道一些自己做過的糗事或犯過的一些錯誤，以及自己當時採用

過的一些處理方式及其結果。這樣的故事會讓子女從父母處理事情的經驗中學到一些教訓，學習接受他們自己的不完美，並願意勇敢的當自己。而且當了解父母也有不完美的經驗時，反而會較願意與父母分享他們所遇到的困難。不過在分享故事時，不要常抱著老生常談，一副「我吃的鹽巴比你吃的米還多」的教訓口吻，免得讓孩子們失去傾聽的興趣。

五、分享目標達成的故事

　　子女不喜歡被父母說教或嘮叨，所以採說故事的方式可讓他們能從別人的經驗中，學習如何將路徑與能量達成目標的法則應用到自己的身上。所以父母在選擇故事時，可配合子女們目前的狀況選取或編造較類似的故事情節，但謹記要強調故事主角如何透過路徑與能量而達成目標的情節，讓他們能從中獲得希望感，相信自己的困難也可以因此獲得解決（Snyder & McDermott et al., 2002）。

六、教導子女了解與學習表達情緒

　　在兒童、青少年與青年階段的孩子，較無法像幼童階段那樣自在的表達情緒，所以父母可以在講述故事中加入自己或故事主角如何處理情緒的部分。這樣做的主要目的是要讓子女了解到情緒的產生是代表自己在某方面需要處理的徵兆，學習信任自己的感覺及情緒的重要性，並知道如何在安全的環境向他人表達情緒。也教導子女了解情緒的產生是追求目標過程中受到阻礙的正常現象，並幫助他們願意面對問題、訂定計畫以達到期待的目標（Snyder & McDermott et al., 2002）。

七、設定清楚的行為規範

　　兒童、青少年與青年正處在由幼兒至成人的中間階段，需要很清楚的規範與規則來遵行。有些父母認為愛子女就是給他們自由，但 McDemott 與 Hastings（2000）卻說如果父母未給予清楚的行為界線，子女們會認為父母不在乎或不關心他們。且容易因而轉向尋求同儕的引導，反而會因此受到誤導。

八、做一個主動參與的父母

親子關係越好者，其子女就較不會有問題行為的產生，所以親密的親子關係是相當重要的。而要與子女間建立好關係的方法就是要能花時間與子女在一起，參與子女們的活動是其中的一個方法（McDemott & Hastings, 2000）。

九、與子女間做有效的溝通

子女們需要父母的關心，良好的溝通與互動的關係對他們的成長是相當有助益的，特別是遇到成長的瓶頸或麻煩時，更需要父母的關懷。要增進孩子的希望感就不要放棄他們，當他們得到父母更多的關愛時，就越少會受到同儕的誤導（McDemott & Hastings, 2000）。

貳、富有希望感的學校環境──希望感的提升由教師本身做起

兒童、青少年與青年正處於小學到大學的重要學習階段，除了家庭環境外，老師在他們解決問題的能力及希望感的提升上也扮演著相當重要的角色（McDermott & Hastings, 2000）。老師的鼓勵與支持，會培育出兒童、青少年與青年樂觀與積極的希望感（Rodriguez-Hanley & Snyder, 2000）。此外許多的研究發現，當學生的希望感越高時，其學校的成績會較好（Snyder, Cheavens, & Michael, 1999）。此影響對小學生（Snyder et al., 1997）、高中生（Snyder, Harris, Anderson, Holleran, Irving, Sigmon, Yoshinobu, Gibb, Langelle, & Harney, 1991），甚至大學生（Snyder, Shorey, & Cheavens, 2002）三方面都獲得證實。Law 與 Guo（2011）也發現高希望感的大學生對校園內的活動參與性較高、較能克服壓力，輟學率也較低。所以下面將介紹教師如何透過教學提供兒童、青少年與青年一個富有希望感的環境的方法。

一、花時間關心學生

　　Snyder（1994）比較童年經驗對成人希望感高低的影響，發現在童年時受到關心及耐心照顧的人長大後希望感較高。Bjornesen（2000）的中學生研究指出他們最希望老師的特質，是願意花時間來關心學生的老師。據此，Snyder（2005）指出富有希望感的教師是要願意花時間關心學生的，所以教師若願意如此做，可幫助學生成為富有高希望感的學生。

二、建立信任的學習環境

　　學生上學的主要目的是要探索與學習新的事物，這過程中學生必須對所處的環境有所信任，知道老師會尊重他們所提出的任何想法，才能從探索中學到新的事物，否則他們可能會寧可搗蛋也不願意因問太多問題而在人前顯得愚笨。所以教師需營造一個具有信任感與尊重關係的學習環境，才能幫助學生建立希望感。要建立一個信任的學習環境，教師就需先設有具體的教學目標，Snyder（2005）建議教師所設立的教學目標應是具有擴展性與成長性的（growth-inducing, stretch goals），教師在課程難度的進展上應以學生先前已有的基礎為準，不過也不要忽略每個學生的個別差異與需要。因為有時候對某位學生是相當難的挑戰，對另一位學生可能又是相當簡單。此外，教學目標的設定應越具體越好，包括課程的目標與評量的標準，必要的時候可將目標區分出子目標，讓學生清楚老師教學上的重點與教師對他們學習上的期望，並在每一步驟的學習上設定評量的標準，好讓學生能體會到成功的經驗（Snyder, 2005）。

三、清楚教學的計畫

　　要營造一個富有希望感的教學環境，教師必須將課程計畫得具體與詳實，包括每個教學步驟的先後順序與起承轉合，以確保能有效完成原所設定的教學目標。在教學活動的設計上，應附有備案，以便萬一原先的方案行不通時可以採用。而且在教學上應以最大多數的學生有機會參與（Aronson, 2000），並願意傾聽且與學生互動為最主要的原則（Snyder, 2005）。

四、營造有活力的教學環境

　　不管有意或無意的，教師的一舉一動常會成為學生學習的榜樣，所以若要培養具有高希望感的學生，教師本身就要充滿高希望感；要讓學生具有高度的學習動機，教師本身也要對自己教學的科目具有高度的興趣。所以教師在設計教學內容時，就要設計自己喜歡的教學方案，如此在教學時，才容易營造出充滿活力的教學情境。不過，雖然教師要確保能將課程的內容教給學生，但更重要的是要敏感於學生在學習中參與的情況。因為有希望感的教學氣氛是教師與學生間互相給予與擷取的過程。儘管原先需設好教學計畫，但在教學上必須具有彈性。當學生有問題時，教師要願意傾聽，並盡最大的努力給予最好的答案。如果對所提供的答案沒有把握時，應不忌諱的讓學生知道自己的限制，如此做可提供學生一個很好的示範作用，讓學生了解學習是一種冒險，只要努力去嘗試，錯了是可以重來的。如果教師在嘗試某種教學活動失敗了，或在回答學生的問題中出了一些錯，不妨自我解嘲一下，反而會讓教室中的學習氣氛更為活潑，而能提高教學的效果。此外，多鼓勵學生，特別是當學生有好的表現時，適當的給予鼓勵，可讓學生體會到成功的經驗，而有助於學生希望感的提升（Snyder, 2005）。

五、培養學生自我尊重感

　　學生們的自我尊重感與希望感間是相輔相成的，但要如何增進學生自我尊重的程度呢？其實只是一味的讚美效果並不大，研究發現當學生學到如何能成功的追求他們所期待的目標時，其自我尊重感就會提升（Snyder, 2002）。所以在教學上不要只著重在鼓勵學生學到的東西，也應獎勵學生學到如何學的過程，如此可幫助學生成為一個有效的問題解決者。當學生感到自己具有問題解決的能力時，其自我尊重的價值感也相對就提高了（Snyder, 2005）。

　　總之，學生在學習中，是從學到如何學（路徑）及相信自己學得會的動機（能量）中往目標邁進的過程。一個富有希望的教室是充滿生氣的學

習環境，從中學生不僅學到課程的內容，也學會與他人間彼此的尊重。日後，儘管他們已經忘卻原所學到的材料，但他們所學到的希望感是帶給他們一輩子中願意不斷學習的動力（Snyder, 2005）。

第四節　應用希望理論在兒童、青少年與青年階段的團體諮商範例

　　根據上述的建議，我們設計一個為期 12 次的希望團體諮商。目的是在幫助希望感低的中小學生與大學生，學習肯定自己、學會選擇目標，並能從目標與路徑的設定與達成中，增進希望感的提升。

第一次活動：告訴你「我是誰？」

目標：幫助學生彼此認識。

活動過程：

步驟一：彼此認識

1. 團體成員以隨機方式就座。
2. 成員以「我的名字是……，我最喜歡做的一件事是……」來進行自我介紹，下一個成員要先重複對方的名字與喜歡做的一件事，然後再加上自己的名字與喜歡做的一件事，如此一直進行下去，直到全部輪完為止。
3. 全部輪完後，全體成員一起把每個成員及其喜歡做的一件事全部複習一次。

步驟二：談談自己喜歡做的一件事

1. 諮商師把剛才成員所提喜歡做的一件事寫下來，請學生自由的談談。
   (1) 喜歡做的一件事的由來（是被誰影響的）。
   (2) 喜歡做這件事情有多久了？
   (3) 通常是在什麼情況下會去做這件事？
2. 諮商師要成員閉上眼睛，想像自己正在做這件事時的情境，自己心裡的感覺是什麼？如果你生活中少了這件事（或東西），你的生活

會變得有什麼不一樣？

3. 諮商師邀請成員分享或展現他們所愛做的事及從中所領受到的心得。

步驟三：家庭作業

1. 想想生活中其他愛做的事，並擇其一二帶來團體分享。

第二次活動：分享自己的嗜好

目標：幫助學生增加自我肯定。

活動過程：

步驟一：分享自己的嗜好

1. 成員展示並介紹自己嗜好或最愛的東西。

(1) 喜歡做的一件事的由來（是被誰影響的）。

(2) 喜歡做這件事情有多久了？

(3) 什麼情況下會去做這件事？

(4) 做這件事時心裡的感覺？如果生活中少了這件事（或東西），生活會有什麼不一樣？

(5) 這個嗜好對自己的重要性？對自己成長上的幫助是什麼？

2. 成員們互相給予回饋，並分享表現自己最愛的事物（或東西）的感覺。

3. 與成員討論父母是否接受自己的這項嗜好？及被父母接受與否對自己的影響。並針對父母反對的學生以討論與角色扮演的方法學習如何讓父母了解及接受自己的嗜好。

步驟二：家庭作業

1. 鼓勵成員以前面所討論與練習的方法與父母溝通，讓他們了解自己的嗜好。

2. 請青少年問父母自己在幼童時期一些有趣與光榮的故事（如果可能，請他們找出相關的照片）。

第三次活動：好漢要提當年勇

目標：幫助成員從過去的光榮史中認識自己。

活動過程：

步驟一：作業分享

　　1. 成員分享讓父母了解自己嗜好的情況。

　　2. 繼續以討論與角色扮演的方法，讓仍遇到困難的學生學習如何讓父母了解及接受自己的嗜好。

步驟二：好漢要提當年勇

　　1. 發給成員每人一張紙，請成員以帶來的照片，或用諮商師所準備的色筆、貼紙、膠帶或舊報章雜誌等素材，製作一張自己過去的「英雄好漢」圖。

　　2. 製作完畢後請成員為自己製作的圖片命名。

　　3. 每個成員以圖片與大家分享自己小時候的故事，特別是讓父母引以為傲的故事。

　　4. 請成員分享當聽到父母告訴自己這些故事的心情，以及分享這些故事對自我認同上改變的情形。

步驟三：家庭作業

　　鼓勵成員想想自己的夢想。

第四次活動：我的未來不是夢

目標：幫助成員探索前路。

活動過程：

步驟一：分享我的夢想

　　1. 諮商師先放「我的未來不是夢」這首歌，讓成員一起唱。然後將音樂轉小聲當做背景音樂，並請成員分享自己的夢想。

　　2. 諮商師拿出一個球告訴成員那是一個可以看到未來的水晶球，然後把球傳下去，鼓勵每個人拿到球時，對著球講出自己的夢想。

　　3. 全部輪完後，全體成員一起把每個成員及其夢想全部複習一次。

步驟二：漫談夢想

1. 諮商師請成員以下面的題項來詳細分享他們的夢想。

(1)這夢想形成的由來（是被誰影響的）。

(2)心中存有這個夢想多久了？

(3)希望這個夢想實現的渴望有多強？

(4)相信這個夢想達到的機率有多高？

2. 諮商師要成員閉上眼睛，想想如果這個夢想實現時，自己心裡的感覺是什麼？如果這個夢想沒有實現時，自己心裡的感覺又是什麼？

步驟三：家庭作業

請成員畫一張希望燈塔的圖片，並將自己的夢想寫在燈塔的上面。

第五次活動：走向希望的燈塔

目標：幫助成員了解希望理論，與達成目標的要件。

活動過程：

步驟一：家庭作業分享

請成員與大家分享自己畫的希望燈塔及其所代表的意義。

步驟二：希望＝路徑＋能量

1. 諮商師介紹希望理論中目標、路徑與能量的概念，與三者間與希望高低的關係（詳見第一章）。

2. 諮商師向成員介紹影響目標的選擇是個人的價值觀、興趣程度及希望感三者互動的結果，並強調希望感是影響人們是否願意去追求自認有價值以及感興趣的活動或目標的重要關鍵。

步驟三：家庭作業

請成員在希望燈塔的圖上將自己的夢想列出具體的目標。

第六次活動：夢想成真

目標：幫助成員把夢想具體化。

活動過程：

步驟一：家庭作業分享

請成員與大家分享針對夢想所列出三個具體的目標，並請成員彼此給予回饋，看其所列出的目標是否與原所有的夢想相配合。

步驟二：目標選擇的澄清

1. 發給成員表 4-3，請成員依照每一個所列的目標評量，來探討其目標的選擇與其個人價值觀、興趣程度及希望感相配合的程度，再決定是否選取該目標。

2. 每個成員說出他們每個目標的狀況，其他成員給予回饋，之後成員勾選出所要追求可行的目標。

3. 每個成員根據目標的重要性列出優先順序，再按照急迫性列出優先順序，最後選出一個自己要開始努力的目標。

表 4-3　目標選擇探索圖

目標 （越具體越好）	此目標與個人價值觀相符的程度 （請圈選）	此目標與個人興趣相符的程度 （請圈選）	希望此目標能達成的程度 （請圈選）	是否選取此目標 （請圈選）
	評量標準 5＝非常符合 4＝很符合 3＝有點符合 2＝稍微符合 1＝一點都不符合	評量標準 5＝非常符合 4＝很符合 3＝有點符合 2＝稍微符合 1＝一點都不符合	評量標準 5＝非常強 4＝很強 3＝有點強 2＝稍微強 1＝根本沒有	1＝是 2＝否
	評量標準 5＝非常符合 4＝很符合 3＝有點符合 2＝稍微符合 1＝一點都不符合	評量標準 5＝非常符合 4＝很符合 3＝有點符合 2＝稍微符合 1＝一點都不符合	評量標準 5＝非常強 4＝很強 3＝有點強 2＝稍微強 1＝根本沒有	1＝是 2＝否
	評量標準 5＝非常符合 4＝很符合 3＝有點符合 2＝稍微符合 1＝一點都不符合	評量標準 5＝非常符合 4＝很符合 3＝有點符合 2＝稍微符合 1＝一點都不符合	評量標準 5＝非常強 4＝很強 3＝有點強 2＝稍微強 1＝根本沒有	1＝是 2＝否

步驟三：家庭作業

　　成員針對所選的目標列出進行該目標時所需要經過的路徑。

第七次活動：尋夢之旅(一)

目標：幫助成員設定達到目標的計畫。

活動過程：

步驟一：訂定計畫

1. 找一位志願的成員，請該位成員將自己的目標寫在紙上，手持著該紙坐在團體的中間。

2. 諮商師發給每個成員一張紙，請每個人集思廣益的想出要達到該目標應遵循的步驟，並將其寫在紙上，展示出來。

3. 手持目標的成員，瀏覽其他成員手持的步驟，選出適合自己的，被選到的成員就站出來，並排站在一起。如果沒有完全適合的，手持目標紙的成員可與該成員討論讓他們把所列的步驟加以修改後再選用。

4. 步驟選取完畢後，諮商師把選出的步驟貼出來，讓手持目標紙的成員來帶領所有成員一起來將這些步驟排出優先順序。

5. 優先順序排定後，諮商師引導手持目標紙者思考在這過程中可能會遇到的阻礙，並請其他成員再集思廣益的想出遇到阻礙時可採取的策略。並把這些策略寫在紙上，由手持目標的成員確認適合自己的需要而採用之。

6. 最後請手持目標紙的成員閉上眼睛，請其他成員輪流將每個步驟朗誦出來，手持目標的成員將聽到的步驟在腦中過濾一次，確定可行性後再定稿（如果時間許可，可針對另一個成員的目標來進行此步驟）。

7. 請成員分享從此次活動中所獲得的感受。

步驟二：家庭作業

1. 請手持目標紙的成員將所定稿的資料，整理成目標達成的路徑圖。

2. 其他成員可以試著以這個方法訂出自己的路徑圖。

第八次活動：尋夢之旅(二)

目標：繼續幫助成員設定出想達到目標應遵行的步驟。

活動過程：

步驟一：路徑圖分享

    1.請上回手持目標紙的成員分享其所製作的達成目標路徑圖。

    2.請其他也已完成自己目標路徑圖的成員分享。

步驟二：幫助仍有困難設定路徑圖的成員設定該遵行的步驟

    1.請一位有需要的成員寫上自己的目標，手持該紙坐在團體的中間。

    2.請其他成員集思廣益的為該成員想出要達到該目標應遵循的步驟，將其寫在紙上展示出來。

    3.手持目標的成員，從中選出適合自己的步驟，被選到的成員站出來，並排站在一起。如果沒有完全適合的，可與該成員討論修改後再選用。

    4.諮商師把選出的步驟貼出來，讓手持目標紙的成員與所有成員將這些步驟排出優先順序。

    5.優先順序排定後，諮商師引導手持目標紙者思考這過程中可能會遇到的阻礙，並請其他成員一起寫出遇到阻礙時可採取的策略，由手持目標的成員確認適合而採用之。

    6.最後請手持目標紙的成員閉上眼睛，請其他成員輪流將每個步驟朗誦出來，手持目標的成員在腦中過濾一次，確定可行性後再定稿（如果時間許可，可針對另一個成員的目標來進行此步驟，要確定每個成員皆有要達成目標的路徑）。

    7.請成員分享從此次活動中所獲得的感受。

步驟三：家庭作業

    1.請每位成員將所定稿的資料，整理成目標達成的路徑圖。

第九次活動：築夢踏實(一)——準備出發

目標：幫助成員審視自己追求目標所具備的基礎。

活動過程：

步驟一：展示路徑圖

1. 諮商師將所有成員的路徑圖展示出來，獎勵每個成員成功的設定該路徑圖的成就。

2. 成員們分享看到自己與他人路徑圖的感想。

步驟二：我準備好了嗎？

1. 發給成員表4-4幫助成員審視自己追求目標所具備的基礎。

2. 請成員根據表4-4列出要追求所選定的目標所應具備的能力、分析自己是否具備所要追求目標的能力、相信自己是否擁有該能力的程度。

3. 對於自信心較低的學生（即是認為自己什麼能力都沒有或是很弱的學生），請他們去思考，如果沒有該能力，要如何增強該能力及尋找可替代使用的能力。

4. 幫助成員相信自己「擁有」能力來達到所想達到的目標：讓成員把表4-4以下面的方式講出來。「我要追求××目標，我相信我擁有××能力來達到此目標。」

5. 請成員彼此給予回饋。

步驟三：家庭作業

1. 請成員蒐集（回憶或問父母及其他家人）一些與今天所想出的能力有關的成長故事，特別是從失敗中如何再站起來的經驗。

2. 成員要開始去按著路徑開始著手進行。

表 4-4　追求目標的能力評量圖

所選定的目標 （越具體越好）	列出追求本目標 所需要的能力	相信自己是否 擁有該能力 （請圈選）	相信自己是否 擁有該能力的程度 （請圈選）	如何增強該能力 及尋找可替代 使用的能力
		1＝是 2＝否	評量標準 5＝非常多 4＝很多 3＝有不少 2＝稍有一點 1＝只有一點點	
		1＝是 2＝否	評量標準 5＝非常多 4＝很多 3＝有不少 2＝稍有一點 1＝只有一點點	
		1＝是 2＝否	評量標準 5＝非常多 4＝很多 3＝有不少 2＝稍有一點 1＝只有一點點	
		1＝是 2＝否	評量標準 5＝非常多 4＝很多 3＝有不少 2＝稍有一點 1＝只有一點點	
		1＝是 2＝否	評量標準 5＝非常多 4＝很多 3＝有不少 2＝稍有一點 1＝只有一點點	

第十次活動：築夢踏實(二)——我有成功的信心

目標：幫助成員增進其完成路徑達到目標的能量。

活動過程：

步驟一：暢談成功史

  1. 請成員輪流分享與其擁有的能力相關的成長故事。

    (1) 在這過程中他們是否有失敗過？

    (2) 他們在失敗中如何再站起來？

    (3) 該成功的經驗對他們的影響是什麼？

  2. 成員分享從訴說與聽到別人的故事中，對自己能達到現在所訂的目標的希望感增強的情況。

步驟二：路徑進行情況的分析與檢討——打擊成員在進行中的內在負向語言

  1. 諮商師列出所有成員所說出的負向語言。

  2. 請成員閉上眼睛想想自己充滿的雄心壯志，然後諮商師大聲唸出這些負向語言，問成員聽完這些話之後對其雄心壯志的心態影響狀況。

  3. 將成員分兩組，請他們想出可以代替這些負向思考的正向語言。

  4. 諮商師拿出一個球，當他把球傳給某位成員時，必須以「你」說出一句負向消極的話，接到球的成員必須以「我」說出一句積極正向的話來代替諮商師所說的消極的話（此活動可進行多次，直到每個成員都有機會輪到）。

  5. 請成員分享說出積極的話的心情。

步驟三：家庭作業

  成員要繼續按著路徑往目標的進行推進。

第十一次活動：築夢踏實(三)——越戰越勇

目標：繼續幫助成員增進其完成路徑達到目標的能量。

活動過程：

步驟一：路徑進行情況的分析與檢討——報告戰果

  1. 諮商師強調在目標追求的過程中要重視過程中的收穫，所以請成員各說出在進行中所體會到的三個戰果。

2. 諮商師將這些進行過程中成員體會到的戰果一一列出，並給予鼓勵。

步驟二：路徑進行情況的分析與檢討──加油補給站

1. 讓成員提出在過程中遇到的困難，讓成員以討論及角色扮演的方法來討論面對困難的方法。

2. 諮商師鼓勵大家要學習等待，即有越戰越勇的決心。

3. 請成員分享今天參加團體的感受。

步驟三：家庭作業

1. 成員要繼續按著路徑往目標的進行推進。

2. 提醒下次是最後一次的活動。

第十二次活動：希望的火炬

目標：幫助成員增長自己達成目標的希望感。

活動過程：

步驟一：路徑進行情況的分析與檢討

1. 諮商師再次強調在目標追求的過程中要重視過程中的收穫，所以請成員各自說出在進行中所體會到的三個戰果，諮商師一一給予鼓勵。

2. 讓成員提出在過程中遇到的困難，並以討論及角色扮演的方法來討論面對困難的方法。

步驟二：希望的火炬

1. 請每個成員彼此針對他們觀察到其他成員在這 12 次活動中進步的情形給予回饋。

2. 每位成員也將自己在這 12 次活動中進步的情形做分享。

3. 諮商師發給每個成員一張白紙，讓每個成員為自己畫出一支希望的火炬來鼓勵自己。

本章摘要

從脫離幼童階段的懵懂無知到漸次步入兒童、青少年至青年階段，其心智與體能各方面的發展臻至成熟，而能逐漸獨立的處理與面對自己的人

生，影響其希望感的來源也益形增多。心理學家 Erikson 指出兒童階段的重要發展任務是勝任感，他們會比幼童更有能力去做自己想做的事，也由於視野的逐漸拓展，兒童開始對自己所處的環境產生好奇心。兒童在此階段已具備讀、寫、算、運用工具、製作東西及社交互動等能力，而這些能力的發展都會影響兒童希望感的拓展。若未獲得成功經驗而大人又未能給予適當的處理，就會導致自卑感。青少年與青年階段，除了生理上的急速轉變與成長，及渴望獲得同儕肯定外，更著重在自我認同的探索。美國心理學家 Marcia 指出在青少年與青年的自我認同上是取決於探索與承諾兩個層面，依其程度的高低可分為認定達成、認定擴散、喪失主動權及延期償付。其中最理想的認同是認定達成型，具有此類認同的人，不僅花許多時間去探索，並在生涯及自我的角色上做了選擇，也應允為該選擇負起責任，所以其希望感程度也最高。且由於是自我認同的需要，他們自我尊重程度的高低會影響其希望感的程度，而對其自我尊重感影響最大的是人們與家庭及同儕間的關係。

希望理論相信諮商的重點不只在消極的處理問題，而是在幫助孩童增進其希望感。所以要增進兒童、青少年與青年的希望感，可以幫助他們從目標設定、增強能量與路徑等技巧中來著手。目標設定方面，應增加他們對自己有能力達到目標的信任度、學習從生活不同層面中訂定目標以增加獲得成功的機會、訂定一系列有意義的目標再從中訂出優先順序、目標的性質最好是接近傾向且目標間彼此是相容的、按自己的能力具體訂出想達成的目標任務，並採用一天一個目標的架構以獲得即時增強，而增加對學習的興趣。增強能量方面，應幫助他們了解所訂目標的真正動機、確定目標的難易適中、能以積極的語言代替消極性的語言、容忍弱點發揚長處及增強他們面對阻礙與困難的勇氣、鼓勵追求目標的過程而不要只注重結果及恢復追求目標的元氣的方法。增強路徑技巧方面，應鼓勵他們將大目標分出小目標、補強所需的技巧、提供演練的機會及了解如果未能達成預期的目標，是策略錯誤而非是自己的失敗。

雖然每個人有天生的個性趨向，但孩子的好壞並非天生註定的，這其中父母的角色是最先影響到他們的。所以要子女富有希望感，就必須從提

升父母的希望感著手。當父母的希望感獲得提升後，就能透過與子女積極的分享與互動中，幫助他們的子女發展出希望感。父母在營造一個富有希望感的家庭環境的方法，是將本身經驗到的消極生活經驗轉成積極故事、將消極的語言變成積極的語言、告知子女他們不記得的幼年時光、適時的現身說法、分享目標達成的故事、教導子女了解與學習表達情緒、設定清楚的行為規範，以及做一個主動參與及與子女間能有效溝通的父母。除了父母以外，兒童、青少年與青年正處於小學到大學的重要學習階段，在家庭環境外，老師在他們解決問題的能力及希望感的提升上也扮演著相當重要的角色。教師要營造這一個富有希望感的教學環境的方法，是要多花時間關心學生、建立信任的學習環境、有具體與詳實的教學計畫、營造有活力的教學環境，以及培養學生自我尊重感。

　　最後，我們根據上述的建議，設計了一個為期 12 次的希望團體諮商。目的是在幫助希望感低的中小學生與大學生，學習肯定自己、學會選擇目標，並能從目標與路徑的設定與達成中增進希望感的提升。

　《動腦篇》

1. 試想本章所提的小力的母親來到諮商中心尋求協助，想知道如何成為好母親來幫助小力，在諮商中她不斷的怨嘆道：「自己是無知識的女人。」請設計一套希望諮商計畫來幫助小力的母親。

2. 許老師是個苦學出身的中學老師，因為自己的出身背景，感到學習對學生前途的重要性，所以上課很嚴肅，對學生管教甚嚴，但卻常感覺力不從心，因為不管他如何努力都提不起學生學習的興趣，所以到諮商中心來請求協助，向你討教要如何增進學生的學習興趣與動機，請幫助許老師設計一套增進學生希望感的教學策略。

3. 剛升上高三的王同學一想到大學考試就感到緊張，父母對他的期望很高，但他卻對自己能否考上理想大學存疑，請設計一套希望諮商計畫來幫助王同學知道如何面對高三的學習。

參考文獻

中文書目

張秋蘭（2000）。**青少年依附關係、自我尊重與身心健康之相關研究**。國立台灣師範大學教育心理與輔導研究所碩士論文，未出版，台北市。

英文書目

Aquilino, W. S., & Supple, A. J. (2001). Long-term effects of parenting practices during adolescence on well-being: Outcomes in young adulthood. *Journal of Family Issues*, *22*, 289-308.

Aronson, E. (2000). *Nobody left to hate: Teaching compassion after Columbine*. New York: W. H. Freeman.

Barber, C. N., Ball, J., & Armistead, L. (2003). Parent-adolescent relationship and adolescent psychological functioning among African-American female adolescents: Self-esteem as a mediator. *Journal of Child and Family Studies*, *12*(3), 361-374.

Bertrand, L., Barber, J. G., & Bolitho, F. (2001). Parent-child synchrony and adolescent adjustment. *Child & Adolescent Social Work Journal*, *18*, 51-64.

Bjornesen, C. A. (2000). Undergraduate student perceptions of the impact of faculty activities in education. *Teaching of Psychology*, *27*, 205-208.

Cooper, S. M. (2009). Associations between father-daughter relationship quality and the academic engagement of African American adolescent girls: Self-esteem as a mediator? *Journal of Black Psychology*, *35*(4), 495-516.

Emmons, R. A. (1992). Abstract versus concrete goals: Personal striving level, physical illness, and psychological well-being. *Journal of Personality and Social Psychology*, *62*, 292-300.

Hall, G. (1904). *Adolescence*. New York: Appleton.

Harter, S. (1990). Identity and self-development. In S. Feldman & G. Elliott (Eds.), *At the threshold: The developing adolescent* (pp. 352-387). Cambridge, MA: Harvard University Press.

Harter, S. (1999). *The construction of the self*. New York: Guilford.

Law, F. M., & Guo, G. J. (2011). *Impact of hope, academic self-efficacy, involvement, sat-*

isfaction on freshman retention. Paper presented at 57th Annual National Association of Student Affairs Professions (NASAP) Conference, February 8-11, Columbia, South Carolina.

McDermott, D., Hastings, S. (2000). Children: Raising future hope. In C. R. Snyder (Ed.), *Handbook of hope: Theory, measure, and application* (pp. 185-199). New York: Academic Press.

McDermott, D., & Snyder, C. R. (2000). *The great book of hope: Help your children achieve their dreams*. Oakland, CA: New Harbinger.

Pennebaker, J. W. (1989). Stream of consciousness and stress: Levels of thinking. In J. S. Uleman & J. A. Bargh (Eds.), *Unintended thought* (pp. 327-349). New York: Guilford.

Richman, G., Hope, T., & Mihalas, S. (2010). Assessment and treatment of self-esteem in adolescents with ADHD. In M. H. Guindon (Ed.), *Self-esteem across the lifespan: Issues and interventions* (pp. 111-123). New York: Routledge/Taylor & Francis Group.

Rodriguez-Hanley, A., & Snyder, C. R. (2000). The demise of hope: On losing positive thinking. In C. R. Snyder (Ed.), *Handbook of hope: Theory, measure, and application* (pp. 39-54). New York: Academic Press.

Semmer, N., & Fresse, M. (1985). Action theory in clinical psychology. In M. Fresse & J. Sabini (Eds.), *Goal directed behavior: The concept of action in psychology* (pp. 503-549). Hillsdale, NJ: Erlbaum.

Sheldon, K. M., & Elliot, A. J. (1999). Goal striving, need satisfaction, and longitudinal well-being: The self-concordance model. *Journal of Personality and Social Psychology, 76*, 482-497.

Snyder, C. R. (1994). *The psychology of hope you can get there from here*. New York: Free Press.

Snyder, C. R. (2000). Genesis: The birth and growth of hope. In C. R. Snyder (Ed.), *Handbook of hope* (pp. 25-38). New York: Academic Press.

Snyder, C. R. (2002). Hope: Rainbows in the mind. *Psychological Inquiry, 13*, 249-275.

Snyder, C. R. (2005). Teaching: The lessons of hope. *Journal of Social and Clinical Psychology, 24*(1), 72-84.

Snyder, C. R., Cheavens, J., & Michael, S. T. (1999). Hoping. In C. R. Snyder (Ed.), *Coping: The psychology of what works* (pp. 205-231). New York: Oxford University Press.

Snyder, C. R., Feldman, D. B., Shorey, H. S., & Rand, K. L. (2002). Hopeful choices: A school counselor's guide to hope theory. *ASCA Professional School Counseling*, *5*(5), 298-307.

Snyder, C. R., Harris, C., Anderson, J. R., Holleran, S. A., Irving, L. M., Sigmon, S. T., Yoshinobu, L., Gibb, J., Langelle, C., & Harney, P. (1991). The will and the ways: Development and validation of an individual-differences measure of hope. *Journal of Personality and Social Psychology*, *60*, 570-585.

Snyder, C. R., Hoza, B., Pelham, W. E., Rapoff, M., Ware, L., Danovsky, M., Highberger, L., Rubinstein, H., & Stahl, K. J. (1997). The development and validation of the Children's Hope Scale. *Journal of Pediatric Psychology*, *22*, 399-421.

Snyder, C. R., McDermott, D., Cook, W., & Rapoff, M. A. (2002). *Hope for the journey: Helping children through good time and bad.* Boulder, Colorado: Westview Press, A Division of Harper Collins.

Snyder, C. R., Shorey, H. S., & Cheavens, J. (2002). Hope and academic success in college. *Journal of Educational Psychology*, *94*, 820-826.

Steinberg, L. (1988). Reciprocal relation between parent-child distance and pubertal maturation. *Developmental Psychology*, *24*(1), 122-128.

Steinberg, L. (2005). *Adolescence* (7th ed.). New York: McGraw-Hill.

Wade C., & Tavris, C. (2011). *Psychology* (10th ed.). New York: Pearson.

第5章

希望的碩壯——希望理論在成人與中年諮商上的應用策略

前言

　　最近幾位過去教過的學生紛紛帶來他們正在交往的對象給我們「審核」，顯示他們在擇偶中的慎重其事，從他們的分享中卻也不難體會出在愛情或麵包選擇間錯綜複雜的情結。

****

　　王太太以媒妁之言認識王先生，認識沒多久後結婚，生有二女一子。但結婚三十多年來因個性不和，熱戰與冷戰不斷，為了給子女們一個完整的家，他們勉強維持婚姻關係。近幾年來，長大的子女陸續有了中意的對象，但王太太卻對子女（特別是女兒們）的婚姻大事抱持著消極與悲觀的態度，且千方百計的阻擾她們想結婚的計畫。她說：「我忍受這一輩子的苦楚就是為了保護我的孩子，我自己的婚姻沒有改善的希望，我也不願意孩子們步上我的後塵。」

****

　　在成人階段中，人們從擇偶、婚姻到身為父母；從專業定向、專業訓練到投入職場。身負著社會中堅分子的角色，不僅要擔任教導的工作也常

需負起領導者做決策的重任。在這過程中，他們是希望的實踐者，也是他人希望的引燃者。然而，Snyder、McDermott、Cook 與 Rapoff（2002）強調，人們無法給予他人自己所沒有的東西，若要教導後輩們成為一個富有希望感的人，成人本身就必須具有希望感。不幸的是，不佳的婚姻關係或不順的工作經驗常會是成人發展希望感的致命傷；而當進入中年階段後，人們也常會在想追求人生另一個高峰時，面臨不知要何去何從的中年危機，而企望能找到生命新意義的希望感。本章將針對上述的課題，介紹如何發展出高希望感的輔導諮商策略，來幫助成年與中年案主有充裕的活力，去面對與處理新的人生章節。

第一節　希望感對親密關係的影響與諮商策略

壹、希望感與親密關係

經過嬰幼兒、兒童、青少年與青年階段的發展後，人們進入了成人階段（約是 20 歲到 40 歲）。根據心理學家 Erikson 的心理社會發展理論，成人階段中多數人會致力於尋求婚姻的伴侶。如果找到如意伴侶，兩人彼此分享、互相關懷，並一起成長（Papalia, Olds, & Feldman, 2004），則能發展出親密（intimacy）的關係；否則，就易感到孤單（isolation）。但如同前例中王太太的情況，可看出夫妻兩人要建立和諧的互賴關係並非易事，唯有當雙方各自清楚自己的角色與定位，尊重自己與對方的價值感，對彼此有所信賴，並有高度的熱忱，願意去為彼此關係的改善與維繫付出努力時，則彼此的關係才會穩固，也會有較佳的心理健康狀態（Worthington, Hight, Ripley, Perrone, Kurusu, & Jones, 1997）。此外，當成家立業、生兒養女後，在親子關係的建立上，成人們的生活面對的又是另一個挑戰。誠如前述，父母無法給予子女們自己所沒有的東西（Snyder et al., 2002），如果身為父母者本身未有健全的自我認同感或夫妻關係不睦時，易對人生失去希望感並抱持消極的態度，在如此的情況下，就很難幫助子女培養出希望

感（Papalia et al., 2004）。

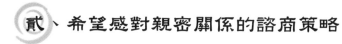

貳、希望感對親密關係的諮商策略

　　Worthington（1990）指出當夫妻的親密關係出現問題，可能是來自彼此關係冷熱無常、溝通不良、未能有效的解決衝突，以及遇到問題時雙方處理的態度不一所致。若要改善兩人間的關係，應重新調適彼此冷熱無常的型態、改善溝通的方式、避免彼此傷害與責備的情況著手，以期能有效的面對與解決衝突。Snyder（1994）強調希望是能量與路徑的總和，將此概念應用到婚姻諮商中，指的是夫妻或伴侶間若要建立親密的關係，不僅雙方要有動機（即是希望理論中所指的「能量」）為改善彼此的關係而努力，且要有具體有效的方法（即是希望理論中所指的「路徑」）來幫助兩人建立與維繫親密的關係。下面提出數項建議可供夫妻們做為改善彼此關係的參考。

一、鼓勵夫妻們願意面對與了解兩人出現問題的關鍵

　　夫妻生活是多層面的，例如情緒、性生活、社交、知識、智能及休閒生活等方面，所以當夫妻關係不和時，可以鼓勵他們回想兩人從相識到現在的相處當中，兩人在上述不同層面關係上改變的狀況，以便從中找出導致問題的癥結所在。

二、幫助夫妻了解積極正向互動的重要性

　　有位友人感慨的說：「結婚久了之後，夫妻之間存在的只是一種情義關係，哪還有情愛之有？」而讓夫妻感情變得淡薄的原因之一，是因為夫妻之間忙著為生活操勞或只顧養育孩子而忽略彼此的關愛，更不再重視愛的互動與關懷。根據 Gottman（1994）的建議，夫妻間的互動，積極與消極反應的比例不要超過五比一，兩人的關係才會處於在有效的平衡中。所以當夫妻間的關係不和睦時，可以鼓勵他們針對生活中某特定的一天，寫下兩人的對話，區分出該對話的積極與消極性，並從兩者的比例中來評量

兩人關係不良的源頭。

三、教導夫妻以愛的原則來解決衝突

夫妻間的關係像唇齒間那般的緊密，所以難免會有衝突的情況。學者們建議以英文的愛（LOVE）字的四個字母為首的處理衝突技巧來處理，會是相當有效的。L 是傾聽（listen）：是強調當夫妻雙方意見相左時，不要急著表示自己的意見，應先傾聽並了解對方的意思（Martkman, Stanley, & Blumberg, 1994）。O是觀察（observe）：是鼓勵夫妻間應仔細觀察自己所給的建議的效果（Baucom & Epstein, 1990; Stuart, 1981）。V 是尊重（value）：是鼓勵夫妻間應互相尊重彼此不同的看法（Worthington, 1990）。E是評價（evaluate）：是鼓勵夫妻間學習站在對方的立場，了解對方所持意見的出發點與動機，並以雙方共同的利益為主要的考量（Fisher & Ury, 1981）。

四、鼓勵夫妻一起設定對彼此愛的期望

每當我們向已婚多年的友人們鼓吹「多向配偶表達愛的行動」時，總不免要換來：「愛是年輕人的玩意，我們都是老夫老妻了，還談什麼愛，只要不吵架就要偷笑了！」這樣的對話在我們的文化中是稀鬆平常，但也反映我們夫妻對愛的表達相當保守。當然如果夫妻對愛的期望是一樣的，雙方「相敬如賓」倒也和樂融融。問題是，有時也會聽到夫妻的一方向我們坦承：「當我試著要向對方表示愛時，我先生（或太太）反過來問我是否吃錯藥了，或認為我是另有所求。幾次效果不彰後，我也懶得再做任何嘗試了。」可見當夫妻間對愛的期望不一樣時，期間的落差若未能適當的處理，就可能會導致夫妻關係的疏遠。所以在改善夫妻關係時，應鼓勵夫妻們清楚向對方表達自己對愛的期望，並幫助他們針對彼此的期望訂出目標及達成的方法。

五、學習了解對方愛的語言

Chapman（2004）指出夫妻兩人由於成長背景的不同，所以在表達關

愛時的習慣用語上很少會有相同的。若未了解對方的習慣用語，而一味的以自己的習慣用語表達（如友人的先生每次見油價下跌就趕快幫太太把車子的油箱加滿，這是他表達愛的方法，但卻非是太太習慣的用語），而不清楚對方的用語，很容易造成雙方的誤解。所以愛對方就要了解與學習對方習慣的方式，讓對方知道你的心意，如此才能讓兩人愛的互動是「琴瑟和鳴」的悅耳，而不會老覺得像在「對牛彈琴」般的無奈。Chapman（2004）將愛的語言分成五種：給予讚賞（words of affirmation）、營造美好的相處時光（quality time）、互贈禮物（receiving gifts）、提供服務（acts of service）、身體的接觸（physical touch）。以下將分別舉例加以說明：

(一)給予讚賞

　　年輕時留日的小倩，大學畢業後返鄉，以媒妁之言認識了現在的先生。婚後夫家以她先生豐碩的收入足以養家為由建議她不用出去工作，只要把家顧好就好，小倩接受這樣的安排，在家當起賢妻良母。結婚多年雖豐衣足食，但因先生很少對她所做的任何事給予讚賞，讓她自信心日漸降低。她說：「我覺得結婚後自己好像變笨了，不管做什麼事，先生不僅未加讚賞，而且總可以從中找到瑕疵。不僅如此，有時外人對我有所讚賞時，先生就馬上提醒我，人家的讚賞只不過是客氣之詞而已，要我不用當真。」婚前是父母掌上明珠，經常受到讚賞的小倩，真的很期望先生能給她多些鼓勵，因為那才能讓她感受到先生的愛。夫妻經常為此起爭執，但先生因從小父母就管教相當嚴格，就是考 100 分也很少得到讚賞，所以很難了解小倩為什麼那麼愛聽誇獎的話。對小倩的抱怨，先生無奈的說：「我每天早出晚歸辛勤的工作與賺錢，就是愛她要讓她過好的日子。批評她幾句是想讓她能把事情做得更好啊！」其實在愛的互動中，如何讓自己所愛的人感受到最大的幸福感是最重要的前提。透過鼓勵讚賞的話語不僅可以讓對方感到幸福，也會增加對方愛的動力，所以對兩人關係的增進是相當有幫助的（Chapman, 2004）。針對上述這個例子可以鼓勵他們分享幼時父母所採用的獎勵方式，及他們與父母互動的方式，以了解對方慣用的關愛語言，

增進表達愛的有效性。總之，如果獎勵的話語是伴侶慣用的關愛語言，你就要學會不吝表達，才能讓對方清楚你對他或她的感情。

(二)營造美好的相處時光

Chapman（2004）建議夫妻們互相給予對方全心注意力的相處時光，對夫妻關係的增進是相當有助益的。這樣的互動對於熱戀中的情侶一點都不稀奇，但有了孩子之後，夫妻們要有這樣的相處時光卻成了奢求，這也是瑞華對自己婚姻生活中最大的抱怨。她說：「在選購我們現在所住的房子時，先生最中意的就是地下室那間書房。每次下班回家，除了吃飯時間跟我和孩子有些互動外，多數的時間他大多都躲在那間書房裡。我等了他一天就是想跟他說說話，但他在網路上跟別人相處的時間比和我相處的時間還長。況且在吃飯時間短暫的互動中，通常只是互相報告一些生活瑣事，我也都邊忙著餵孩子吃飯，無暇注意到對方，所以我覺得我們之間的關係越來越生疏。雖然他仍經常告訴我他愛我，但我卻感覺不到些許愛的感覺。」瑞華的抱怨顯示她對能與先生有美好相處時光的渴求。根據Chapman的解釋，要營造美好的相處時光並非要很長或必須全時間的眼神交會才算，兩人可以一起做些事（如一起吃飯、散散步等），但主要的用意不是在做事本身，而是在於兩人的相處與互動的品質。相處期間，兩人的對話應以友善、不論斷的態度互相分享經驗、想法與感覺。不同於給予讚賞的關愛語言強調在所表達話語的品質，這裡強調的是傾聽的品質。做一個好的傾聽者，是對對方所要說的話充滿興趣。當對方願意與你剖心置腹的分享時，就會有助於雙方良好關係的維持。如果你的伴侶是從你們相處時光的品質來體會愛，營造美好的相處時光，當一個有效的傾聽者，就是你傳達愛的方法。

(三)互贈禮物

某日伊萍與先生正在起居室看電視，趁廣告的空檔，伊萍伸出結婚後因婚戒太鬆一直沒戴著戒指的無名指，告訴先生：「很想去買個戒指來戴。」先生仔細聽著她描述著戒指的樣式，然後應了一聲：「可以啊！」說完後正好廣告結束，兩人就轉回頭繼續收看電視節目。待下一個廣告的

時間，伊萍便順水推舟的問先生：「你說可以，那就給個錢吧！下次我去逛街時就可以順道去看看有否合意的。」先生看著興沖沖的伊萍，回了一句：「妳不是有賺錢嗎？可以用妳賺的錢去買啊！」聽了先生的回話，伊萍心裡感到五味雜陳。她說：「以前沒上班時，先生經常會買禮物給我。自從上班後，雖然先生並沒有要我拿錢出來負擔家計，不過從此以後我也就很少收到他的禮物了。」Chapman 指出：「禮物是一個具體的事物，可以讓愛侶握在掌心，心裡清楚知道對方的用心。」（2004: 82）。最重要的是誠意，實質上的貴重程度並不重要。Chapman 建議：「如果配偶主要的愛的語言是收到禮物，你就要學習成為一個優秀的送禮物者。其實這是最容易學的愛的語言」（2004: 84）。

(四)提供服務

很多人常會抱怨說，婚前以為找到的是如意郎君（或夢中情人），在結婚之後卻全都變樣了。Chapman（2004）分析這之間的落差是因婚前兩人是處在熱戀中，雙方（或其中一方）會竭盡所能的為對方服務，以期贏得對方的芳心；而婚後面對實際的婚姻生活，對愛的界定會有所改變，人們會不自覺的以父母的婚姻型態、個人的人格特質、自己的需要與對婚姻的期望等來經營婚姻，而不再是先前被愛沖昏頭時的那一套了。曼君是在念大一等公車時認識現在的先生，認識後，他每天都會在公車站等她，用摩托車送她上學，下課後也會去校門口等她送她回家，這樣不辭辛勞全方位的服務贏得她的芳心。但曼君無奈的說，結婚後，這種愛的服務只能從往事中去回味了。有時想請先生載一程，先生都會以工作很忙為藉口而推託掉。諮商師問先生原因時，他感慨的說：「以前我認識的她是很溫柔的，但婚後她說話的語氣常是一副我欠她似的，讓我覺得很不舒服。」Chapman 建議提供服務是一種表達愛的語言，但當對方未做到（也許他或她不知道你想要獲得這樣的服務），而你期望得到對方該服務時，應以拜託（request）而避免以強求（demand）的口氣。因為「透過拜託的口氣可以提供對方向你表達愛的方向，但強求的口氣卻會阻斷愛的流向」（Chapman, 2004: 102）。另外，夫妻也要避免將對方提供的服務視為是理所當然，經

常抱著感恩的心，會讓提供服務者感受到自己所做的有受到認可，在付出時更加甘心樂意。如果提供或獲得服務是你伴侶主要的愛的語言，則幫他或她做些事就是愛的表徵。

(五)身體的接觸

身體的接觸是夫妻互相表露情愛的重要管道，透過適當的接觸可讓愛侶體會到愛，增加雙方的親密感；而缺乏或不適當的接觸會讓對方感受到疏離，而影響雙方的關係。Chapman（2004）將身體的接觸分成正式（explicit）與非正式（implicit）兩種形式。正式的接觸是如床第上的性互動，需要專心與較長時間的經營；非正式的身體接觸則是平常生活中兩人隨性的互動，如兩人坐在一起看電視時牽牽手，上班離開家門時互相親吻等，是短暫且隨性的。不過每個人在身體各部位的敏感度不一，所以在身體接觸的部位與方式上要彼此尊重，否則愛的表達可能因溝通不良而成為雙方感情不睦的來源。如果身體接觸的感覺是你伴侶主要的愛的語言，則給予擁抱等類的肢體動作會比口頭訴說「我愛你」更能清楚表達你的愛。

參、以希望為基礎的婚姻諮商

以下我們將根據上述的建議，並參考 Worthington 等人（1997）、Worthington（1990）以及 Chapman（2004），設計 12 次以希望為基礎的婚姻諮商。所謂希望為主的婚姻諮商是採用 Snyder（1994）希望理論的概念，目的是幫助夫妻先設定出想要改善彼此關係的目標，並學習改善彼此關係的方法（路徑），且因著願意為改善彼此的關係而努力（能量），而能為愛加溫。

第一次會談：回首來時路——初步評估

目標：了解夫妻兩人求助的動機及問題的所在。

活動過程：

　　1. 諮商師歡迎夫妻來接受諮商。

　　2. 諮商師介紹婚姻諮商的目標與所採用的方法，及所需花費的時間。

3. 徵詢參與諮商的意願及希望參與的時間與次數。

4. 讓他們各自從親密型態、溝通方式、衝突的情形及遇到問題時雙方的態度四方面，去評估他們婚姻生活中在這四方面的情形，及婚姻生活中覺得最困難的部分。

5. 親密型態方面的評量：

   (1) 了解夫妻倆的關係史：讓夫妻倆談談彼此剛認識的情形（因這段關係通常是甜蜜的，有助於他們重溫雙方關係的積極面）。

   (2) 讓夫妻倆分享從認識以來到目前為止，兩人在生活各方面（如情緒、性生活、社交、知識、智能及休閒生活等方面）互動狀況改變的情形及滿意的程度。

6. 溝通方式的評量：在談話中，諮商師請夫妻們觀察彼此在語言與非語言的訊息（如面部表情或肢體語言表達）間的矛盾，以及評量各自所用的溝通型態在傳達訊息上的效果。

7. 面對衝突方面的評量：請夫妻倆選一個他們經常不同意的主題，用幾分鐘的時間去討論（可能的話錄影起來）。之後，與他們一起評量其使用的討論方式效果。

8. 評量彼此處理問題的態度：請夫妻輪流向對方講一件對方所做讓自己不高興的事（可能的話錄影起來），特別注意到他們將問題丟給對方，責備對方的狀況。

9. 家庭作業：請夫妻各自寫下對這次評量中的體會，並將這星期中他們與對方互動的狀況記錄下來。

第二次會談：我們的婚姻怎麼了？——討論評估結果

目標：繼續了解夫妻兩人求助的動機及問題的所在。

活動過程：

1. 諮商師歡迎夫妻回來接受諮商，並請夫妻分享前次在婚姻生活評估的體會，及一星期來彼此互動的狀況。諮商師也將自己所觀察到的情況提出來與他們討論，並一起分析這樣的狀況對他們生活的影響。

2. 諮商師解釋希望理論的概念（詳見第一章），特別強調如何透過目

標與步驟的設定，來增進對兩人婚姻改善的幫助。

3. 讓夫妻各自提出希望兩人關係改善的部分及對改善結果的期待。諮商師將他們的期望寫下來，然後讓他們根據該目標的具體性與可行性加以修改。

4. 修正討論後，將這些項目重謄在另一張空白的紙上後，請他們簽名，表示自己願意努力以幫助兩人關係獲得改進的承諾。

5. 確認他們想要參與諮商的意願及計畫參與的時間與次數（或所需要的花費）。

6. 諮商師告知諮商會談的確定時間與地點（或付費的方式），及應注意的事項。

7. 家庭作業：請他們仔細觀察自己與對方互動時感到最舒服或最不舒服的方式。

第三次會談：愛的語言

目標：幫助夫妻了解彼此愛的語言。

活動過程：

1. 諮商師歡迎夫妻回來接受諮商。

2. 諮商師介紹五種愛的語言（詳見第一節第貳部分），及了解彼此愛的語言對關係改善的重要性。

3. 請夫妻倆分享他們從與父母生活的經驗中分享：

(1) 自己的父母是如何向子女們表達關愛？

(2) 父母教導自己要如何向他人表達關愛？

(3) 什麼樣的表達方式，最能讓自己貼切的體會到父母的愛？

4. 請夫妻倆針對夫妻生活的經驗中，分享自己感到被愛的時刻：

(1) 回想哪一個時刻，自己最能感受到對方的愛？

(2) 仔細回想在那個時刻，對方是以什麼方式在傳達他或她對自己的愛？

(3) 請對方訴說他或她在那時刻想表達的是什麼。

(4) 討論導致表達者與收受者收到訊息的異同的緣由。

5. 請夫妻倆針對夫妻生活的經驗中，分享自己覺得沒有被愛的時刻：

(1) 回想哪一個時刻，自己最不能感受到對方的愛。

(2) 仔細回想在那個時刻，對方是在做什麼或說些什麼話？

(3) 請對方訴說他或她在那時刻想表達的是什麼。

(4) 討論導致表達者與收受者收到訊息異同的緣由。

6. 諮商師請成員分享在家庭作業中，他們感受到與對方互動中最舒服與最不舒服的方式，並從中探討出自己慣用的關愛語言。

7. 請他們各寫出四項自己對對方愛的期望，並以：「我希望你能為我……好讓我知道你是愛我的」的句子訴說對彼此愛的期望。

8. 家庭作業：

(1) 鼓勵夫妻倆按著對方的期望去實行，並體會付出與接受愛時心中的感受。

(2) 請他們仔細觀察自己與對方互動時，所採用的語言或肢體動作，並觀察對方的反應。

第四次會談：婚姻中的加值或減值

目標：幫助夫妻了解積極正向互動的重要性，以體會使用積極與肯定語言的威力。

活動過程：

1. 諮商師歡迎夫妻回來接受諮商。

2. 諮商師拿出一個袋子上面寫著「愛的銀行」，告訴夫妻倆這是他們所共有的銀行帳戶，如果他們給予彼此積極的讚賞就是存款，但若是負向消極的語言就是提款。

3. 諮商師請夫妻倆找出他們最近（或上星期）生活中關係最好的一天，從早上到晚上與對方語言互動的狀況，一一寫下來。寫完後，諮商師唸出每一個紙條，並與夫妻倆一起決定該反應是屬於積極或消極的，將所決定的屬性寫在該紙上，放入袋子裡面。

4. 寫完後將所有的紙條倒出來，算算積極語言與消極語言的比例。

5. 諮商師請夫妻倆找出他們最近（或上星期）生活中關係最糟糕的一

天，從早上到晚上與對方語言互動的狀況，一一寫下來。寫完後，諮商師唸出每一個紙條，並與夫妻倆一起決定該反應是屬於積極或消極的，並將所決定的屬性寫在該紙上，放入袋子裡面。

6. 寫完後將所有的紙條倒出來，算算積極語言與消極語言間的比例。

7. 諮商師將步驟 4 與 6 所算得的比例寫出來，並請夫妻倆比較步驟 3 與 5 所提的這兩天心情上的不同，哪天會讓自己感到較快樂？並描述該天自己感到快樂的生活片段與感動。

8. 諮商師將寫有積極語言的字條抽出來，請夫妻倆各自找出自己寫的紙條，將它們交給對方。每人瀏覽對方所使用的積極語言，並分享聽到這些字眼的心情。再從中找出一個最讓自己感動的一句話，並給對方回饋。

9. 諮商師隨機抽出寫有消極語言的字條，兩人針對該語言集思廣益，看該情況可以如何改變，以有助於彼此關係的改善。想出來後，請其中一人將積極語言和消極語言各唸一次給對方聽，觀察兩者對心情的影響（此步驟可重複多次）。

10. 雙方決定出下星期中的某一天，兩人的「愛的銀行」裡，在語言和非語言方面，存放積極款與提取消極款的比例，設定出要達到此目標的步驟，並設想遵行這些步驟時可能會遇到的困難及克服的方法。

11. 家庭作業：根據所定的目標與計畫去做，記下自己所說的話及所表現的動作，區分出是積極或消極的反應及該反應帶給自己的感受與引起對方的反應，並放入「愛的銀行」的袋子裡面。

第五次會談：化干戈為玉帛

目標：幫助夫妻倆增進溝通的有效性。

活動過程：

1. 諮商師歡迎夫妻回來接受諮商。

2. 夫妻們交出家庭作業「愛的銀行」的袋子，諮商師檢核積極或消極語言與非語言算出其比例，並評量此比例與原先所定目標符合的情況，並請夫妻倆分享此活動對改善彼此婚姻關係的情形。

3. 諮商師根據第一次所做的溝通評量及四次會談中，所觀察到一些他
   們夫妻溝通的情況提出來。
   (1)問溝通者原先想傳達關愛的訊息是什麼？想從積極語言或非語言
      傳達出什麼訊息？
   (2)問接收者是否接受到同樣的訊息？是從對方語言或非語言的部分
      得知這個訊息？
   (3)如果溝通者所傳達與接受者所接受到的訊息不一致的話，其產生
      誤解的來源是什麼？
   (4)這誤解對彼此的關係產生了什麼影響？
   (5)讓夫妻以角色扮演的方式，練習如何改善溝通上的誤解。

4. 請夫妻各自提出在最近生活中遭到對方誤解的溝通問題。
   (1)問溝通者原先想傳達關愛的訊息是什麼？想從語言或非語言傳達
      出什麼訊息？
   (2)問接收者是否接受到同樣的訊息？是從對方語言或非語言的部分
      得知這個訊息？
   (3)如果溝通者所傳達與接受者所接受到的訊息不一致的話，其產生
      誤解的來源是什麼？
   (4)這誤解對彼此的關係產生了什麼影響？
   (5)讓夫妻以角色扮演的方式，練習如何改善這種溝通上的誤解。

5. 雙方訂出下星期中的某兩天，兩人的「愛的銀行」裡，在語言和非
   與語言方面，存放積極款與提取消極款的比例，設定出要達到此目
   標的步驟，並設想遵行這些步驟時可能會遇到的困難及克服的方法。

6. 家庭作業：根據所訂的目標與計畫去做，記下自己所做的每個反應
   寫在紙條上，區分出是積極或消極反應及該反應帶給自己的感受，
   並放入「愛的銀行」的袋子裡面。

第六次會談：LOVE——愛就是要能停、聽、看

目標：幫助夫妻學習以積極健康的態度處理衝突的事件，以體會美好相處
時光的威力。

活動過程：

1. 諮商師歡迎夫妻回來接受諮商。

2. 夫妻們分享上星期兩天中「愛的銀行」的存款及兩人溝通的狀況，
並分享此活動對改善彼此婚姻關係的情形。

3. 給他們幾分鐘的時間去討論某一個他們經常不同意的主題，然後請
他們分享所使用的溝通方式對衝突的解決是否有效。

4. 諮商師介紹 LOVE 的處理衝突的技巧（詳見第一節第貳部分），並
要夫妻以 LOVE 的技巧將上述的衝突主題進行溝通討論。諮商師在
旁觀察，如果有任何一方不符合 LOVE 的原則，就展示紅色紙牌，
這時雙方需停下來，互相討論與修正改進溝通的方式；如果需稍做
修改，就舉黃色紙牌，表示他們的溝通需做改進（不用停下來，只
是在溝通上需做小幅度的修改）。如果溝通有符合 LOVE 原則，就
舉綠色紙牌，雙方可繼續討論。討論結束後可討論看解決衝突的效
果是否有所改善（可以同一主題或不同主題重複進行，直到雙方都
感到滿意為止）。

5. 雙方訂出來下星期中的某兩天，在兩人相處互動中存放積極款與提
取消極款的比例的目標、有效溝通及解決衝突的目標，設定出要達
到目標的步驟，及設想遵行這些步驟時可能會遇到的困難及克服的
方法。

6. 家庭作業：根據所訂的目標與計畫去做，並記下自己所做的每個反
應，及該反應帶給自己的感受。

第七次會談：痛要讓對方知道

目標：幫助夫妻學習當遇到不順心的事時，要如何適切表達內心的感受，以體會營造美好相處時光的威力。

活動過程：

1. 諮商師歡迎夫妻回來接受諮商。

2. 夫妻們分享上星期兩天中「愛的銀行」的存款、兩人彼此傾聽、溝通及解決衝突的狀況，並分享此活動對改善彼此親密關係的情形。

3. 讓夫妻雙方各自想想最近遇到的一件較不順心的事，在表 5-1 的左欄寫下自己習慣用的責備性表達方式。之後，在右欄中寫下自己內心真正想說的話。

4. 根據所寫的清單，先以責備性的方式表達，再以內心真正想說的話表達出來。請對方仔細傾聽，並分享這兩種表達方式帶給自己心中感受的不同？並告知對方哪種表達方式較有助於了解對方的心情。

5. 請表達者體會用這兩種方法表達時內心感受上的不同，並分享哪種方法較可以真正表達自己內心真正的感受。

6. 雙方訂出下星期中，兩人要如何以身體接觸的方式，表達內心的真正感受。設定要達到該目標的步驟，及設想遵行這些步驟時可能會遇到的困難及克服的方法。

表 5-1　痛要讓對方知道的練習表

問題的情境：	
責備性的表達……	內心真正想說的話……

7. 家庭作業：根據所訂的目標與計畫去做，並記下自己所做的每個反應，與對方身體接觸的狀況，及該反應帶給自己的感受。

第八次會談：愛的距離

目標：幫助夫妻了解彼此對愛的距離的詮釋。

活動過程：

1. 諮商師歡迎夫妻回來接受諮商。

2. 夫妻們分享上星期中，兩人以身體的接觸來表達內心真正感受的狀況，並分享此活動對改善彼此關係的情形。

3. 諮商師讓夫妻站在諮商師的兩邊，請他們同時向中間走進，並在他們以走到彼此認為最舒服的距離停下來，諮商師在地上畫上記號。並要他們走到當兩人感情不錯時的互動距離，如果與原先的距離有差距，問他們現在對此距離的感受，以及兩人愛的距離改變的原因。

4. 讓夫妻各自針對上星期的某一天，寫下自己希望與對方互動的狀況，以及實際的互動狀況。

5. 針對兩人實際的互動狀況，區分出哪些是親密性、一起行動或疏遠的互動，哪一位在這些互動上較為主動。

6. 比較自己認為理想的夫妻愛的距離與他們實際互動狀況的區別，比較兩者間的差別，並問他們各自在這方面的滿意狀況，如果不滿意，探討阻礙彼此關係的因素是什麼？

7. 夫妻倆各自分享自己對愛的期待，在這期待中自己將如何做？希望對方如何配合？

8. 在討論中訂出愛的互動的目標，及可採行的路徑。

9. 家庭作業：

   (1) 根據所訂的目標與計畫去做，並記下自己所做的每個反應，及該反應帶給自己的感受。

   (2) 請他們各自找出並帶來一些兩人共同出遊的照片或有紀念性的物品等。

第九次會談：我們共同擁有的甜蜜

目標：幫助夫妻兩人從曾擁有的甜蜜經驗中，體會營造美好時光對彼此感情增進的影響。

活動過程：

1. 諮商師歡迎夫妻回來接受諮商。

2. 夫妻們分享上星期中兩人互動的狀況，並分享此活動對改善彼此親密關係的情形。

3. 夫妻各自從自己帶來的照片與紀念品中，分享這些東西對自己及對他們婚姻生活的意義。

4. 諮商師請夫妻倆將各自帶來的照片與紀念品集中在一起，讓他們根據下面的主題，找出相關的照片或紀念品來述說與該主題有關的故事（這些主題可按照實際需要而變更）。

   (1) 我們一起經驗的第一次。

   (2) 那一個讓我們笑得樂不可支的經驗。

   (3) 一個我們很辛苦終於做到的事情。

   (4) 我們生活中的一個驚喜。

   (5) 如果可能，我們會要再重來一次的經驗。

   (6) 一個我們差點去不成的旅行。

   (7) 讓我們最高興的時刻。

   (8) 讓我們很糗的一個經驗。

5. 夫妻們分享回憶這些經驗，讓他們對這段婚姻的重新體會。

6. 讓夫妻們各自分享如果有機會，希望能與對方一起做的一件事，並從彼此的夢想中找出共同追逐的夢。

7. 家庭作業：根據找出的共同點，夫妻討論並列出可以一起努力的目標，並鼓勵他們在討論時要善用 LOVE 的溝通與互動原則，體會在討論時兩人互動的狀況對彼此關係的影響。

第十次會談：再創生命中的另一個甜蜜時刻

目標：幫助夫妻學習一起努力共創未來。

活動過程：

1. 諮商師歡迎夫妻回來接受諮商。

2. 夫妻們一起分享所列出想共同努力的目標，兩人在討論中互動的情形，及遇到的困難。諮商師針對他們遇到的困難進行處理。

3. 讓夫妻針對共同努力的夢想清單中，列出重要性與即時性的優先順序。

4. 夫妻們從中選出一個目標，開始訂定可行的路徑，及預備付諸實行的時間。在這過程中，諮商師觀察他們是否善用 LOVE 溝通與互動的原則，並以紅黃綠色的紙牌給予指引。

5. 夫妻們從討論中達成共識，訂出可行的路徑，及預備付諸實行的時間。並預想可能會遇到的困難及解決之道。

6. 家庭作業：開始根據目標與預定的路徑，進行第一步的實行。

第十一次會談：我們共同擁有的未來

目標：幫助夫妻體會擁有共同未來的可能性。

活動過程：

1. 諮商師歡迎夫妻回來接受諮商。

2. 夫妻們分享根據目標與預定的路徑實行的情況。

   (1)實施時相當順利的部分是什麼？這順利的進行帶給自己什麼樣的驚喜。

   (2)實施時感到困難的部分是什麼？是否嘗試去克服？克服的情況如何？

   (3)根據遇到的困難以角色扮演的方式進行演練。

   (4)分享付諸行動的第一步對彼此關係的影響。

   (5)再次確認彼此對婚姻關係改善的承諾。

3. 一起討論訂下一步的目標與進程。在這過程中，諮商師觀察他們是否善用 LOVE 溝通與互動的原則，並以紅黃綠色的紙牌給予指引。

4. 夫妻們從討論中達成共識，訂出可行的路徑，及預備付諸實行的時間。並預想可能會遇到的困難及解決之道。

5. 家庭作業：

    (1) 根據目標與預定的路徑，繼續進行下一個步驟。

    (2) 回想整個諮商的過程中自己所獲得的最大的收穫。

第十二次會談：回饋與分享

目標：幫助夫妻雙方體會自己的成長及學會賞識與鼓勵對方。

活動過程：

1. 諮商師對夫妻們持續參與 12 次會談的努力給予肯定。

2. 諮商師對 12 次會談的過程中所觀察到夫妻倆進步的情形給予具體的回饋。

3. 夫妻們先各自分享自己在這過程中的學習與成長，及對他們在婚姻關係改善的幫助。

第二節　希望感對工作生涯的影響與諮商策略

除了家庭婚姻生活外，工作是成人與中年人的生活中相當重要的一環。擁有一份滿意的工作是很多人夢寐以求的，但不幸的，卻有許多人因職業的倦怠感而影響生活的品質。

壹、影響工作滿意的因素

一、從工作中獲得個人需求的滿足

Maslow（1954）的需求滿足理論（need-fulfillment theory）中，提出每個人都有五種基本需求，包括生理需求（如有足夠的薪水可養家餬口）、安全的需求（如希望工作有保障，不會隨便被炒魷魚）、歸屬感（如與同事之間有契合的關係）、自我尊重（如在工作中獲得成長與肯定自我的價

值感），以及自我實現（如能從工作中追逐自我夢想的實現）。一般人在剛進入一個新的工作時其需求層次較低，但漸漸的隨著工作的成長，需求層次會隨之提升。當工作的環境越能提供人們基本需求的滿足，進而提升高層次需求的滿足，特別是當個人的需要與工作環境所提供的酬賞完全配合時，人們的工作滿意度就會相對的提高（Law, 1995; Weiss, Dawis, England, & Lofquist, 1967）。

二、自己的能力與技巧及工作要求的能力相配

Hackman 與 Oldham（1976, 1980）發展的工作特質理論（job-characteristics theory）中強調影響工作滿意的五種主要特質，包括技巧的多樣性、任務的認可性、任務的重要性、自發性與工作的顯著性。當人們越有機會在工作中應用他們所具有的各種技能、有機會完成特定任務或作品並受到認可、所做的工作對他人具有影響性、從工作中體會到生活的意義與價值感，其工作的滿意感就越高。此外，Kalleberg（1977）的工作價值與工作酬賞理論（work values and job reward theory）指出，決定個人工作滿意的因素有內在與外在兩類。內在因素涉及允許工作人員發展個人的能力、自我決定工作的方向，並能見到工作的成效；外在因素則涉及工作上的便利、薪資的多少、同事間的關係、工作的發展性以及資源的豐富。當個人的需要與工作的酬賞越一致時，其工作滿意度就越高（Law, 1995）。

三、設定清楚確切的目標

Locke（1968）的目標設定理論（goal-setting theory）指出人們的工作動機是為了完成某個特定的任務。有效的目標是不只能引起工作者的注意並有動力為目標的達成付諸行動。當人們越能設定有效的目標，其追求目標達成的動力越強，工作滿意度就會相對提高（Law, 1995）。

貳、影響職業倦怠的因素

Maslach 與 Jackson（1986）強調職業倦怠（burnout）人們在工作中感到情緒耗竭（emotional exhaustion）、非人性（depersonalization）及減低個人成就感（personal accomplishment）的情形。情緒耗竭指的是工作人員因過度使用精神與體力而感到疲累；非人性指的是工作人員對待所服務的對象、同事或自己的態度缺乏人性；無法體會到個人成就則是指工作人員不再能從工作中感覺到能力的增長（Maslach & Jackson, 1986）。Carroll 與 White（1982）認為職業倦怠是一種生態（ecological）功能失調的現象。當人們處在有壓力的工作環境，卻沒有適當的壓力處理技巧，就會產生職業倦怠感。其徵兆包括：(1)服務品質顯著降低；(2)員工士氣不振；(3)曠職率升高。而 Heifetz 與 Bersani（1983）則指出個人是否能從工作中獲得個人成長的需要，及是否能從工作中幫助他人的成長，是影響其是否會產生職業倦怠感的兩個要素。當個人能從工作中滿足這兩種需求，就會感受到成就感；否則，就會產生職業倦怠感。

研究發現工作壓力對職業倦怠有直接影響，工作滿意也會間接的影響職業倦怠（黃寶園，2009）。工作壓力程度越高，則工作疲勞程度、服務對象疲勞程度、工作過度投入疲勞程度越高（林璋逸，2009）、其情緒耗竭與非人性感越強化（周立勳，1985；郭耀輝，2003；Law & Guo, 2011）。不過，當人們對工作越滿意時，就較少會感到情緒耗竭、非人性感，而其個人成就感則增高（郭國禎、駱芳美，2005；Law, 1995; Laws & Guo, 2011）。若工作人員有機會參與、增進同事間的凝聚力、清楚的任務取向、工作的清楚性、自發性及督導者的支持，有助於工作滿意度的提高（Law, 1995）。

、希望感與工作生涯

　　心理學家 Erikson 聲稱,當人們對自己的事業與家庭生活感到滿意時,就會順利的發展出生產性與精力充沛(productivity)的特質,會願意為社區及他人付出貢獻;反之,如果對自己的工作與家庭感到不滿意,就會感到頹廢,停滯不前,並對人生失去希望感(Papalia et al., 2004)。Law 與 Guo(2011)發現具有高希望感的工作人員較易對工作感到滿意,並從中體會到個人的成就感;反之,低希望感的工作人員,較易感受到工作的壓力,因而常有情緒耗竭之感。

一、希望感與面對阻礙的態度

　　人們在工作中難免會遇到阻礙,有人會因此感到沮喪、失去動機或放棄;有人則會緊抓著希望,以替代性的計畫,毅力不搖的完成它。根據希望理論,人們是否能勇於接受挑戰是取決於他們是否具有希望感的認知過程,亦即是否知道要如何去設定路徑及具有要堅持達到目標的能量。當遇到困難時,希望感高的人會將阻礙看成是挑戰(Peterson, & Byron, 2008; Snyder, Harris, Anderson, Holleran, Irving, Sigmon, Yoshinobu, Gibb, Langelle, & Harney, 1991),採取多重管道,以替代性的克服方法去完成任務。因著如此,他們克服阻礙的能力較強,較少會因經歷挫折而感到沮喪(Snyder, 2002),所以向目標挑戰的能力與動機也較強。不但如此,高希望感的人喜歡設定富有挑戰性的目標,但他們的做法是將大目標細分為較易達成的小目標,再逐步實施,所以成功率較高(Snyder, 1994; Snyder et al, 1991),其希望感也相對的獲得提升。反之,希望感較弱的人,在遇到阻礙或困難時,常會不知道要如何尋找取代性的路徑而放棄。而且當聽到負向的回饋時,常會反覆咀嚼,因而對自己的能力產生懷疑(Michael, 2000; Snyder, 1999)。

二、希望感與工作士氣

　　學者們建議人們所抱持的希望感對他們工作表現的良窳有相當的影響力，也是提升人們工作士氣與動機的重要來源，其中以從事助人專業者尤甚（Kulig, 2001; McCarter, 2007）。抱持高希望感者對工作的態度較積極，對自己的工作能力較有信心、精力較充沛、較有彈性、工作效率較高（如Adams, Snyder, Rand, King, Sigman, & Pulvers, 2002; Snyder, 2002）、較富有工作士氣（Simmons & Nelson, 2001）、對工作較滿意（Duggleby, Cooper, & Penz, 2009）、較少會有職業倦怠感（Sherwin, Elliott, Rybarczyk, Frank, Hanson, & Hoffman, 1992）。Duggleby 等人（2009）指出在工作中若能獲得他人的鼓舞及友誼的支持，有充分的資源，並對自己的工作能力具有自信心，如此就有助於工作者希望感的提升；但若缺乏上述的資源，則會因職業倦怠衍生出的絕望感（hopelessness），而影響工作者的工作效率。

　　不過要釐清的是，這裡所指的希望感強調的是一種主觀上對所追求的目標有清楚的認知，對所追求目標的路徑有清楚的概念，並滿意所達到的情況，它並非一定要與現實層面所評價的所謂「成功」等價值觀不可（Snyder et al., 1991）。所以要幫助這階段的人能有充沛的體力及發揮生產性，就是要幫助他們從厚植其希望感開始。

 肆、幫助人們在工作中找到希望的諮商策略

一、從工作的學習過程中找到希望感

　　在工作的評量上，有些人追求的是結果取向的目標（performance goal），以表現出卓越的成績為職志；有些人追求的是學習目標（learning goal），是強調以個人在工作中的成長與習得的經驗為主。多數時候，人們對自己的工作是否滿意通常是以其工作的表現為基準。其實，研究（Peterson, Gerhardt, & Rode, 2006）發現學習取向的目標（learning goals）對希望感的增長是相當有幫助的。從希望理論的觀點來看，抱持學習目標者相

信自己的能力可以透過努力與學習而獲得增進，這是希望理論中能量想法的部分，當個體持有這樣的能量想法，其追求進步的動力較會隨著努力學習而逐步增進，也較能面對更多富有挑戰與困難的目標。此外，抱持學習目標者會以自己能掌握且對學習有所助益的路徑來完成工作，且重視工作過程中的成長與進步，所以其工作動機也較強（Dweck, 1991; Dweck & Leggett, 1988; Peterson et al., 2006）。

二、從勇於嘗試中提升問題解決能力而增強希望感

Peterson與Byron（2008）的研究發現，當工作遇到瓶頸時，越能勇於嘗試想出解決問題的辦法者，越有機會找到有效的解決辦法，而當問題獲得解決時，希望感也會獲得提升；反之，若遇到問題時，畏首畏尾，不敢做任何嘗試；或是雖然做了少許的嘗試，但在問題獲得解決前就先行放棄，後者的這兩種情況都會減抑希望感的成長。所以幫助人們增進其希望感時，應先了解其原先對問題解決的經驗與能力，教導其問題解決的方法，增強他們願意嘗試的勇氣，並從順利解決問題的經驗中，增進對工作的希望感。

伍、以希望為基礎的生涯諮商

根據上面的建議，我們設計出十次以希望為主的生涯諮商團體，可用來幫助面臨工作倦怠的人重整旗鼓，找回精力充沛的自己。

第一次會談：好漢相惜

目標：幫助成員彼此認識，並知道自己並非是唯一有職業倦怠感的人。
活動過程：

    1. 諮商師歡迎成員來接受諮商，並要成員簡單的做自我介紹。

    2. 暖身運動：諮商師以下面的任何一句話做開頭，成員以文字接龍的遊戲繼續接下去。例如：

        (1) 說到今天的天氣……

        (2) 記得剛從學校畢業的時候……

(3) 我最快樂的一天是……

(4) 今天早上起床的時候……

(5) 說到我自己……

3. 諮商師謝謝成員的參與，並鼓勵成員各選一個上述的起頭句訴說自己的故事。

4. 諮商師發給成員一張畫有九個格子的賓果單，然後要成員以下面幾個起頭，以一個形容詞來訴說自己上班的心情。例如：

(1) 想到要上班，我就……

(2) 在工作中我感到……

(3) 一進到工作場所，我就……

(4) 擁有這個工作讓我……

(5) 領到薪水的感覺是……

(6) 這個工作給我最好的感覺是……

(7) 這個工作給我最不好的感覺是……

(8) 我從工作所得的物質上的收穫，_____（選項是：高於、同等於、低於）我的期望。

(9) 我從工作所得的精神上的收穫，_____（選項是：高於、同等於、低於）我的期望。

5. 每個成員分別根據這九題說出他們的心聲，並對照自己的答案與其他成員相似的程度。

6. 讓成員與答案相似的人在同一組，彼此分享自己在工作上的經驗，並一起想出一個最能代表彼此心情的代名詞或形容詞，與團體分享。

7. 回饋與分享。

8. 家庭作業：

(1) 想一個自己曾有過的夢想，寫或畫下來，或找一個代表自己夢想的東西，帶來團體分享。

(2) 體會自己在工作中感受到的最快樂的時刻。

第二次會談：我真的好想……

目標：幫助成員了解自己想要達到的工作目標。

活動過程：

1. 諮商師歡迎成員來接受諮商，請每個成員訴說一件上星期中，從工作中感到最快樂的時刻。

2. 請成員分享自己在訴說及聽他人分享快樂時刻之心情。

3. 諮商師請成員閉上眼睛，把剛才快樂的感覺好好的回味一次。然後把注意力放在工作上讓你感到不舒服的事件，並體會那不舒服的感覺。之後，請成員把先前快樂的感覺抓回來，並請注意當心裡感到快樂的時候，是否會讓原本對工作上的不舒服感減輕些。

4. 請成員閉上眼睛繼續想著他們工作上的夢想，並鼓勵他們不要忌諱作大夢，盡量讓夢想馳騁。請成員分享自己工作上的夢想。

   (1) 自己的夢想是什麼？

   (2) 擁有這個夢想已多久了？

   (3) 希望能達到這個夢想的強度有多強？

   (4) 若達成這個夢想對自己生活的影響是什麼？

5. 成員分享作夢的感覺，及訴說自己的夢想與聽到別人夢想時的感覺。

6. 家庭作業：請成員回去想想自己目前的工作狀態與夢想的工作狀態有關的事，並評估目前自己所做的事有多少是與自己夢想的工作狀態是有關的。

第三次會談：我的未來是夢嗎？

目標：幫助成員把夢想與實際做個連結。

活動過程：

1. 諮商師給成員一張紙，請他們在紙的最右端以一個圓圈標示出自己理想的工作，然後在左手邊標示出目前工作的位置（兩點間的距離是以自己的理想工作與目前工作的差距而定）。

2. 請成員以各種不同形狀的紙寫上造成這中間差距的原因，貼在這兩個圈的中間。

3. 請成員一一審視這些阻礙物，並將它們區分出哪些是可克服的障礙物（打勾），哪些是不可能克服的障礙物（打×）。

4. 將打×的障礙物再進一步區分出，哪些是自己的因素造成的（寫上「自己」兩個字），哪些是外在的因素造成的（寫上「他物」兩個字）。

5. 請成員想想如果他們有機會可以把阻礙自己夢想成功的障礙物丟掉，他們想丟掉什麼？請他們把該項目寫下來，然後丟在諮商員所傳的袋子裡面。

6. 蒐集後，諮商師一一唸出每個成員所丟到袋子裡的紙條。在唸的期間，如果其他成員認為那些項目對自己美夢成真會有所幫助的話，可以拿去。

7. 成員分享丟掉或想要某些原不屬於自己的項目之理由，及對自己心情的影響。

8. 請成員想想如果能克服一些障礙或獲得一些助力的話，現實與理想間的距離會不會拉近，請成員在紙的另一面標示出來，並在兩者間寫出達成理想的工作狀態或所需要的助力，寫完後與成員一起分享。

9. 家庭作業：將這張圖帶回家，繼續思考，如果需要的話可加以修改，把它帶到下次的團體。

第四次會談：將工作的夢想具體化

目標：幫助成員將工作的目標具體落實，評估現實與理想間的關聯。

活動過程：

1. 請成員分享家庭作業，將夢想再說一次。

2. 請成員以表 5-2 將自己的夢想具體化。

3. 如果需要，可以讓成員針對另一個工作以表 5-2 來思考，然後將其互相比較。

4. 成員分享在這個過程的經驗與體會。

5. 家庭作業：將這張（或多張）表 5-2 帶回家，繼續思考，如果需要的話可加以修改，把它帶到下次的團體。

表 5-2 將夢想的工作具體化的步驟

我工作上的夢想是			
列出哪些具體的工作其性質是符合我工作上的夢想	1. 2. 3. 4.		
選出其中一個工作性質是比較可能達成的			
寫下此份夢想工作所需具備的能力			
哪些能力是我所擁有的			
哪些是我可以將目前的能力稍加轉換而成的			
哪些能力是需要從頭學起的			
想要達到這個夢想的程度	極弱	中等	極強
相信自己可以達成的程度：	極弱	中等	極強
相信自己具備可以達成該目標的能量：	極弱	中等	極強

第五次會談：夢想的實現要從現在做起

目標：幫助成員將目前工作的危機化成邁向理想實現的推力。

活動過程：

1. 請成員分享其透過表 5-2 所完成的夢想的思考過程，及他們此刻對想追求的夢想的定位。

2. 抓住這個夢想，幫助成員以表 5-3 思考要如何從他們現有的工作出發往夢想邁進。

表 5-3　如何從現有的工作出發邁向夢想

我夢想的工作是	
寫下此份夢想工作所需具備的能力	
我目前的工作是	
寫下我目前的工作所需具備的能力	
這份夢想的工作與我目前的工作相似的程度	
哪些能力是與我目前的工作非常相似	
哪些能力是與我目前的工作中等相似	
哪些能力是與我目前的工作僅有一點點相似	
哪些能力是可以將目前工作的能力稍加轉換而成的	
評量我可以從目前的工作出發往夢想邁進的程度	非常高　　高　　中高　　低　　非常低

3. 每個成員做完這份表後，分別介紹自己的工作與他們覺得此工作與未來夢想工作的相關性。諮商師與其他成員給予回饋，並幫助他們繼續找出兩者間的關聯性。

4. 家庭作業：請成員在工作中檢驗這張表，並從中去體會目前的工作中有哪些工作內容與性質可以應用到未來夢想的工作中。

第六次會談：化腐朽為神奇(一)

目標：幫助成員改變對現在工作的看法，發現工作對自己成長的意義，而
　　　減低倦怠感。

活動過程：

1. 「我目前的工作怎麼了？」讓成員分享目前的工作讓他們感到倦怠
的感覺，並詳細且具體的訴說引起其倦怠感的原因。

2. 以表 5-4 幫助成員思考要如何改善其倦怠感。

表 5-4　幫助成員思考要如何改善其倦怠感

具體的列出引起倦怠感的原因	
選出一項最容易改善該倦怠感的因素	
寫出要改善該倦怠感的終極目標	
列出要達到最終目標的子目標是	
選出一個子目標（第一個或是最重要的）	
達到此子目標的路徑	
遵循此路徑時可能會遇到的阻礙是什麼	
有什麼方法可以克服該阻礙或替代性的路徑可達到改善職業倦怠感的目標	
若阻礙克服後，可以預見的情況是什麼	
最終想達到的目標是什麼	

3. 請成員一一針對表 5-4 的流程做分享，諮商師與其他成員給予回饋，特別針對如何克服阻礙而能夠改善工作倦怠的現象進行角色扮演。

4. 家庭作業：請成員針對所訂的步驟去練習，並觀察自己職業倦怠感改善的狀況。

第七次會談：化腐朽為神奇(二)

目標：繼續幫助成員改變對現在工作的看法，發現工作對自己成長的意義，而減低倦怠感。

活動過程：

1. 成員分享透過家庭作業的進行，職業倦怠感獲得改善的狀況，並針對進行中遇到的挫折感進行討論。

2. 給成員另一張表 5-4，讓成員從上次的表中選出另一個改善職業倦怠感的目標，並針對該目標思考要如何改善其倦怠感。

3. 請成員一一的針對表 5-4 的流程做分享，諮商師與其他成員給予回饋，特別要針對克服阻礙而能夠改善工作倦怠的現象進行角色扮演。

4. 家庭作業：請成員繼續針對所訂的步驟去練習，並觀察自己職業倦怠感獲得改善的狀況。

第八次會談：化腐朽為神奇(三)

目標：繼續幫助成員改變對現在工作的看法，發現工作對自己成長的意義，而減低倦怠感。

活動過程：

1. 成員分享透過家庭作業的進行，職業倦怠感獲得改善的狀況，並針對進行中遇到的挫折感進行討論。

2. 給成員另一張表 5-4，讓成員從上次的表中選出另一個改善職業倦怠感的目標，並針對該目標思考要如何改善其倦怠感。

3. 請成員一一的針對表 5-4 的流程做分享，諮商師與其他成員給予回饋，特別要針對克服工作的阻礙以期能夠改善工作倦怠的現象進行角色扮演。

4. 家庭作業：請成員繼續針對所訂的步驟去練習，並觀察自己職業倦怠感獲得改善的狀況。

第九次會談：找到工作中的亮光

目標：幫助成員從感恩的眼光去體會自己在目前工作中所獲的成長與幫助。

活動過程：

1. 成員分享透過家庭作業的進行，職業倦怠感獲得改善的狀況，並針對進行中所遇到的挫折感進行討論。

2. 鼓勵成員每件事都有正反的兩面，如果能從正面的觀點去看事物，就能找到工作中的亮光。

 (1) 從這工作中我曾有過的快樂時光。

 (2) 這工作對我成長的幫助。

 (3) 從這工作中我學到最多的功課。

 (4) 在克服工作的倦怠感中我學到最大的功課。

 (5) 目前的工作對我追求夢想工作的助益。

3. 鼓勵成員以表 5-5 訂出追求快樂的工作生活的目標。

4. 請成員一一的針對表 5-5 的流程做分享，諮商師與其他成員給予回饋，特別要針對克服工作阻礙而能夠增進工作樂趣的目標進行角色扮演。

5. 家庭作業：請成員針對所訂的步驟去練習，觀察自己工作的快樂感增進的狀況，並鼓勵成員記下最近在工作中體會到最快樂的一件事。

表 5-5　幫助成員思考追求快樂工作的目標

寫出要追求快樂工作的目標	
列出要達到最終目標的子目標是	
選出一個子目標（第一個或是最重要的）	
達到此子目標的路徑	
遵循此路徑時可能會遇到的阻礙是什麼	
有什麼方法可以克服該阻礙或有何替代性的路徑可達到改善職業倦怠感的目標	
若阻礙克服後，可以預見的情況是什麼	
最終想達到的目標是什麼	

第十次會談：回饋與分享

目標：幫助成員體會自己的成長及對工作目標的認識。

活動過程：

1. 諮商師對成員們持續參與十次會談的努力給予肯定。

2. 成員分享並觀察自己增進工作快樂感的狀況，並分享最近在工作中體會到最快樂的一件事。

3. 成員們再次說出自己理想的工作，及從此刻邁向理想工作所需有的步驟。

4. 成員分享自己在這過程中的學習與成長，及對改善職業倦怠感的幫助。

第三節　希望感對中年危機的影響與諮商策略

表 5-6　阿芬的獨白

《阿芬的獨白》

「中年危機」──特別是現在越來越多提早（自願或被動）退休的族群（特別是男性）

「家庭危機」──特別是當家庭中有成員有身心困擾時，家庭中的支持力，以及社會上的協助資源

通常社會上都認定四、五十歲的人是最 OK 的

整個社會關注的議題──要嘛，就是老年人！不然，就是兒童、年輕人

其實，我們這群──要養家中長輩、要愁家中小孩、還要繳很多稅──的所謂「中堅分子」

所承受的壓力是更大的──

我老公從意氣風發的職場生涯墜入無人聞問的宅居人士

從留美歸國學人變成無人知曉的落寞隱者

他從小就知道──人生是該努力奮鬥的

但是他從來都沒準備好要過著──「人不知而不慍」、「門前冷落車馬稀」──的歲月

他的苦，我知道

問題是──他不放過自己，他也無法拉拔自己

資料來源：引自 http://tw.myblog.yahoo.com/fenmeilow/article?mid=319&prev=-1&next=314

（本文經原作者同意引用）

壹、中年的危機與轉機

很多人在中年階段其事業與權力達到生命階段的最高點，且擁有較高的社經地位（Vaillant, 1977）。但如前面表 5-6《阿芬的獨白》中，她的先生離開職場成為宅居人士，心理上的落寞與無奈，可以反映出人到中年時

期可能會面臨到的一些改變。Jaques（1965）提出中年危機（midlife crisis）這個詞來形容這樣的現象。其實中年的危機也可能是生命的轉捩點，就看你是如何去處理。

一、角色的更換

Jung（1971）是第一位探討人們中年時期內心世界的心理學家。他的理論指出人們的心理本來就具有雙性的性格，而在中年階段中，男女雙方在性別角色上會有很大的轉變，女性會開始出現男性的性格，例如重視推理、競爭、進入職場、追求外在目標的滿足；男性則會開始出現女性的性格，如重視情緒、在乎直覺及注意人際關係。這種改變對於有心將人格加以整合的人來說也許不是問題，但是對於那些已習慣原有的性別角色的人，對這種中年階段所出現的新人格特質會很不習慣，而企圖加以壓抑，因而導致心理上的問題。另外，Jung 也指出每個人的人性裡有陰影（shadow）的一面，所以在中年時期一些先前壓抑的負面衝動較易出現，必須適當的加以整合或予以拘束，才能加以控制。另外，人們在這階段開始從脫離集體行為（collective behavior）的偏好，轉而偏向於主動出擊，追求自我滿足（self-fulfillment），以發展出獨特的自我。Neugarten（1964）也提出類似的說法，他說人們在中年階段會發展內在性（interiority），較注意內在的情緒，而較少以外在的期待來要求自己。

不過這兩極性格間的衝突（如年輕與老化、破壞與創造、男性與女性，以及依賴與獨立），在中年初期並不強，進入到中年期的中期兩極間的發展越強，人們想整合自己的個性卻又無法解決時，就會很清楚的意識到兩極個性間的衝突（Levinson, 1978）。Vaillant（1977）追蹤大學生畢業後 35 年的發展狀況，受試者表示 40 歲左右的年紀是個極其矛盾的階段，他們一面要負起照顧父母與培養子女的責任；但性格上許多原先被壓抑的想法會再出現，想拋開成人初期所需遵守的社會規範，但同時又要面對疾病逐漸上身，及年紀漸漸變老的事實。

二、生命專注點的更易

　　Yalom（1981）指出，人們在年輕的時候因身體健康且父母健在，較有「我不會太倒楣，且即使天塌下來也會有人幫我撐著」的自信，但這樣的自信到了成人中期當發覺自己的體力漸不如往昔，若又遇到喪失父母的悲慟時，可能會銳氣大減，而感到人生的限制與苦楚。其次，當成年中期的人們開始面臨自己同伴死亡的消息時，會感受到時不我予。面對生理與心理的限制及企圖壓抑因兩極衝突所引發的焦慮時，易造成內心世界的衝突，因而對人生的意義產生質疑（Becker, 2006），使得希望感降低而導致憂鬱（Feldman& Snyder, 2005）。在此階段多數成人會重新審視與評量年輕時所完成的事，生活的重點也會從過去轉向未來（Levinson, 1978）。他們常會顯現下面幾個徵狀：

1. 較沒耐心等待：可能是面對生離死別的經驗而感受到時間的緊迫性，所以會認為等待是在浪費時間，因為那些等待的時間可以用來做很多事了。這也是顯示在此階段人們常會重新評估與審視事情重要性與優先的順序。

2. 要追尋人生的新意義：在此階段之前，人們會努力附和社會的期許，以社會的規範或宗教的力量來做為其人生意義的依歸。到了中年階段，很多人不想再受傳統的束縛，特別是當他們已跳脫原有的責任與角色（如子女已長成）時，更有動力想要重新界定人生的意義。

3. 學習善用自由並做正確的選擇：如Jung所提的，人們在這階段中，很多以前所壓抑的較負面欲望會不受約束的浮現腦際，而且許多成人在此階段已擁有足夠的經濟能力可隨心所欲的做他們想做的事，但也面對身體的衰弱，且負有家庭與社會的責任。但由於自由與責任是一體的兩面，所以此階段的成人要學習如何善用自由並做正確與負責任的選擇。

4. 學會面對孤單：在這階段的成年人可能會面對失去父母，及子女長大的空巢期，過去熱鬧滾滾的家，隨著子女相繼離去，而變得空空蕩蕩。如何適應孤單的生活，是這階段的人必須學習的功課，不過，

中年夫妻若能善用獨處的機會，可能會增加彼此間的親密感（Becker, 2006）。

由上面的描述，可看出成人在進入中年階段常會面臨中年危機，此時他們重新審核自己的來時路，不想墨守成規，但又不知要何去何從，所以此刻他們需要的是找到生命的意義。Antonovsky（1979, 1987）及 Feldman 與 Snyder（2005）建議要幫助成人找到人生意義的步驟，則是先幫助他們了解其所處的環境是如何的運作；其次，相信自己有能力安排周遭的環境，順利達到期望的目標，並知道他們的努力是為了要追求有意義的人生。而在鼓勵他們追求人生意義的過程中，希望理論強調使用積極正向的語言與想法（如「我一定可以達成這個目標」），可增強他們達成目標的自信心（Cheavens, Feldman, Woodward, & Snyder, 2006）。研究發現，較能以積極的訊息來反映出心裡的感受，並過濾掉負向訊息的人，因為較不會記住負向的訊息，所以希望感較高（Snyder, Lapointe, Crowson, & Early, 1998）。

貳、以希望為主的中年轉機成長團體

據此，我們設計一個十次的中年轉機的成長團體，幫助面臨中年危機的成員，將中年成為人生另一春的轉捩點。

第一次會談：什麼叫做「中年危機」？

目標：幫助成員彼此認識，並了解自己的困擾。

活動過程：

1. 將諮商室的座椅標上號碼，每個成員按所抽的號碼對號入座。
2. 在每個座椅底下放一個題目，成員就座後，請每個人輪流取出黏貼在座椅上的指令，進行自我介紹（下面幾個例題可供參考）。
   (1)請介紹自己及愛吃的一種水果。
   (2)請介紹自己及分享最近最得意的一件事。
   (3)請介紹自己及自己的專業（或工作）。
   (4)請介紹自己及自己的座右銘。

(5) 請介紹自己及最喜歡的一首歌。

(6) 請介紹自己及最喜歡的一個城市。

(7) 請介紹自己及最喜歡做的一件事。

(8) 請介紹自己及最喜歡吃的一種食物。

3. 諮商師跟成員一起複習每個人的最愛，增加彼此的熟悉度。

4. 諮商師介紹「中年危機」這個詞，請成員對此提出意見，及他們的定義。最後在大家的集思廣益下，團體一起對「中年危機」這個詞下一個定義。

5. 成員根據「中年危機」的定義，分享自己所遇到的中年危機，及希望從此團體中獲得的幫助與成長。

6. 諮商師介紹團體的目的與進行的方式，歡迎大家參加團體。

第二次會談：三明治的滋味

目標：幫助成員處理兩代間的角色衝突。

活動過程：

1. 歡迎成員回到團體。請成員分享上星期的生活中一件讓你感到快樂的事。

2. 諮商師以三明治的概念介紹中年人身處於上下兩代的身分。

3. 發給成員兩張裁成三角形的白紙，當做是三明治上下層的麵包。請成員在兩張紙上寫下自己所處的兩代人的名字（通常一張是自己的子女，另一張是父母）。

4. 準備幾張不同顏色的紙（也裁成三角形），用來做為三明治的內餡，每一個餡就代表自己目前所扮演的角色及所須負擔的責任。請成員按自己的情況拿不同顏色的紙，並在每張紙上寫下它所代表的意義。

5. 請成員以三明治及其內餡為象徵，解說自己目前扮演三明治角色的滋味，並分享：

(1) 哪個角色是我最喜歡的，為什麼？

(2) 哪個角色是我做得最好的，為什麼？

(3) 哪個角色是最困難的，為什麼？

　　(4) 在哪個角色的扮演上我進步最多，為什麼？

　　(5) 在哪個角色的扮演上我感到最尷尬，為什麼？

　　(6) 哪個角色是我希望能改進的，為什麼？

6. 讓有經驗類似問題的成員聚在一起分享他們的經驗，及嘗試過的改進方法及其效果。

7. 讓每組分享他們討論的結果，必要時諮商師以角色扮演的方法練習幫助成員學習扮演好某個角色，以增進生活的活力。

8. 家庭作業：根據角色練習的情況，帶回日常生活中，看效果如何？

第三次會談：我真的變了嗎？

目標：幫助成員了解並接受自己生心理的改變。

活動過程：

1. 歡迎成員回到團體，請成員分享家庭作業進行的情形。

2. 諮商師解釋中年階段人們可能會有的轉變，解釋中請成員就其經驗到的實例補充說明。

3. 問成員分享察覺到自己改變的情形：

　　(1) 自己與以前的個性是否不一樣？如何不一樣？

　　(2) 自己的興趣是否有所改變？如何改變？

　　(3) 對自己的生涯計畫是否有所改變？如何改變？

　　(4) 哪些改變是讓自己深感驚奇的？怎樣驚奇？自己接受的程度如何？

　　(5) 哪些改變是自己很不喜歡的？為什麼？你是如何適應的？

　　(6) 自己有哪些改變是別人無法接受的？你如何處理？

4. 讓經驗到類似困難的成員聚在一起分享他們的經驗，及嘗試過的適應之道。

5. 讓每組成員分享他們討論的結果，諮商師鼓勵成員彼此給予回饋，以幫助難以適應改變的人看到改變後的積極面，增進生命的活力。

6. 家庭作業：

　　(1) 鼓勵成員體會現在的自己，並記下自己的觀察與體會。

　　(2) 請成員從生活周遭去觀察，找一樣對自己來說是新的東西或新知

識（如果是工具性的，請去了解那個東西的用途，並學會使用的方法）。

第四次會談：發現新大陸(一)

目標：幫助成員重新認識自己所處的環境，補充再出發的能量。

活動過程：

1. 歡迎成員回到團體，請成員分享：

(1) 這星期中有哪些新的體會，及這些體會對自己的衝擊。

(2) 想想自己有哪些部分是一直都沒有改變的，你是如何將有改變與沒改變的自己加以整合。

(3) 請成員以一個形容詞來形容現在的自己，並分享這個形容詞所代表的意義。

2. 每個成員把自己找到的新事物或新知識拿出來展示，與大家分享。

(1) 介紹新事物或新知識的內容與用法。

(2) 是從哪裡或什麼樣的情境或是跟誰學到的？

(3) 你準備要如何應用這項新的事物或知識？

(4) 在學習過程中是否遇到障礙？如果有，這障礙是否影響到你學習的鬥志？你是如何克服的？

(5) 這次的學習帶給自己的提醒是什麼？

3. 家庭作業：請成員繼續從生活周遭去觀察，再找一樣對自己來說是新的東西或新知識（如果是工具性的，請去了解那個東西的用途，並學會使用的方法）。

第五次會談：發現新大陸(二)

目標：繼續幫助成員重新認識自己所處的環境，補充再出發的能量。

活動過程：

1. 歡迎成員回到團體，請成員把自己找到的新事物或新知識拿出來展示，與大家分享。

(1) 介紹新事物或新知識的內容與用法。

(2) 是從哪裡或什麼樣的情境或是跟誰學到的？

(3) 你準備要如何應用這項新的事物或知識？

(4) 在學習過程中是否遇到障礙？如果有，這障礙是否影響到你學習的鬥志？你是如何克服的？

(5) 這次的學習帶給自己的提醒是什麼？

2. 讓成員重新審視自己：給每個成員一個杯子，諮商師在每個人的杯子倒水，杯子裡的水代表的是現在擁有的能力，當成員覺得水量已相當於他們原所擁有的能力時，就喊停。

(1) 請成員分享從這樣的觀察學習中，他們對生活周遭環境所引發的新的體會。

(2) 詢問成員他們是否滿足於自己目前所擁有的能力？

(3) 詢問成員觀察了周遭的環境後，他們目前所擁有的能力是否適用於新的環境？

(4) 詢問成員是否想增加新能力，以適應新的環境（如果成員心中感到掙扎，請他們將掙扎分享出來，諮商員與成員們給予回饋）？

(5) 請有決心願意花時間增加能力者？將杯中的水倒掉表示願意撥出時間與空間來學習新的事物（如果成員把水全倒掉，則可表示其要從零開始的決心）。

3. 家庭作業：請成員從生活周遭去觀察，列出一系列的目標是他們想達成的。

第六次會談：開發人生第二春的起步——積極的語言

目標：幫助成員學習以積極的語言面對新目標的探索。

活動過程：

1. 歡迎成員回到團體，請成員分享探索新目標的心情。

2. 諮商師將諮商室的四個角落分別標示出興奮組、掙扎組、緊張組、害怕組，請成員依其心情感受的程度站在適當的位置上。

3. 請站在同一個角落的成員一起分享他們的心情，並找出他們有該種心情的可能原因。

4. 諮商師解釋積極的語言對希望感的影響，請感到掙扎（或緊張或害

怕）的組員，說出一個讓他們感到掙扎（或緊張或害怕）的情境，
然後諮商師以表 5-7 的內容幫助了解自己的語言對其思考的影響。
請成員把他們在此情況下心裡想說的話一一列出來（此步驟可重複
練習多次，直到成員所有不舒服的感受能被希望感所取代為止）。

表 5-7　幫助成員了解語言與希望感的關聯練習表

情境／具體目標	列出在該情境中你心裡想說的話	你所說的話是否帶給你掙扎、緊張或害怕的感覺	請將心理的話改成積極的語言	你所說的話是否帶給你有希望的感覺

5. 家庭作業：

　　(1)請成員將自己想達到的新目標，放入表 5-7 中，並觀察自己能使
　　　 用積極的語言以增進希望感增加的情況。

　　(2)請成員思考自己在生涯發展上的楷模是誰，並蒐集一些與那個人
　　　 有關的資料。

第七次會談：鎖定目標，絕處逢生

目標：幫助成員確定要開發人生第二春的目標。

活動過程：

　　1.歡迎成員回到團體，請成員分享他們用來增進自己開發第二春的動
　　　 力之積極語言。諮商師將它們寫出來，並讓成員瀏覽數次。請每個
　　　 成員從中選一句自己喜歡的句子，做為勉勵自己的座右銘。

　　2.請成員閉上眼睛，想一個你在生涯目標上，所敬佩及努力在學習的
　　　 楷模，包括：

　　(1)這個人具有什麼樣的特質？

(2)這個人生活態度是如何？

(3)這個人工作的態度是如何？

(4)這個人追求目標時抱持的是什麼樣的態度？

(5)這個人遇到困難時是如何克服的？

(6)這個人在中年階段是否做什麼樣的突破是讓你很欽佩的？

(7)這個人的生命中有哪個部分是你所敬佩的？

3. 請成員睜開眼睛，就上述的重點與大家分享，並思考：

(1)你想追求的目標跟你的楷模相似嗎？那是什麼？

(2)就你目前發展的狀況與你楷模的生命歷程有多接近？

(3)你還需要多少努力才會達到你期望的理想呢？

(4)如果你還有機會，你想做些什麼樣的努力以達到你的目標？

(5)在追求這目標達成的過程，你想可能會遇到什麼樣的困難？你會如何克服呢？

(6)如果知道你正在做這些努力，你的楷模會如何鼓勵你？

4. 讓成員想想有一天如果把自己成為別人所敬佩的人，會希望別人如何描述自己，並依照這樣的分析，鼓勵成員為自己將踏向的第二春定出一個藍圖。包括：

(1)我這個人具有什麼樣的特質？

(2)我這個人生活的態度是如何？

(3)我這個人工作的態度是如何？

(4)我這個人追求目標時抱持的是什麼樣的態度？

(5)我這個人遇到困難時是如何克服的？

(6)我這個人在中年階段會做什麼樣的突破是讓他人欽佩的？

(7)我這個人生命中的哪個部分會是讓他人欽佩的？

5. 家庭作業：成員根據所訂的藍圖，開始尋找追求什麼樣的目標、資源與該採行的步驟會有助於達到理想中的自己。

第八次會談：邁步向前，往第二春邁進

目標：幫助成員架構邁向第二春的具體步驟。

活動過程：

1. 歡迎成員回到團體，請成員分享在尋找追求達到理想所需的具體目標、資源與該採行步驟時的心情。

2. 讓成員以表 2-5 的目標達成的路徑圖，幫助成員審視其達到目標的可能性，及萬一需要時可採行的備案，以增進成員實踐目標的動機。

3. 家庭作業：成員根據表 2-5 所訂的計畫，開始踏出第一步去實踐它。

第九次會談：繼續前進，越挫越勇

目標：幫助成員有勇氣與方法面對阻礙，繼續邁前。

活動過程：

1. 歡迎成員回到團體，分享在按計畫實施時，是否遇到困難，而讓希望感降低的狀況。諮商師與成員們針對某特定成員的困難，及其採用的克服方法進行討論，必要時可以角色扮演的方法進行演練，討論出解決的策略（此步驟可視成員的需要，重複進行）。

2. 請成員再次分享自己的座右銘，彼此打氣。並以表 5-7 幫助成員重新溫習了解語言與希望感的關聯。

3. 讓成員針對另一個子目標以表 2-5 完成目標達成的路徑圖，再次幫助成員審視其達到目標的可能性，及可採行的備案。

4. 家庭作業：成員根據表 2-5 所訂的計畫，繼續邁向第二春。

第十次會談：如鷹得力、展翅飛騰

目標：幫助成員回顧十次活動中新增的視野及重新起步的動力。

活動過程：

1. 歡迎成員參加十次的諮商團體。

2. 發給成員一張白紙，在紙的右前方畫一個太陽，上面寫著你想達到的目標。

3. 發給成員一張老鷹的圖片，請每個成員將老鷹的圖片按其自認與目

標（太陽）的距離貼在適當的位置上。

4. 請成員就九次活動中的體會，寫在老鷹的不同部位。

　(1)將自己的夢想寫在老鷹眼睛的位置。

　(2)將對未來人生積極的想法寫在老鷹頭上的位置。

　(3)將對未來人生積極的語言寫在老鷹嘴巴的位置。

　(4)將自己所具有及準備學得的能力寫在老鷹翅膀的位置。

　(5)將自己計畫往目標前進的路徑寫在老鷹雙腳的位置。

　(6)在老鷹的周圍畫上不同的雲片，每朵雲上請其他成員寫一句鼓勵
　　　自己展翅飛騰的話語。

5. 畫好後，每個成員分享自己的畫作，並分享做此圖片的心得。

6. 每個成員分享參加十次團體的心得。

7. 諮商師給予鼓勵，成員彼此給予回饋，並道珍重再見。

本章摘要

　　成人們身負著教導與領導的重任，不僅是希望的實踐者，也是他人希望的引燃者。然而，要教導後輩們成為一個富有希望感的人，成人本身就必須具有希望感。不幸的，不佳的婚姻關係或不順的工作經驗常會是成人發展希望感的致命傷。尤其是當進入中年階段後，人們會在想追求人生另一個高峰時，面臨不知要何去何從的中年危機，也會傷及希望感的成長。根據心理學家 Erikson 的心理社會發展理論，成人階段的首要任務是建立親密關係，否則就易感到孤單。當夫妻的親密關係出現問題，可能是來自關係冷熱無常、溝通不良、未能有效的解決衝突以及遇到問題時雙方處理的態度不一。若要改善兩者的關係，不僅雙方要有動機（即是「能量」）為改善彼此的關係而努力，且要有具體有效的方法（即是「路徑」）來幫助兩人建立與維繫親密的關係。其改善之道，例如願意面對與了解兩人出現問題的關鍵、了解積極正向互動的重要性、以愛的原則來解決衝突、一起設定對彼此愛的期望以及學習了解對方愛的語言（包括給予讚賞、營造美好的相處時光、互贈禮物、提供服務、身體的接觸）。根據上述建議，

我們設計 12 次以希望為基礎的婚姻諮商，幫助夫妻設定改善彼此關係的目標，學習改善彼此關係的方法，並從願意為改善彼此的關係中為愛加溫。

除了家庭婚姻生活外，工作是成人與中年人的生活中相當重要的一環，心理學家 Erikson 聲稱，當人們對自己的事業與家庭生活感到滿意時，就會順利的發展出生產性與精力充沛的特質，否則就會感到頹廢，並對人生失去希望感。工作滿意相關的理論認為，從工作中獲得個人需求的滿足、感覺自己的能力和技巧與工作要求的能力相配、清楚的設定確切的目標，個人的需要與工作酬賞的一致性，是提高工作滿意度的要件。若人們處在有壓力的工作環境，卻沒有適當的處理技巧，使得需求無法獲得滿足時，就會產生職業倦怠感。當然在工作中難免會遇到阻礙，有人會選擇放棄，有人則會緊抓著希望，毅力不搖的完成它。根據希望理論，人們是否能勇於接受挑戰是取決於其是否具有希望感的認知過程。當遇到困難時，希望感高的人會將阻礙看成是挑戰，採取多重管道去完成任務，所以他們克服阻礙的能力較強，向目標挑戰的能力與動機也較強。人們所抱持的希望感對工作表現的良窳也有相當的影響力，抱持高希望感者有較積極的工作態度，對自己的能力較有信心，他們的精力較充沛，對工作也較滿意。不過，希望感強調的是一種主觀的認知，它與現實層面所評價的所謂「成功」不能等價齊觀。通常高希望感者對所追求的目標有清楚的認知，對所追求目標的路徑有清楚的概念，並滿意所達到的情況。所以要幫助這階段的人能有充沛的體力及發揮生產性，就是要幫助他們從厚植其希望感開始。研究發現學習取向的目標對希望感的增長是相當有助力的，抱持學習目標者會以自己能掌握的方法來完成工作，且重視工作過程中的學習、成長與進步，所以工作的動機也較強。此外，當工作遇到瓶頸時，越能勇於嘗試不同解決問題的辦法，越有機會找到有效的解決辦法，其希望感也較有機會獲得提升；反之，若遇到問題時，不敢做任何嘗試，或在問題獲得解決前放棄了，都會減抑希望感成長的機會。根據上面的建議，我們設計出十次以希望為主的生涯諮商團體，來幫助面臨工作倦怠的人重整旗鼓，找回精力充沛的自己。

除此之外，很多人在中年時期可能會面臨到的許多心理改變，稱之為

中年危機。例如人們在性別角色上有了很大的轉變，女性會出現男性的性格，如重視推理、競爭、進入職場、追求外在目標的滿足；男性則會出現女性的性格，如重視情緒、在乎直覺及注意人際關係。若對這種中年階段所出現的新人格特質不習慣，而加以壓抑，很容易導致心理上的問題。這種兩極化性格間的衝突（如年輕與老化、破壞與創造、男性與女性以及依賴與獨立），在中年期的中期趨於強烈。此時人們想整合自己的個性卻又無法解決時，可能會因而對人生的意義產生質疑，使得希望感降低而導致憂鬱。這時成人會重新審視過去多年所完成的事，生活的重心也會從注重過去轉向未來。他們常會顯現的幾個徵狀包括：較沒耐心等待、追尋人生的新意義、學習善用自由並做正確的選擇、學會面對孤單。要幫助成人找到人生意義的步驟，是幫助他們了解其所處的環境如何運作、相信自己有安排周遭環境的能力、學習應用適當的方法達到期望的目標，並了解努力是為了要追求有意義的人生。在這過程中若能使用積極正向的語言及以積極的訊息來反映出心裡的感受，並過濾掉負向訊息的人，可增強他們達成目標的自信心，而提高希望感。據此，我們設計一個十次的中年轉機的成長團體，幫助面臨中年危機的成員，將中年成為人生另一春的轉捩點。

 《動腦篇》

1. 試想本章所提的王太太來到諮商中心尋求協助，諮商中不斷的操心著：「我忍受這一輩子的苦楚就是為了保護我的孩子，我自己的婚姻沒有改善的希望，我也不願意孩子們步上我的後塵。」如果你是諮商師，你會計畫如何去幫助她？

2. 在經濟不景氣時，林先生找到一份工作，雖與他所學的專業不完全相似，薪水也不高，但家人都為他感到高興。工作數個多月後，林先生對這工作始終提不起興趣，每天上班都意興闌珊。他不敢向家人提及想辭職的事，又不想去上班。如果你是諮商師，你會計畫如何幫助他改善目前的狀況。

3. 本章所提的阿芬帶著她處在中年危機的先生來尋求諮商，她告訴你

自己的先生「不放過自己，卻也無法拉拔自己」，如果你是諮商師，
你會計畫如何去幫助阿芬的先生，找到生命的第二春？

參考文獻

中文書目

周立勳（1985）。**國小教師工作壓力、控制信念與職業倦怠關係之研究**。國立高
雄師範大學教育研究所碩士論文，未出版，高雄市。

林璋逸（2009）。**工作壓力、工作滿意與職業倦怠之關聯性研究**。清雲科技大學
經營管理研究所碩士論文，未出版，桃園縣。

阿芬（2010）。「誰來晚餐」節目──2010 年 12 月 17 日探討戒酒問題。2011 年
7 月 24 日取自 http://tw.myblog.yahoo/fenmeilow/article? mid=319&prev=-1&
next=314

黃寶園（2009）。工作壓力對工作滿足、職業倦怠之影響：統合分析取向。**國立
臺灣師範大學教育與心理輔導學系教育心理學報，40**（3），439- 462。

郭國禎、駱芳美（2005，10 月）。**台灣中部地區中等學校學生事務人員的工作滿
意度與職業倦怠感之分析研究**。論文發表於國立彰化師範大學舉辦之「轉型
與發展──創造師範教育新風貌學術研討會」，彰化市。

郭耀輝（2003）。**國民小學教師工作壓力與職業倦怠關係之研究**。屏東師範學院
國民教育研究所碩士論文，未出版，屏東市。

英文書目

Adams, V. H., Snyder, C. R., Rand, K. L., King, E. A., Sigman, D. R., & Pulvers, K. M.
(2002). Hope in the workplace. In R. A. Giacolone & C. L. Jurkiewicz (Eds.), *Hand-
book of workplace spirituality and organization performance* (pp. 367-377). New
York: Sharpe.

Antonovsky, A. (1979). *Health, stress, and coping*. San Francisco: Jossey-Bass.

Antonovsky, A. (1987). *Unraveling the mystery of health*. San Francisco: Jossey-Bass.

Baucom, D. H., & Epstein, N. (1990). *Cognitive-behavioral marital therapy*. New York:
Brunner/Mazel.

Becker, D. (2006). Therapy for the middle-aged: The relevance of existential issues.

American Journal of Psychotherapy, 60(1), 87-99.

Carroll, J. F. X., & White, W. L. (1982). Theory building: Integrating individual and environmental factors within an ecological framework. In W. S. Paine (Ed.), *Job stress and burnout: Research, theory and intervention perspectives* (pp. 41-60). Beverly Hill, CA: SAGE.

Chapman, G. (2004). *The five love language: How to express heartfelt commitment to your mate.* Chicago: Northfield.

Cheavens, J. S., Feldman, D. B., Woodward, J. T., & Snyder, C. R. (2006). Hope in cognitive psychotherapies: On working with client strengths. *Journal of Cognitive Psychotherapy, 20*(2), 135-145.

Dweck, C. S. (1991). Self-theories and goals: Their role in motivation, personality, and development. In R. Dienstbier (Ed.), *Perspectives on motivation: Nebraska symposium on motivation 1990* (Vol. 38) (pp. 199-235). Lincoln, NE: University of Nebraska Press.

Dweck, C. S., & Leggett, E. L. (1988). Goals: An approach to motivation and achievement. *Journal of Personality and Social Psychology, 54*, 5-12.

Duggleby, W., Cooper, D., & Penz, K. (2009). Hope, self-efficacy, spiritual well-being and job satisfaction. *Journal of Advanced Nursing, 65*(11), 2376-2385.

Feldman, D. B., & Snyder, C. R. (2005). Hope and the meaningful life: Theoretical and empirical associations between goal-directed thinking and life meaning. *Journal of Social and Clinical Psychology, 24*, 401-421.

Fisher, R., & Ury, W. (1981). *Getting to yes: Negoting agreement without giving in.* New York: Penguin Books.

Gottman, J. M. (1994). *What predicts divorce? The relationship between marital processes and martial outcomes.* Hillsdale, NJ: Erlbaum.

Hackman, J. R., & Oldham, G. R. (1976). Motivation through the design of work: Test of a theory. *Organizational Behavior and Human Performance, 16*, 250-279.

Hackman, J. R., & Oldham, G. R. (1980). *Work redesign.* Reading, MA: Addison-Wesley.

Heifetz, L. J., & Bersani, H. A. Jr. (1983). Disrupting the cybernetics of personal growth: Toward a unified theory of burnout in the human services. In B. A. Farber (Ed.), *Stress and burnout in the human service professions* (pp. 46-64). New York: Pergamon Press.

Jaques, E. (1965). Death and the mid-life crisis. *International Journal of Psychoanalysis,*

46, 502-514.

Jung, C. G. (1971). *The portable Jung*. New York: Viking.

Kalleberg, A. L. (1977). Work values and job rewards: A theory of job satisfaction. *American Sociological Review*, *42*, 124-143.

Kulig, J. C. (2001). Hope at the community level according to rural based public health nurses. *Online Journal of Rural Nursing and Health Care*, *2*(2), 1-19.

Law, F. M. (1995). *A study of factors related to job satisfaction and job stress of department chairpersons of student affairs in the four-year colleges and universities of Taiwan*. Unpublished doctoral degree dissertation, Mississippi State University, U. S. A.

Law, F. M., & Guo, G. J. (2011). *Exploring the relationship between hope, self-efficacy, job satisfaction, and burnout in correctional personnel*. Paper presented in Academy of Criminal Justice Sciences 2011 Annual Meeting, Toronto Canada.

Levinson, D. J. (1978). *The seasons of a man's life*. Knopf: New York.

Locke, E. A. (1968). The nature and the causes of job satisfaction. In M. D. Dunette (Ed.), *Handbook of industrial and organizational psychology* (pp. 1297-1349). Chicago: Rand McNally.

Martkman, H. J., Stanley, S., & Blumberg, S. L. (1994). *Fighting for your marriage: Positive steps for preventing divorce and preserving a lasting love*. New York: Brunner/ Mazel.

Maslach, C., & Jackson, S. E. (1986). *Maslach burnout inventory manual*. Palo Alto, CA: Consulting Psychologist Press.

Maslow, A. H. (1954). *Motivation and personality*. New York: Harper & Brothers.

McCarter, A. K. (2007). The impact of hopelessness and hope on the social work profession. *Journal of Human Behavior in the Social Environment*, *15*(4), 107-124.

Michael, S. T. (2000). Hope conquers fear: Overcoming anxiety and panic attacks. In C. R. Snyder (Ed.), *Handbook of hope: Theory, measures, and applications* (pp. 355-378). San Diego, CA: Academic Press.

Neugarten, B. L. (1964). *Personality in middle and late life*. New York: Atherton Press.

Papalia, D. E., Olds, S. W., & Feldman, R. D. (2004). *Human development* (9th ed.). St. Louis, Missouri: McGraw-Hill Higher Education.

Peterson, J. P., & Byron, A. K. (2008). Exploring the role of hope in job performance: Results from four studies. *Journal of Organizational Behavior*, *29*, 785-803.

Peterson, S. J., Gerhardt, M.W., & Rode, J. C. (2006). Hope, learning goals, and task performance. *Personality and Individual Differences, 40*, 1099-1109.

Sherwin, E. D., Elliott, T. R., Rybarczyk, B. D., Frank, R. G., Hanson, S., & Hoffman, J. (1992). Negotiation the reality of caregiving: Hope, burnout and nursing. *Journal of Social and Clinical Psychology, 11*(2), 129-139.

Snyder, C. R. (1994). *The psychology of hope: You can get to there from here*. New York: Free Press.

Snyder, C. R. (1999). Hope, goal blocking thoughts, and test-related anxieties. *Psychological Reports, 84*, 206-208.

Snyder, C. R. (2002). Hope theory: Rainbows in the mind. *Psychological Inquiry, 13*, 249-275.

Snyder, C. R., Harris, C., Anderson, J. R., Holleran, S. A., Irving, L. M., Sigmon, S. T., Yoshinobu, L., Gibb, J., Langelle, C., & Harney, P. (1991). The will and ways: Development and validation of an individual-differences measure of hope. *Journal of Personality and Social Psychology, 60*, 570-585.

Snyder, C. R., Lapointe, A. B., Crowson, J. J. Jr., & Early, S. (1998). Preference of high-hope and low-hope people for self-inferential input. *Cognitive & Emotion, 12*, 807-823.

Snyder, C. R., McDermott, D., Cook, W., & Rapoff, M. (2002). *Hope for the journey: Helping children through good times and bad*. Clinton Corners, NY: Percheron Press.

Stuart, R. B. (1981). *Helping couples change*. New York: Guilford Press.

Simmons, B. L., & Nelson, D. L. (2001). Eustress at work: The relationship between hope and health in hospital nurses. *Health Care Management Review, 26*(4), 7-18.

Vaillant, G. E. (1977). *Adaptation to life*. Boston: Litde, Brown.

Weiss, H. M., Dawis, R. V., England, G., & Lofquist, H. L. (1967). *Manual for the Minnesota Satisfaction Questionnaire*. Vocational Psychology Research, University of Minnesota, Minneapolis, Minnesota.

Worthington, E. L. (1990). Marriage counseling: A christian approach to counseling couples. *Counseling & Values, 35*(1), 3-15.

Worthington, E. L. Jr., Hight, T. L., Ripley, J. S., Perrone, K, M., Kurusu, T. A., & Jones, D. R. (1997). Strategic hope-focused relationship-enrichment counseling with individual couples. *Journal of Counseling Psychology, 44*, 381-389.

Yalom, I. (1981). *Existential psychotherapy*. New York: Basic Books.

第 **6** 章

希望的延續——希望理論在
老人諮商上的應用策略

前言

　　根據內政部的人口的統計資料顯示，台灣的老人人口急速增加，民國
82 年，老年人口已達 147 萬 2,000 人，占總人數的 7.02%，民國 92 年，65
歲以上的人口占總人口的 9%，預估於民國 109 年，老年人口將達 350 萬人
（引自謝明瑞，2003）。更有資料顯示：下一個 30 年，65 歲以上高齡族
群主要會集中在亞洲與太平洋區域（引自歐陽萱，2009）。此趨勢顯示台
灣已進入老年化國家，但老年階段中人們經常受到健康問題的困擾、面臨
失失去朋友或配偶及經濟與社會資源的減少等，都會使老年人失去生活的
希望感，而影響心理的健康。所以學者們（Cheavens & Gum, 2000）指出
希望感在老年階段扮演著相當重要的角色，它有助於增進老年人的心理健
康，及增加他們對生活的滿意感。

第一節 希望感在老年階段的重要性

壹、老年階段的特質

學者（Veroff & Veroff, 1980）形容老年人處在一個「無角色」（roleless role）的階段，他們多數已脫離為學業或為生活打拚的重擔，也因子女已成家立業而不用再為他們煩心，對多數人來說，這可能是一生中，最輕鬆、自由，且沒有角色負擔的階段。一位退休的友人，就戲稱他現在過的是「度日如年（新年），坐以待幣（退休金）」的日子。老年人常會被當做是「智者」的表徵，俗語有句話說：「不聽老人言，吃虧在眼前。」即是指老人家集多年生活的經驗，較「年高德劭」，所以社會上常會用此句話來鼓勵年輕人，做事情時不要輕舉妄動，先聽聽前輩的經驗，免得重蹈覆轍。不過「智者」雖是老年階段的人重要的身分之一，但並非每個老人都能將這個角色扮演好，關鍵就在於他們是否能將自己人生的經驗加以統整，以做為後輩們效法的典範。心理學家 Erikson（1963）在其人生發展的理論中指出，老年階段主要的發展任務是自我統整（ego integrity）或是絕望（despair），其主要的分野在於前者能接受自己一生的經驗，並從中體會出其中的精髓，對生命抱持豁達的態度，這樣的老人較快樂，也較願意與他人分享自己的人生經歷；反觀有些人對自己的一生經歷怨聲載道、悔恨交集，不能接受自己，常認為自己是命運或時代的犧牲者，這種人就較會對人生抱持著絕望的看法。

當然不可否認的，老年階段由於生理功能的逐漸退化，身體各方面的反應無法像年輕時那麼敏捷，做起事來沒有像原先那樣得心應手，加上從職場退休後失去專業的舞台，這些社會角色功能的轉變，難免會讓他們感到失落及不安全感（戎瑾如，2005）。老年人所面對的挑戰可歸納為終點性、不確定性與多變性。終點性的挑戰是來自接近生命歷程的倒數階段，感覺來日不多，但是還有很多事情待做或未完成。不確定性的挑戰是來自

不知自己還有多少時日，擔心自己越來越老化不知會變成什麼樣子。多變性的挑戰是來自面對生命週期的過程中生心理不斷的變化，人際關係也因親人好友不斷辭世而有變化，社會功能上也因失去職場的身分而有所變化（簡玉坤，2004）。特別是住到養老院的老人經常會經驗到更多的失落感，例如失去伴侶、失去自己可歸屬的家、失去獨立能力、與家人或朋友的接觸減少、失去獨立行動的能力、缺乏經濟能力、失去私人的物品（因為養老院中通常沒有足夠的空間讓他們放置自己的東西）、失去健康、忘卻自己（特別是患老人失智症者可能會忘了自己是誰）、不再擁有自我的決定權（personal power）、不再能隨心所欲的參與自己喜歡的活動，或失去了人生的價值感（Dykstra, van Tilburg, & de Jong Gierveld, 2005; Marshall & Mackenzie, 2007; Myers & Harper, 2004）。這些失落感，常會讓老人感到失去掌控力（sense of loss of control）（Adams, 2004; Austin, Johnston, & Morgan, 2006）而陷入絕望的憂鬱中（Clarke, 2003）。不過研究（Benyamini, Idler, Leventhal, & Leventhal, 2000; Farone, Fitzpartick, & Bushfield, 2008）也發現，雖然很多老人都會面臨逐漸失去健康與獨立行動能力的情況，但抱持高希望感，心態較積極樂觀的老人，其生理與心理的健康情況會比希望程度低者為佳（Westburg, 2003）。所以要提升老年人有健康的生活品質，提升其希望感則是先決的要件。

貳、抱持希望感對老年人的重要性

Herth（1990）和 Kylma、Vehvilaninen-Julkunen 與 Lahderirta（2001）都相信希望是一種來自內在的能量，是生活與生命活力的重要泉源。透過希望感能使人們對原有的生活有新的體會，而藉著內在資源的運用與發揮，讓人們能超越現況的限制，將生活擴展至一個新的領域。下面將根據學者們針對希望感對老年重要性的研究所得，逐一加以探討。

一、希望感可增進老年人面對與克服生活中不幸事件的能力

多數的老年人比起其他階段的人，較常遇到失去配偶或友人相繼離去

的悲傷事件，以及其他生活中的種種改變（如退休、住進老人公寓、失去身體的某些能力等）。希望感是老人家面對與適應壓力環境的主要能量來源（Ong, Edwards, & Bergeman, 2006），當他們能以積極的態度來面對時，就較能適應生活的改變（Wrobleski & Snyder, 2005），且能有效的克服這些不幸事件帶來的傷痛（Farran, Herth, & Popovich, 1995; Nowotny, 1991; Snyder, Harris, Anderson, Holleran, Irving, Sigmon et al., 1991）。即使患有慢性疾病，若持有較高的希望感，對死亡的態度就會較積極正向，對生活態度也較樂觀（藍育慧、莊照明、林昭卿、趙淑員，2008）。

二、希望感有助於老年人身體健康的改善與維繫

雖然很多人在此階段身體情況逐漸走下坡，但仍不乏見到精神奕奕者，兩者最大的不同是他們對人生抱持希望感的差異。抱持高度的希望感是提高老年人幸福感的重要基礎，他們對人生持有積極的態度、自覺有掌控力，對自己的健康較有信心（Wrobleski & Snyder, 2005）、身體較健康（Averill, Catlin, & Chon, 1990; Benyamini et al., 2000; Farone et al., 2008; Ostir, Markides, Black, & Goodwin, 2000; Ostir, Ottenbacher, & Markides, 2004），即使生病了，復原力也會較強（Elliott, Witty, Herrick, & Hoffman, 1991; Tennen & Affleck, 1999）。例如在 Farone 等人（2008）所研究曾患過癌症的老年婦女中，抱持高希望感者，自覺對自己健康較有內在掌控力（internal control）者，較少抱怨身體的疼痛，對自己目前的健康狀態較滿意且對外在活動的參與較為積極。

三、希望感有助於老人心理健康的增進

有學者指出老人對自己生活滿意的程度與年紀無關（Schilling, 2006），而是取決於對自己的生活與面對景況主觀評量的結果，一般來說，對人生抱持高希望感的人，因為他們適應改變的能力較好，所以對生活較滿意（Wrobleski & Snyder, 2005），對生活遇到的事件賦予較積極的意義（Cheavens & Gum, 2000），所以較少感到憂鬱（Elliott et al., 1991）、焦慮（Snyder, Irving, & Anderson, 1991）、工作上較不會感到倦怠（Sherwin,

Elliott, Pybarczyk, Frank, Hanson, & Hoffman, 1992），也有較好的問題解決能力（Snyder & Irving et al., 1991）。

四、希望感有助於增進完成計畫的信心

希望感較高的老年人比起希望感較低的人，較相信自己會完成計畫要完成的事，也較確信自己正朝著所訂的路徑在執行（Wrobleski & Snyder, 2005）。這可能是因為高希望感的人擁有較多成功完成任務的經驗所致。

參、影響老年人希望感高低的因素探討

上述的探討中，可看出希望感的高低對老年人身心健康有相當大的影響力。而其希望程度的高低會受到他們對自己年紀的認定、自覺對生活的掌控力、宗教信仰、對自己身體與心理健康滿意的狀況、幽默感、人際關係、對過去與目前情況的接受程度、休閒活動與運動的參與等因素的影響，以下將針對這些因素逐項加以說明。

一、年紀的認定

一般人偏好以生理的年齡來界定「老人」，McDermott 與 Snyder（1999）卻認為這種說法其實沒什麼道理，因為有些八、九十歲的人可能比年紀較輕者都還有活力，生活態度也較積極。所以美國人常用的一句座右銘：「你感覺多年輕，你就是多年輕。」（you're as young as you feel）其實是相當有意義的。也就是說人們對自己年紀的認定（age identity）是相當主觀的（Kaufman & Elder, 2003），例如一位六十幾歲的人可能認為自己仍像五十多歲般的年輕，對人生的態度相當積極，認為自己仍大有可為。但同樣的年紀，有人卻已覺得自己已經七老八十，該退隱山林了。這種對自己年紀的主觀認定，對此階段人們希望感高低的程度具有相當的影響力，自認已老的人對人生所抱持的希望感會較低。不過誠如前述，人們對自己年紀的認定是相當主觀的，下面幾個因素會影響人們對自己年紀的認定。

(一)子孫滿堂與否

身為祖父母者的心態對年紀認定是會有影響的，較快樂的祖父母會比不快樂者自覺較年輕、也希望自己能活得久一點（Kaufman & Elder, 2003）。有較多年紀較長的子女或孫子女者會認定自己較老（Barak & Gould, 1985; Kaufman & Elder, 2003; Sherman, 1994），不過也較安於現狀並接受自己的年紀。相反的，有較少孫子女的則會希望自己年輕一些，好有更多的時間與未來的孫子女們相處。另一個影響人們對自己年齡認定的因素是當祖父母時的年齡，太早當祖父母者會比在適當的年紀當祖父母者自覺較老（Kaufman & Elder, 2003）。

(二)健康與否

自認健康的情況也會影響人們對自己年紀的認定，一般來說，自認為身體較健康者會感到自己較年輕，且希望活久一點。自認身體不好者，常會抱怨人總是老得很快，真希望自己能年輕些（Kaufman & Elder, 2003）。

(三)社區參與與否

雖然有人認為退休的人因失去職場的角色，較易感覺得自己年紀變大了（George, Mutran, & Pennybacker, 1980; Kaufman & Elder, 2003; Mutran & George, 1982; Neugarten, 1977; Peters, 1971; Ward, 1977），但事實上那不是主因（Logan, Ward, & Spitze, 1992），而是看退休者對社區活動參與的情形（Mutran & Reitzes, 1981）。退休後若能經常參與社區活動，不管是正式的工作或是志願性質的，皆有助於保持心態上的年輕（Atchley, 1994; Kaufman & Elder, 2003; Mutran & Reitzes, 1981），其希望感會較高（藍育慧等，2008）。

(四)過去的生活經驗

在人一生的歲月中，有些人過得多采多姿，有些人卻自認為乏善可陳。Kaufman 與 Elder（2003）發現人們是否經驗到人生的精華時刻及其經驗到的年紀，會影響到他們對自己年紀的認定。在年輕時即經驗到人生的精華時刻者會比未有此經驗的人認為自己年輕些；在中年及稍晚的年紀經驗到

人生的精華時刻者也會比未此經驗者感到自己年輕些，也相信人的晚年來得慢。有趣的是，Kaufman 與 Elder 發現從事農作者比未從事農作者心態老些，這也許是務農者經年飽受風吹日曬，或常因天災影響收成的無奈感而影響心態上的老成。

二、自覺對生活的掌控力

人們常會對於所發生事情的緣由，加以主觀的解釋（locus of control），有時候認為問題的發生是緣自於自己，是因自己沒能掌控好而造成的。例如身體不舒服時會歸咎於自己保養不當所致，且相信只要按時吃藥、好好休息，身體很快就會復原的，這種解釋的方式稱為內在歸因（internal control）。但有些人會把問題的發生，歸咎到外在原因，認為是自己無法掌控的。例如當身體不舒服就怪罪老天怎麼這麼會折磨自己，因而怨聲載道，這種解釋的方式稱為外在歸因（external control）。從上面的兩種不同的解釋，我們可體會到不同歸因對情緒狀態會有不同的影響。當人們採用內在歸因來解釋發生的事件，自覺對生活有掌控力（personal control or mastery）時，他們的生理（Thompson & Spacapan, 1991）與心理健康狀態會較佳（Abu-Bader, Rogers, & Barusch, 2002; Farone et al., 2008; Thompson, Sobolew-Shubin, Galbraith, Schwankovsky, & Cruzen, 1993），也較能採用積極的方法來克服壓力（Taylor, 1983; Taylor & Brown, 1994），這對老年人希望感的提升特別重要。例如會以尋求社會支持的方法來解除壓力者，相信自己較健康，生活滿意度較高，也較沒有憂鬱感（Bisconti & Bergenman, 1999）。

三、宗教信仰

在日常生活中我們不難觀察到老年人對宗教信仰似乎都相當熱忱，其實這是個好現象，因為參與宗教活動，有助於心理的健康（Guy, 1982），而且參與宗教活動的次數與其心理健康間有正向的關係（Myers, 2000）。Gruber 於 2005 年指出參與宗教活動較頻繁者（每週參加）比從未曾參加者，心理健康情況較佳（引自 Brown & Tierney, 2009）。除了美國的樣本

外，新加坡研究樣本也發現宗教的參與可以預測心理的健康（Krause, 2003; Okun & Stock, 1987; Swinyard, Kau, & Phua, 2001），其主要原因是因為宗教參與是老人克服壓力的主要方法之一（coping mexhanism）（Cox & Hammonds, 1988），透過宗教信仰與宗教參與，可使人們對人生希望感的提升，對生活較感喜樂，所以有宗教信仰的憂鬱患者其復原狀況通常會比未有宗教信仰者的來得好些（Chaudhry, 2008）。這也是為什麼有些心理治療會加入宗教的力量，是希望藉著宗教力量所激發的希望感，能有助於心理病患者希望感的提升而促進其治療效果。不過，有項針對中國老人的研究卻發現宗教的參與活動與自覺心理健康狀態呈負相關（Brown & Tierney, 2009），這不一致的發現可能與中國政府對宗教持反對的政策有關。

四、對自己身體與心理健康滿意的狀況

一般情況下，當人們越滿意自己身體的健康狀況時，其對人生抱持的希望感就會較高（Rustøen, Wahl, Hanestad, Lerdal, Miaskowski, & Moum, 2003），生活滿意感也會提升（林純妃，2007）。不過也有研究發現有長期疾病患者的希望感竟然比未有長期疾病者高，其原因是這些具有高希望感的老人因能接受人類生命的有限性，接受身體會老化的必然現象，所以不會因身體失去健康就沮喪，而失去希望感（Ardlet, 1997; Klein & Bloom, 1997）。

五、幽默感

有句話說：「一笑解千愁。」很多研究證實了這句話的真實性，發現幽默具有像有氧運動的效果，會有助於身體與心理的健康（Adamle, Chiang-Hanisko, Ludwick, Zeller, & Brown, 2007）。身體健康的改善方面，幽默與開懷大笑，會增強免疫系統及加強心臟的功能（DuPre, 1998）；心理健康方面，常常開懷大笑與善用幽默會有助於壓力感的減除（DuPre, 1998; Westburg, 2003）。更重要的是，開懷大笑與善用幽默有助於希望感的提升（Vilaythong, Amau, Rosen, & Mascaro, 2003; Westburg, 2003），對於漸漸在失去健康與獨立行動能力的老人，幽默的效益尤大（Westburg, 2003）。

六、人際關係

人際關係的好壞對老年人希望感的高低深具影響力，老年人與配偶或照顧者的關係（林純妃，2007；Resnick, 1996; Westburg, 2001），與子女與友伴間的關係較好者（林純妃，2007；楊雅筠，2003），感到較幸福，對人生較富有希望感。有一項研究比較住在鄉下大家庭與都市裡獨居的老人，發現住鄉下大家庭的老人因與家人關係較緊密，所以他們對生活有較高的滿意度（Schilling & Wahl, 2002），對人生也較充滿希望感。

七、對自己過去與目前情況的接受程度

Erikson（1963）認為老年人階段是人生的整合期，老人希望感的高低決定在老年人對過去生活的接受程度，能欣然的接受自己的過去者，對自己目前的生活會較滿意，幸福感較高。反之，不能接受自己的過去，怨聲載道者，希望感會較低。當老人能接受自己的過去，就較能接受自己的現在及前面的道路。

八、休閒活動與運動的參與

身體的老化，可分為初級的老化（primary aging）與次級的老化（secondary aging）。初級的老化是指身體功能自然的退化，這是無法避免的現象；次級的老化則因不善於照顧身體，而對身體造成的傷害，這是可預防的（Papalia, Olds, & Feldman, 2004）。除了定期的身體檢查外，固定的運動是避免次級老化的重要管道。很多研究證實老人的參與休閒活動有助於生活滿意度的提升（林佳蓉，2001；林純妃，2007）、幸福感的增加（邱翔蘭，2004）及自我認同感的提高（高菁如，2006）。李易儒（2007）的研究發現，老年人的運動頻率有助於幸福感的提升，並建議應多鼓勵老年人參與規律的運動，藉由運動參與，可提高其幸福感。另外，研究發現提供探索性的教育活動讓老年人參與，有助於老年人幸福感的增加，並提升其自我接納、個人成長、環境控制以及創造力（歐陽萱，2009）。

第二節　厚植老年人希望感的諮商策略

希望理論強調要增進老年人的希望感，很重要的是要幫助他們設定確切的目標，達到目標的具體步驟，及願意遵循路徑達到目標的動力。

壹、幫助老年案主訂定目標

Rapkin 與 Fischer（1992）指出老年人設定的目標通常有四個種類：成就（achievement）、維持（maintenance）、疏離（disengagement）與取代（compensation）。以下我們將分別探討如下：

一、成就目標

王先生一生從事過很多事業，到 70 歲時仍雄心萬丈，決定進入針灸學院就讀。花了三年的時間，拿到學位與執照。他所設定的是成就目標，以人生七十才開始自勉，要在人生做新的衝刺。有些人所設定的成就目標是將自己的人生做個整合，例如出一本回憶錄；或將本來一直有興趣在做的事再重新出發，例如一對喜歡騎腳踏車的夫婦，以腳踏車的方式環遊美國等。是不讓人生留下空白，要讓自己的老年階段再創另一個人生高潮的做法。

二、維持目標

很多人會告訴我們要趁年輕時培養一些嗜好，等老了之後生活才不會太無聊。說這話的人，在老的時候大概會傾向設定維持目標，即是計畫繼續做本來在做的事、消遣活動、維持原有的運動習慣以保持健康、與老朋友經常有聯絡或參與宗教活動。

三、疏離目標

決定從職場退休或將事業轉交給子女經營，大概是很多人進入老年階

段後第一個設立的疏離目標；漸漸的，當體力漸衰後，有些老人會決定搬離家住到老人公寓或養老院、放棄駕照、不再駕駛等，也是疏離目標的一種。不過，對許多獨立習慣的老年人來說，設立疏離目標會是相當痛苦的決定，因為那可能意味著他們不再能獨立自主，而必須要過著寄人籬下的生活。

四、取代目標

當老人們設定的是成就或維持目標後，萬一因身體或其他因素無法達到原所設定的目標，就必須設定取代的目標，如每天想看 30 分鐘的書，因視力減退看書相當吃力，就減到十分鐘，或以聽有聲書的方式來取代。例如有人可能希望能一輩子工作，但由於身體情況無法負擔工作上的要求，只好在六十幾歲時申請退休。不管什麼年紀的人若遇到目標受到阻擾的情況下都會有挫折感，為了減少老年人經驗挫折的機會，增進其對人生的希望感，就是要幫助老年案主按實際情況設定取代性的目標，而不要執著於原所設定的目標是相當重要的（Cheavens & Gum, 2000）。而且學者（Lam & Power, 1991）也鼓勵老年案主應把人生的目標訂在多方向的發展，因為研究發現若只執著於一個方向發展者會比多方向者有憂鬱的傾向。特別是當要幫助老年案主設立疏離目標時，也須同時鼓勵他們能設定一個能符合自己需要的取代性目標，或以取代性的行為達到原來的目標，如此可以幫助他們保持對生命的希望感（Cheavens & Gum, 2000）。

目標的設定也可區分出是以未來為主或過去為主的。Cheavens 與 Gum（2000）建議有些老人會有興趣於發展新的目標，例如想學電腦，這也是相當值得鼓勵的。因為若學會這項新技巧會有助於他們拓展更寬的視野，及更多新的目標。不過，目標設定也可以是以過去為主的。有兩個目標可以訂定，一是生活的回顧（life review），可以讓老年人再重新回顧過去，將未解決及與別人有衝突的情形加以處理。另一是生命的里程碑（mile-stoning），則是讓老人去回憶與整理在其人生過程中快樂的時刻及達到理想目標的光榮紀錄。Cheavens 與 Gum（2000）強調，這兩個方法對老人們希望感的增長都很有幫助。

目標的設定可以著重在內在性目標（intrinsic goal）或外在性的目標（extrinsic goal），但對於老年人來說，內在性的目標應較適合。Van Hiel 與 Vansteenkiste（2009）指出內在性目標，主要是著重在內在的成長，也有助於他們滿足自發性（autonomy）（如經驗到對自己行為舉止的自主權）、能力感（competence）（如經驗到自己採取行動的效率）及與他人的關聯（relatedness）（如經驗到與他人間有深度的連結關係）。內在性目標例如對社區的貢獻、個人的發展、建立有意義的人際關係等（Vansteenkiste, Soenens, & Duriez, 2008），老年人離開職場的空虛角色剛好可藉著社區的參與來滿足其與他人互動的需求（Hsieh, 2005）；反之，外在目標強調的是外表、財富、社會認可等外在的酬賞。研究上發現內在心理需要的滿足這方面目標的達成，可以幫助老人較能接受每人都會面對死亡的事實，因而減少對死亡的焦慮感，較能感受到幸福感，較能以感恩的心情來統整自己的人生經驗。但外在需求的滿足，並沒有上述的助益（Van Hiel & Vansteenkiste, 2009）。

貳、幫助老年案主設定路徑

一、以其目前的能力做得到的特長為主

很多時候老年案主所以感到人生沒有希望，是因為他們常常與自己的過去相比，一直在乎著自己失去的過去，在感嘆時不我與中日漸憂鬱，其實老年人有很多經驗與見識可能是其他年紀的人所沒有的。所以 Cheavens 與 Gum（2000）建議在幫助老年案主設立達到目標的路徑時，應以他們目前的能力做得到的特長為主要的考量（strength-based approach），即是要幫助他們發掘自己的長處及擁有的特長，以此來達到他們期望的目標。例如某位太太一向外向活潑，到美國探訪子女時，因路不熟且擔心自己語言不通，一直不敢獨自出門，即使到附近的公園散步也望之卻步，所以住了一陣子後，覺得好像被關在監牢裡面越來越感到憂鬱。諮商師幫助她時了解到她的需要，便幫助她設定能夠獨自到公園走走為目標，並依此訂定要

達到此目標的路徑。討論時諮商師了解到她有很好的記憶力及方向感，所以就與她以社區地圖找出從住家到公園的路線，記住每條路線的第一個英文字母，並將路線分出三段，讓她循序漸進的練習。首先只走完第一段的路線，等熟悉後再走第二段，然後第三段。經此分段練習後，這位太太就能獨立的到公園散步，不再有被關在監獄的憂鬱感。

二、以過去的經驗為參考的根據

當老年人在設定路徑時，也許會因年老力衰的力不從心感而忘記了他們曾有過的豐富經驗。所以 Cheavens 與 Gum（2000）建議當老人在針對所定的目標設定路徑時，可先讓他們回憶過去生活中是否遇到過類似的情況，當時他們是如何做來達到目標。透過這樣做可增加老人發展路徑時的信心，且其發展出來的路徑也會較符合其本身原有的經驗。

三、善用問題解決的技巧

此外，當老年案主針對想達到的目標定出一些不同的路徑時，Cheavens 與 Gum（2000）建議應幫助他們評價（appraisal）自己的能力與情境來選擇最適合他們的路徑，亦即使用問題解決技巧。如同前述，多數的老年人因較年輕人有豐富的生活經驗，所以有較好的問題解決能力，也具有較佳的壓力因應技巧（Jackson, Taylor, Palmatier, Elliott, & Elliott, 1998），不過每個老人知道如何處理的問題情境可能皆需視其過去的經驗。所以當老人對所訂的目標設定路徑時，可先讓老人回憶他們過去生活中解決過類似問題的情況，評價其先前解決時的能力與方法對目前狀況的適用性，及必要做的修改；反之，若是失敗的經驗，可評價先前解決時所缺乏的能力現在是否已有，或要如何改變才能適用於現在的狀況。

四、先做最壞的打算

最後，幫助老人設定路徑時，也要幫助他們預先想好如果這個路徑受到了阻擾，有什麼其他可以取代的路徑可以使用，以達到原先預期的目標。能預先想好各個可能的阻擾狀況以及可取代的路徑，會讓老人們即使遇到

了阻擾，也不會對目標的達成失去希望，並會較有活力來面對生活。

參、增進老年案主完成路徑的能量

一、保持健康的生活習慣

俗語說：「健康才是最大的財富」，對老年人來說，快樂與對人生抱持希望感是他們最大的財富，而健康的身體是他們能夠擁有這些財富的要件，也是幫助老年人擁有能順著路徑達成目標的重要能量來源（Cheavens & Gum, 2000; McDermott & Snyder, 1999）。所以學者（Snyder & Irving et al., 1991）建議老年人要有健康的飲食、睡眠與運動習慣，才能有充分的體力與能量，來跟隨所訂的路徑去實行，以達到想追求的目標。

二、給予充分的社會支持

Wrobleski 與 Snyder（2005）指出老年人與年輕人不一樣的是，他們在生活中不會注重太多層面的生活，主要的人際互動對象是家人和朋友。所以在追求目標的過程中，家人與朋友所給予的社會支持力量是相當重要的（Snyder, Cheavens, & Sympson, 1997）。即使老年人住進養老院，家人經常的探訪也會有助於幸福感的提升（Gaugler, Anderson, Zarit, & Pearlin, 2004）。此外，能量是會互相傳染的，如果老年人在追求某個目標時知道他人（特別是生活中的重要他人）很支持他們的想法時，他們追求的動力就會更強（Cheavens & Gum, 2000）。

三、設定較多的路徑

設定較多可選擇的路徑，可幫助老年人增進其願意多加嘗試的動力，而此動力會有助於增強老年人尋求目標達成的動機（Snyder, Shorey, Cheavens, Pulvers, Adams, & Wiklund, 2002）。

四、從小步踏起

萬事起頭難，但若能從小處著手，一小步一小步的慢慢踏出，讓自己有機會獲得成功的經驗，就會有助於追求目標動力的提升（McDermott & Snyder, 1999）。

五、相信自己的魅力仍不減當年

每個老年人在人生歲月中，過五關斬六將的在追求目標達成上一定都累積了很多豐富的經驗，而這股自信心就會影響他們達到目標的動力（Cheavens & Gum, 2000）。不過隨著年歲的漸長，尤其是身體健康不佳，很容易讓老年人忘記他們曾有過的輝煌過去，所以可以讓他們訴說人生的故事，特別是回憶輝煌的生活經驗會有助於他們找回失去的信心。Wills（1991）建議讓老年人以健康及有活力的形象來看待自己，其心理能量會較強，反之若一味的可憐與同情自己，其意志力就會消沉。

六、目標的本質

誠如第四章曾提及目標的選擇是個人的價值觀、興趣程度及希望感的程度三因素互動的結果（Snyder, Feldman, Shorey, & Rand, 2002）。對老年人來說，因生理的限制，必須要有足夠的動機才能引發他們追求目標的能量，所以目標的選擇最好是符合其興趣與價值觀，而且所訂的目標必須越具體越好。做決定時，除非必要，否則最好不要幫他們做決定（Cheavens & Gum, 2000）。

七、幽默感

如前所述的，幽默有助於身體與心理的健康（Adamle et al., 2007）與希望感的提升（Vilaythong et al., 2003; Westburg, 2003）。在一項針對復健老年人的研究中，發現要幫助老年人能按著計畫去持續復健的過程，幽默是很重要的動機能量來源（Resnick, 1996）。Solomon（1996）也指出幽默感有助於老年人生活品質的提升。

第三節　應用希望理論在老年階段的團體諮商範例

　　一般我們描述希望，強調的是追求達到目標的動機與成果（Snyder, 2000），不過 Koenig 與 Spano（2006）指出上述的定義可能不完全適用於老人。首先，如果要以追求成就、成功與掌控力的方向來界定希望，對經驗到失去配偶或朋友、從家裡搬至老人院或健康狀況走下坡的老人可能會有困難（Herth, & Cutliffe, 2002; Nekolaichuk, & Bruera, 1998）。所以不是應鼓勵老年人去追求掌控或成功的解決這些困難的情境，相反的，應注重在幫助他們將希望感定睛於學習較多的克服技巧（如學習如何增強社交的支持網絡）來增強人際關係，以及經由宗教信仰的力量來改善自己適應困難的能力（Koenig & Spano, 2006）。其次，避免要求老年人設立長期性的目標，盡量幫助他們設立與其生活環境有關的短期目標（Cheavens & Gum, 2000; Gray, 2003）。據此，Koenig 與 Spano（2006）將希望定義為多元的層面，包括行為、情感、時間取向、認知與精神層面的情況（Dufault & Martocchio, 1985; Herth, 1992; Nekolaichuk, Jevne, & Maguire, 1999）。(1)行為方面：可幫助老年人將希望放在增進克服與面對生活挑戰的技巧（Cheavens & Gum, 2000）；(2)精神方面：幫助老年人將希望放在增強精神力量，因為健康的精神是很重要的內在助力，會有助於他們克服目前所遇到的各種困難（Duggleby, 2000; Herth & Cutliffe, 2002）；(3)認知方面：幫助老人了解什麼樣的短期目標是符合自己的能力與動機（Snyder, 2002）；(4)環境方面：幫助老人將希望放在增加環境方面的資源，例如財務資源及家人與朋友的支持（Snyder et al., 1997; Westburg, 2001）；(5)時間方面：幫助老人將目標放在與目前生活有關的短期目標的設定與達成（Herth, 1993; McGill & Paul, 1993; Smith & Freund, 2002）；(6)情感方面：幫助老人將目標放在增加面對未來的自信並學習使用幽默來增進自己的希望感（Fehring, Miller, & Shaw, 1997; Westburg, 2003）。下面我們將根據這個定義設計 12 次的團體諮商活動來幫助老年案主增長其希望感。

第一次會談：群英會

目標：幫助成員彼此認識。

活動過程：

1. 自我介紹：成員每個人介紹自己的名字，自己名字代表的意義，並舉幾個在人生過程中與自己名字有關的故事。

2. 諮商師將題目（題目如下所示，諮商師可視成員的性質將題目做必要的修正）放在盒子裡，開始播放音樂並將盒子傳下去，當音樂停止時拿到盒子的成員必須抽取一張題目來回答。

   (1) 我最喜歡去的一個地方

   (2) 我最難忘的一個旅行

   (3) 我最喜歡吃的一樣食物

   (4) 讓我感到最糗的一件事

   (5) 讓我感到最驕傲的那一刻

   (6) 我做得最瘋狂的一件事

   (7) 我曾做過最好笑的一件事

   (8) 我最好奇的一件事

   (9) 如果有機會我要……

   (10) 如果人生可以重來，我希望……

   (11) 最讓我感動的一件事

3. 成員給予彼此回饋，並分享感受。

4. 家庭作業：想一個自己的人生中曾有過的執著與努力（如果可能，請帶一個與該事件有關的東西來分享）。

第二次會談：生命中曾激起的火花

目標：幫助成員從回想過去的經驗中激發出心理的能量。

活動過程：

1. 讓成員展示他們帶來的東西，分享生命中曾有的火花。

   (1) 描述該事件發生的原委。

   (2) 做該事情時想要達到的目標是什麼？

(3) 當時自己是透過什麼樣的管道來達到該目標？

(4) 在追求該目標的過程中是否遇到阻礙？是如何克服該阻礙的？

(5) 做該事情時主要的動力是從何而來？

(6) 從該經驗中你學到了什麼？

2. 請成員思考要如何承先啟後？

(1) 現在分享該事情時，你有何感受？

(2) 你現在想做的哪些事是與該事件有關的？

(3) 先前從事該事的動力是否可以應用到你現在的生活？

(4) 在應用上是否會有困難？

(5) 目前所遇到的困難與以前遇到的困難是否一樣？

(6) 以前處理該困難的方法是否適用於現在？

(7) 如果不行，可否有取代的方法可以採用？

3. 成員彼此給予回饋並分享感受。

4. 家庭作業：請成員想想自己目前生活中的最愛（如果可能，請帶一個與該事件有關的東西來分享）。

第三次會談：我的最愛

目標：幫助成員從分享現在的經驗中激發出心理的能量。

活動過程：

1. 讓成員以帶來的東西展示目前生活中的最愛。

2. 讓成員分享目前生活中的最愛。

(1) 描述該事件發生的原委。

(2) 做該事情時想要達到的目標是什麼？

(3) 需要透過什麼樣的管道來達到目標？及目前達到的狀況。

(4) 在追求目標的過程中是否遇到阻礙？是如何克服該阻礙的？

(5) 做該事情時主要的動力是從何而來？

(6) 從該經驗中你學到了什麼？

3. 鼓勵成員教導其他成員自己的最愛（如教其他成員自己最愛的一首歌、一支舞蹈或介紹一本書等）。

4. 成員彼此給予回饋並分享感受。

5. 家庭作業：請成員留意一下他們最近的生活中感到最快樂的時刻。

第四次會談：我心中的天堂

目標：幫助成員從分享快樂的經驗中激發出心理的能量。

活動過程：

1. 請成員閉上眼睛，諮商師輕輕放背景音樂，讓成員回想他們最近生活中最快樂的時刻，請他們想得越仔細越好。

2. 請成員分享他們心中的天堂。

   (1) 描述該事件發生的原委。

   (2) 這快樂的情境多常發生？

   (3) 誰是讓自己感到快樂的來源？

   (4) 描述快樂的心情對自己的影響？

   (5) 自己如何做以常保持如此快樂的心情？

3. 用快樂來和緩憂愁。

   (1) 請成員閉上眼睛，諮商師輕輕放背景音樂，讓成員享受自己剛所分享的快樂感覺。

   (2) 要他們想一件最近生活中遇到的困擾，請他們想得越仔細越好，注意心裡的感受。

   (3) 讓成員再把先前快樂的感覺抓回來，觀察此刻憂愁感是否和緩了一些。

   (4) 成員彼此給予回饋並分享感受。

4. 家庭作業：

   (1) 請成員繼續留意生活中讓他們感到最快樂的時刻。

   (2) 請成員思考有什麼是你一直很想去試試看的（越具體越好）。

第五次會談：我想要有更好的明天

目標：鼓勵成員願意面對新的挑戰。

活動過程：

1. 請成員閉上眼睛，諮商師輕輕放背景音樂，讓成員回想他們最近生

活中最快樂的時刻，然後分享：

(1) 讓自己快樂事件發生的原委。

(2) 誰是讓自己感到快樂的來源？

(3) 描述此快樂的心情對自己的影響？

2. 鼓勵成員想想如果有機會給自己一個新的挑戰，想做一個新的嘗試，那會是什麼？

(1) 鼓勵成員以「我想要嘗試……」的方式大聲說出來，並要成員們以鼓掌的方式給予鼓勵（提醒成員有願意說出來的勇氣，就值得讚賞），諮商師並且逐一的把成員想要做的嘗試寫下來。

(2) 諮商師鼓勵每個成員分享：

①何時開始有這個夢想？

②有這個想法是受到誰的影響？

③做這個新的嘗試對自己會有什麼影響？

④希望做這個嘗試的動機有多強？

⑤想到要做這個新的嘗試時，心裡有什麼感覺？

3. 家庭作業：

(1) 請成員從過去的經驗中回憶出一些自己嘗試新經驗有關的故事，特別是如何從克服困難中再站起來的經驗。

(2) 請成員開始蒐集有關其新的嘗試所需要的資源。

第六次會談：我的明天應能更好

目標：繼續鼓勵成員能勇敢面對新的挑戰。

活動過程：

1. 成員分享要面對新挑戰時所擁有的資源。

(1) 請成員講述自己過去嘗試新經驗有關的故事，特別是如何從克服困難中再站起來的經驗，以及該經歷對自己的影響。

(2) 請成員分享所蒐集到在想要做新的嘗試時可以用到的資源。

(3) 成員分享有了上述兩項資源，此刻對自己將要面對的新嘗試的心情。

2. 如何面對新的挑戰。

(1) 提醒成員最好的目標選擇是符合自己的興趣與價值觀，依此，諮商師要成員審視所面對新的挑戰是否符合自己的興趣與價值觀，是否會讓自己的明天更好（如果成員還不確定，則要幫助他們再加以澄清與確定）。

(2) 幫助成員以表 6-1 所列的各項進行討論。鼓勵成員在訂定具體的步驟時，以一個星期能完成的情況來設定。

表 6-1　追求目標達成的計畫表

目標	具體的步驟	具體的行動	每週練習的時間與次數	預計完成的時間

(3) 當表 6-1 確定後，鼓勵成員把表上所列各項以下面的方式講出來。「我要追求××目標，我要採取的步驟是××，我要採取第一步驟是××，我每週要以××時間××次數去練習，預定在××完成此步驟。」用此方式來增強成員的信心，相信自己擁有能量來達到所想達到的目標。

(4) 請成員彼此給予回饋。

3. 家庭作業：鼓勵成員開始思考嘗試新計畫所需要的能力，及有哪些是自己已具有的。

第七次會談：我相信我的明天會更好

目標：幫助成員能針對目標的追求付諸行動。

活動過程：

1. 將夢想落實。

(1) 諮商師幫助每個成員將夢想改換成具體的目標，然後發給成員表4-4 幫助成員審視自己追求此目標所具備的能力。

(2) 當表 4-4 確定後，鼓勵成員把表 4-4 以下面的方式講出來。「我要嘗試去做××，我相信我擁有××能力來做這項新的嘗試。」用此方式來增強成員的信心，相信自己「擁有」能力來達到所想達到的目標。

(3) 請成員彼此給予回饋。

2. 鼓勵成員開始按計畫進行第一步驟，並記錄計畫進行的狀況。

第八次會談：追求希望的起步

目標：幫助成員能繼續針對目標付諸行動。

活動過程：

1. 諮商師頒發證書給已完成第一步驟的成員以示獎勵，並請他們分享進行的狀況：

(1) 在進行中，讓自己感到最驚訝的情況是什麼？

(2) 在進行中，讓自己感到最驚喜的情況是什麼？

(3) 在進行中，讓自己感到最困難的情況是什麼？

(4) 讓自己感到困難的是什麼？用什麼方法去克服它？

(5) 對完成第一步驟的滿意程度是如何？

(6) 完成第一步驟對信心增長的幫助是如何？這對自己下一步驟的進行有什麼樣的幫助？

2. 諮商師請無法按預期完成的成員分享：

(1) 自己遇到的困難是什麼？曾做過什麼樣的嘗試？

(2) 諮商師鼓勵成員們一起討論克服的方法，並以角色扮演進行練習。

(3) 諮商師鼓勵成員們所做的嘗試，要他們珍惜在過程中所獲得的學習，並鼓勵成員們分享在這過程中所獲得的任何成長。

3. 成員按自己的成長情況，審視在表 6-1 所設定的步驟，並做必要的修改。

4. 成員確定並承諾自己下一個步驟所要做的努力。

5. 家庭作業：鼓勵成員開始按計畫進行下一步驟，並記錄計畫進行的狀況。

第九次會談：邁步追求希望

目標：幫助成員能繼續針對目標付諸行動。

活動過程：

1. 諮商師頒發證書給已完成第二步驟的成員以示獎勵。並請他們分享進行的狀況：

　(1) 在進行中，讓自己感到最驚訝的情況是什麼？

　(2) 在進行中，讓自己感到最驚喜的情況是什麼？

　(3) 在進行中，讓自己感到最困難的情況是什麼？

　(4) 讓自己感到困難的是什麼？用什麼方法去克服它？

　(5) 對完成第一步驟的滿意程度是如何？

　(6) 完成第一步驟對信心增長的幫助是如何？這對自己下一步驟的進行有什麼樣的幫助？

2. 諮商師勉勵無法按預期完成的成員，並請他們分享：

　(1) 自己遇到的困難是什麼？曾做過什麼樣的嘗試？

　(2) 諮商師鼓勵成員一起幫助該成員討論克服的方法，並以角色扮演進行練習。

　(3) 諮商師鼓勵成員所做的嘗試，並要他們珍惜在過程中所獲得的任何學習，所以鼓勵成員分享在這過程中自己所獲得的任何成長。

3. 成員按自己的成長情況，審視表 6-1 所設定的步驟，並做必要的修改。

4. 成員確定並承諾自己所要進行下一個步驟的努力。

5. 家庭作業：鼓勵成員開始按計畫進行下一步驟，並記錄計畫進行的狀況。

第十次會談：再次追求希望的茁壯

目標：幫助成員能繼續針對目標付諸行動。

活動過程：

1. 諮商師頒發證書給已完成第三步驟的成員以示獎勵。並請他們分享進行的狀況：

(1) 這個步驟的完成讓我受到最大的鼓舞是什麼？

(2) 步驟進行中讓自己感到最困難的情況及採用克服的方法為何？

(3) 在克服困難中我運用到哪方面最多的能力？

(4) 我對自己這個步驟的完成結果的滿意程度。

(5) 這一步驟完成的結果對我信心增長的情況。

(6) 這對我追求下一步驟的幫助是什麼？

2. 諮商師勉勵無法按預期完成的成員，並請他們分享：

(1) 自己遇到的困難是什麼？曾做過什麼樣的嘗試？

(2) 諮商師鼓勵成員們一起討論克服的方法，並以角色扮演進行練習。

(3) 諮商師鼓勵成員們所做的嘗試，要他們珍惜在過程中所獲得的學習，並鼓勵成員們分享在這過程中所獲得的任何成長。

3. 成員按自己的成長情況，審視表 6-1 所設定的步驟，並做必要的修改。

4. 成員確定並承諾自己所要進行的下一個步驟的努力。

5. 家庭作業：鼓勵成員開始按計畫進行下一步驟，並記錄計畫進行的狀況。

第十一次會談：進入追求希望的高峰

目標：幫助成員能繼續針對目標付諸行動。

活動過程：

1. 諮商師頒發證書給已完成第四步驟的成員，表揚他們的努力。並請他們分享進行的狀況：

(1) 我從四個步驟的完成中得到最大的鼓舞是什麼？

(2) 這個過程中，我感到最困擾的情況是什麼？我採用最有效的克服

　　方法是什麼？

　　(3) 在這段過程中，我運用最多的是哪方面的能力？

　　(4) 我對自己這段過程的滿意程度是如何？

　　(5) 走過這段過程對我信心與希望感增長的影響是如何？

2. 諮商師勉勵無法按預期完成的成員：

　　(1) 請成員分享遇到的困難，及其曾做過的嘗試。

　　(2) 諮商師鼓勵成員們一起討論克服的方法，並以角色扮演進行練習。

　　(3) 諮商師鼓勵成員所做的嘗試，並鼓勵成員分享在這過程中所獲得的成長，及能力的增長情況。

3. 家庭作業：成員按自己的成長情況，為自己在表 6-1 所設定的步驟與完成的狀況，寫出一段英雄奮鬥史與大家分享。

第十二次會談：我的英雄奮鬥史──回饋與分享

目標：幫助成員肯定自己的努力與成長。

活動過程：

1. 請成員閉上眼睛，諮商師輕輕放背景音樂，讓成員回想他們在這 12 次活動中成長的點滴。

2. 成員的英雄奮鬥史。

　　(1) 成員訴說他們這 12 次活動的心得分享與成長的故事。

　　(2) 成員們給彼此回饋與打氣。

　　(3) 諮商師設立不同的獎項（如最佳勇氣獎、最佳努力獎、最佳力氣獎、最佳耐力獎、最佳信心獎、最佳恆心獎等），讓成員以不記名方式投票。

3. 頒獎典禮，得獎成員做心得分享。

4. 諮商師給予鼓勵，並道珍重再見。

本章摘要

人口的統計資料顯示，台灣的老年人口急速增加，預估於民國 109 年老年人口將達 350 萬人，此趨勢顯示台灣為一個已進入老年化的國家，但老年人可能由於受到健康問題的困擾、面臨失失去朋友或配偶及經濟與社會資源的減少等，較易失去生活的希望感，而影響其心理健康。

老年人處在一個「無角色」的階段，可能是一生中最輕鬆、自由，且沒有角色負擔的階段。老年人常會被當做是「智者」的表徵，但並非每個老人都能將這個角色扮演好，關鍵就在於他們是否能將自己人生的經驗加以統整，若能接受自己一生的經驗，從中體會出其中的精髓，對生命抱持豁達的態度，表示他們有發展出自我統整的人生；否則就較會對人生抱持著絕望的看法。

當然不可否認的，老年階段由於生理功能逐漸退化，身體各方面的反應無法像年輕時那麼敏捷，做起事來沒有像原先那樣得心應手，加上從職場退休後失去專業的舞台，這些社會角色功能的轉變，難免讓他們感到失落及不安全感，而經驗到終點性（感覺到接近生命歷程的倒數階段）、不確定性（不知自已還有多少時日）與多變性（生理、心理、人際關係的變化）。這些失落感，常會讓老人感到失去掌控力而陷入絕望的憂鬱中，但若能抱持著高希望感，心態就會較積極樂觀，其生理與心理的健康情況也會較佳。研究發現希望感可增進老年人面對與克服生活中不幸事件的能力、有助於老年人身體健康的改善與維繫、心理健康的增進，以及增進完成計畫的信心，所以要改善老年人的生活品質，提升其希望感則是先決的要件。

其實老年人希望程度的高低是受到他們對自己年紀的認定、自覺對生活的掌控力、宗教信仰、對自己身體與心理健康滿意的狀況、幽默感、人際關係、對過去與目前情況的接受程度、休閒活動與運動參與等因素的影響，所以要厚植老年人的希望感很重要的是要幫助他們針對上述的項目設定想要達成的確切目標、達到目標的具體步驟，及增強願意遵循路徑達到目標的動力。老年人設定的目標通常有四個種類：成就（如創造人生另一

個高潮）、維持（如保持原先的嗜好）、疏離（如退休）與取代，其中幫助老年案主按實際情況設定取代性的目標，而不要執著於原所設定的目標尤其重要。目標的內容可區分為是以未來為主（著重於發展新的目標）或過去為主的（著重於生活的回顧），兩者對老人們希望感的增長都很有幫助。不過不管何者，皆應著重在有助於內在成長的目標，因那會有助於他們滿足自發性（如對自己行為舉止的自主權）、能力感（如自己採取行動的效率）及與他人的關聯（如與他人間有深度的連結關係）。心理需要獲得滿足的老年人，較能接受與面對死亡的事實，感受到幸福感，並較能以感恩的心情來統整自己的人生經驗。

　　幫助老年人設定路徑方面，應鼓勵他們了解自己目前做得到的能力、記取過去的經驗、善用問題解決技巧來選擇最適合自己的方法、先做最壞的打算並預先想好其他可以取代的路徑，如此可以讓老人們即使遇到阻擾，也不會對目標的達成失去希望感。在增進老年案主完成路徑的能量方面，應鼓勵他們保持健康的生活習慣、充分運用社會資源、設定較多的路徑以增進其願意嘗試的動力、從小步踏起、相信自己的魅力仍不減當年、選擇符合自己的興趣與價值觀的目標，並善用幽默感等，來提升老年人的希望感，而增進生活的品質。

　　學者並建議在應用希望理論於老年人的諮商時，應著重在增進他們克服與面對生活挑戰的技巧、透過精神力量的增強來幫助他們克服目前所遇到各種困難的動力、了解什麼樣的短期目標是符合自己的能力與動機、蒐集有用的資源、定睛在與目前生活有關的短期目標設定與達成，及增加面對未來的自信心並學習使用幽默來增進自己的希望感。根據此，我們設計12 次的團體諮商活動來幫助老年案主增長其希望感。

 《動腦篇》

1. 到底多老才算老？請就你認識的老年人為例（必要時請進行訪談），探討影響該人認為自己「到底老不老」的因素。

2. 請以題 1 的對象為例，分析其對人生希望感的高低，及其影響因素

（必要時請進行訪談）。從這對於你進行老人諮商工作上，有何新的啟示。

3. 一般來說，希望理論強調的是以追求未來的目標為主，你認為這對於老人諮商的應用是否有所限制？如果答案是肯定的，那你要如何調整你的諮商策略，好讓它能適用於幫助老年階段的案主。

參考文獻

中文書目

戒瑾如（2005）。老年精神衛生護理。載於蕭淑貞（總校閱），**精神科護理概念**（第六版）（頁 581-593）。台北：華杏。

李易儒（2007）。**銀髮族運動參與、利益知覺與幸福感關係之研究**。中國文化大學觀光事業研究所碩士論文，未出版，台北市。

林佳蓉（2001）。**老人生活滿意模式之研究**。國立體育學院體育研究所碩士論文，未出版，台中市。

林純妃（2007）。**鄉村地區老年人休閒參與對其生活滿意度影響之探討**。大葉大學休閒事業管理研究所碩士論文，未出版，彰化縣。

高菁如（2006）。**退休老人休閒活動與自我認同關係之研究——以桃園縣為例**。元智大學資訊社會學研究所碩士論文，未出版，桃園縣。

楊雅筠（2003）。**老年人友誼支持與幸福感之研究——以台北市老人服務中心為例**。中國文化大學生活應用科學研究所碩士論文，未出版，台北市。

邱翔蘭（2004）。**高雄市退休老人休閒活動參與與其幸福感之研究**。大葉大學休閒事業管理研究所碩士論文，未出版，彰化縣。

歐陽萱（2009）。**探索教育活動對高齡者主觀幸福感影響之行動研究**。中國文化大學心理輔導研究所碩士論文，未出版，台北市。

謝明瑞（2003）。**台灣人口老化的省思**。2010 年 2 月 26 日，取自 http://old.npf.org.tw/PUBLICATION/FM/092/FM-C-092-103.htm

簡玉坤（2004）。老年人的心理壓力與因應之道：生物—心理—社會整合模式。**護理雜誌，51**（3），11-14。

藍育慧、莊照明、林昭卿、趙淑員（2008）。社區老人生活舒適感、希望感、與死亡態度及相關之探討。**社區發展季刊，121**，303-319。

英文書目

Abu-Bader, S. H., Roger, A., & Barusch, A. S. (2002). Predictors of life satisfaction in frail elderly. *Journal of Gerontological Social Work, 38*, 3-17.

Adamle, K., Chiang-Hanisko, L., Ludwick, R., Zeller, R., & Brown, R. (2007). Comparing teaching practices about humor among nursing faculty: An intemationai study. *International Journal of Nursing Educational Scholarship, 4*(1), 2-18.

Adams, K. B. (2004). Changing investment in activities and interests in elders lives: Theory and measurement. *Aging and Human Development, 58*(2), 87-108.

Ardelt, M. (1997). Wisdom and life satisfaction in old age. *Journal of Gerontology, 52B*, 15-27.

Atchley, R. (1994). *Social forces and aging* (7th ed.). Belmont, CA: Wadsworth.

Austin, E. N., Johnston, Y., & Morgan, L. L. (2006). Community gardening in a senior center: A therapeutic intervention to improve the health of older adults. *Therapeutic Recreation Journal, 40*(1), 48-56.

Averill, J., Catlin, G., & Chon, K. K. (1990). *Rules of hope*. New York: Springer-Verlag.

Barak, B., & Gould, S. (1985). Alternative age measures: A research agenda. In E. C. Hirshman, & M. B. Holbrook (Eds.), *Advances in consumer research* (Vol. 12) (pp. 53-58). Provo, UT: Association for Consumer Research.

Benyamini, Y., Idler, E., Leventhal, H., & Leventhal, E. A. (2000). Positive affect and function as influences on self assessments of health: Expanding our view beyond illness and disability. *Journals of Gerontology: Psychological Sciences, 55B*, 107-116.

Bisconti, T. L., & Bergeman, C. S. (1999). Perceived social control as a mediator of the relationships among social support, psychological well being, and perceived health. *Gerontologist, 39*, 94-103.

Brown, P. H., & Tierney, B. (2009). Religion and subjective well-being among the elderly in China. *The Journal of Socio-Economics, 38*, 310-319.

Chaudhry, H. R. (2008). Psychiatric care in Asia: Spirituality and religious connotations. *International Review of Psychiatry, 20*(5), 477-483.

Cheavens, J., & Gum, A. (2000). Gray power: Hope for the ages. In C. R. Snyder, *Handbook of hope: Theory, measures and applications* (pp. 201-221). San Diego, CA: Academic Press.

Clarke, D. (2003). Faith and hope. *Australasian Psychiatry*, *11*(2), 164-168.

Cox, H., & Hammonds, A. (1988). Religiosity, aging, and life satisfaction. *Journal of Religion and Aging*, *5*(2), 1-21.

Dufault, K., & Martocchio, B. C. (1985). Hope: Its spheres and dimensions, *Nursing Clinics of North America*, *20*, 379-391.

Duggleby, W. (2000). Enduring suffering: A grounded theory analysis of the pain experience of elderly hospice patients with cancer. *Oncology Nursing Forum*, *27*, 825-831.

DuPre, A. (1998). *Humor and the healing arts: A multimethod analysis of humor use in health care*. Hillsdale, NJ: Lawrence Erlbaum Associates.

Dykstra, P. A., van Tilburg, T. G., & de Jong Gierveld, J. (2005). Changes in older adult loneliness: Results from a seven year longitudinal study. *Research on Aging*, *27*(6), 725-747.

Elliott, T. R., Witty, T. E., Herrick, S., & Hoffman, J. T. (1991). Negotiating reality after physical loss: Hope, depression, and disability. *Journal of Personality and Social Psychology*, *61*, 608-613.

Erikson, E. H. (1963). *Childhood and society* (2nd ed.). New York: Norton (Original work published 1950).

Farone, D. W., Fitzpartick, T. R., & Bushfield, S. Y. (2008). Hope, locus of control, and quality of helath. *Social Work in Health Care*, *46*(2), 51-70.

Farran, C. J., Herth, K. A., & Popovich, J. M. (1995). *Hope and hopelessness*. Thousands Oaks, CA: Sage.

Fehring, R. J., Miller, J. F., & Shaw, C. (1997). Spiritual well-being, religiosity, hope, depression, and other mood states in elderly people coping with cancer. *Oncology Nursing Forum*, *24*, 663-671.

Gaugler, J. E., Anderson, K. A., Zarit, S. H., & Pearlin, L. I. (2004). Family involvement in nursing homes: Effects on stress and well-being. *Aging & Mental Health, January*, *8*(1), 65-75.

George, L. K., Mutran, E. J., & Pennybacker, M. R. (1980). The meaning and measurement of age identity. *Experimental Aging Research*, *6*, 283-298.

Gray, L. A. (2003). Hopeful thinking within aspects of successful aging: A study of older adults. *Dissertation Abstracts International*, Volume (Issue), anothernoB. (UMI No. 3100428).

Guy, R. F. (1982). Religion, physical disabilities, and life satisfaction in older age cohorts. *International Journal of Aging and Human Development, 15*, 225-232.

Herth, K. (1990). Fostering hope in terminally-ill patients. *Journal of Advanced Nursing, 15*, 1250-1259.

Herth, K. (1992). Abbreviated instrument to measure hope: Development and psychometric evaluation. *Journal of Advanced Nursing, 17*, 1251-1259.

Herth, K. (1993). Hope in older adults in community and institutional settings. *Issues in Mental Health Nursing, 14*, 139-156.

Herth, K. A., & Cutliffe, J. R. (2002). Concept of hope. The concept of hope in nursing 4: Hope and gerontological nursing. *British Journal of Nursing, 17*, 1148-1156.

Hsieh, C. M. (2005). Age and relative importance of major life domains. *Journal of Aging Studies, 19*, 503-512.

Jackson, W. T., Taylor, R. E., Palmatier, A. D., Elliott, T. R., & Elliott, J. L. (1998). Negotiating the reality of visual impairment: Hope, coping, and functional ability. *Journal of Clinical Psychology in Medical Settings, 5*, 173-185.

Kaufman, G., & Elder, G. H. Jr. (2003). Grandparenting and age identity. *Journal of Aging Studies, 17*, 269-282.

Klein, W. C., & Bloom, M. (1997). *Successful aging: Strategies for healthy living*. New York: Plenum Press.

Koenig, T., & Spano, R. (2006). Professional hope in working with older adults. *Journal of Sociology & Social Welfare, 33*(2), 25-44.

Krause, N. (2003). Religious meaning and subjective well-being in late life. *Journal of Gerontology: Social Sciences, 58*(3), S160-S170.

Kylma, J., Vehvilaninen-Julkunen, K., & Lahderirta J. (2001). Hope, despair and hopelessness in living with HIV/AIDS: A grounded theory study. *Journal of Advanced Nursing, 33*, 764-775.

Lam, D. H., & Power, M. J. (1991). A questionnaire designed to assess roles and goals: A preliminary study. *British Journal of Medical Psychology, 64*, 359-373.

Logan, J. R., Ward, R., & Spitze, G. (1992). As old as you feel: Age identity in middle and later life. *Social Forces, 71*, 451-467.

Marshall, E., & Mackenzie, L. (2007). Adjustment to residential care: The experience of newly admitted residents to hostel accommodation in Australia. *Australian Occupational Therapy Journal, 55*, 123-132.

McDermott, D., & Snyder, C. R. (1999). *Making hope happen: A workbook for turning possibilities into reality*. Oakland, CA: New Harbinger.

McDermott, D., & Snyder, C. R. (2000). *The great big book of hope: Help your children achieve their dream*. Oakland, CA: New Harbinger.

McGill, J., & Paul, P. (1993). Functional status and hope in elderly people with and without cancer. *Oncology Nursing Forum, 20*, 1207-1213.

Mutran, E., & George, L. K. (1982). Alternative methods of measuring role/identity: A research note. *Social Forces, 60*, 866-875.

Mutran, E., & Reitzes, D. C. (1981). Retirement, identity and well-being: Realignment of role relationships. *Journal of Gerontology, 36*, 733-740.

Myers, D. G. (2000). The funds, friends, and faith of happy people. *American Psychologist, 55*(1), 56-67.

Myers, J. E., & Harper, M. C. (2004). Evidence-based effective practices with older adults. *Journal of Counseling and Development, 82*, 207-218.

Nekolaichuk, C. L., & Bruera, E. (1998). On the nature of hope in palliative care. *Journal of Palliative Care, 14*, 36-42.

Nekolaichuk, C. L., Jevne, R. F., & Maguire, T. O. (1999). Structuring the meaning of hope in health and illness. *Social Science and Medicine, 48*, 591-605.

Neugarten, B. L. (1977). Personality and aging. In J. E. Birren & K. W. Schaie (Eds.), *Handbook of the psychology of aging* (pp. 626-649). New York: Van Nostrand Reinhold.

Nowotny, M. (1991). Every tomorrow, a vision of hope. *Journal of Psychosocial Oncology, 9*, 117-126.

Okun, M. A., & Stock, W. A. (1987). Correlates and components of subjective well being among the elderly. *Journal of Applied Gerontology, 6*, 95-112.

Ong, A. D., Edwards, L. M., & Bergeman, C. S. (2006). Hope as a source of resilience in later adulthood. *Personality and Individual Differences, 41*, 1263-1273.

Ostir, G. V., Markides, K. S., Black, S. A., & Goodwin, J. S. (2000). Emotional well-being predicts subsequent functional independence and survival. *Journal of the American Geriatrics Society, 48*, 473-478.

Ostir, G. V., Ottenbacher, K. J., & Markides, K. S. (2004). Onset of frailty in older adults and the protective role of positive affect. *Psychology and Aging, 19*, 402-408.

Papalia, D. E., Olds, S. W., & Feldman, R. D. (2004). *Human development* (9th ed.). St.

Louis: McGraw-Hill Higher Education.

Rapkin, B. D., & Fischer, K. (1992). Framing the construct of life satisfaction in terms of older adult's personal goals. *Psychology and Aging, 7*(1), 138-149.

Resnick, B. (1996). Motivation in geriatric rehabilitation. *Image: Journal of Nursing Scholarship, 28*, 41-45.

Peters, G. R. (1971). Self-conceptions of the aged, age identification, and aging. *Gerontologist, 11*, 69-73.

Rustøen, T., Wahl, A. K., Hanestad, B., Lerdal, A., Miaskowski, C., & Moum, T. (2003). Hope in the general Norwegian population, measured using the Herth Hope Index. *Palliative and Supportive Care, 1*, 309-318.

Schilling, O. (2006). Development of life satisfaction in old age: Another view on the "paradox". *Social Indicators Research, 75*, 241-271.

Schilling, O., & Wahl, H. W. (2002). Family networks and life-satisfaction of older adults in rural and urban regions. *Kolner Zeitschrift Fur Soziologie Und Soziolpsychologie, 54*(2), 304.

Sherman, S. R. (1994). Changes in age identity: Self perceptions in middle and late life. *Journal of Aging Studies, 8*, 397-412.

Sherwin, E. D., Elliott, T. R., Pybarczyk, B. D., Frank, R. G., Hanson, S., & Hoffman, J. (1992). Negotiating the reality of caregiving: Hope, burnout and nursing. *Journal of Social and Clinical Psychology, 11*, 129-139.

Smith, J., & Freund, A. M. (2002). The dynamics of possible selves in old age. *Journal of Gerontology: Psychological Sciences, 57B*, 492-500.

Snyder, C. R. (2000). Hypothesis: There is hope. In C. R. Snyder (Ed.), *Handbook of hope* (pp. 3-21). New York: Academic Press.

Snyder, C. R. (2002). Hope theory: Rainbows in the mind. *Psychological Inquiry, 13*, 249-275.

Snyder, C. R., Cheavens, J., & Sympson, S. C. (1997). Hope: An individual motive for social commerce. *Group Dynamics: Theory, Research and Practice, 1*, 107-118.

Snyder, C. R., Feldman, D. B., Shorey, H. S., & Rand, K. L. (2002). Hopeful choices: A school counselor's guide to hope theory. *Professional School Counseling, 5*(5), 298-307.

Snyder, C. R., Harris, C., Anderson, J. R., Holleran, S. A., Irving, L. M., Sigmon, S. T. et al. (1991). The will and the ways: Development and validation of an individual-differences measure of hope. *Journal of Personality and Social Psychology, 60*, 570-585.

Snyder, C. R., Irving, L. M., & Anderson, J. R. (1991). Hope and health: Measuring the will and the ways. In C. R. Snyder & D. R. Forsyth (Eds.), *The handbook of social and clinical psychology: The health perspective* (pp. 285-307). Elmsford, NY: Perga-mon Press.

Snyder, C. R., Shorey, H., Cheavens, J., Pulvers, K. M., Adams, V. H. III, & Wiklund, C. (2002). Hope and academic success in college. *Journal of Educational Psychology, 94*, 820-826.

Solomon, J. C. (1996). Humor and aging well: A laughing matter or a matter of laughing? *American Behavioral Scientist, 39*, 249-271.

Swinyard, W. R., Kau, A. K., & Phua, H. Y. (2001). Happiness, materialism, and religious experience in the U. S. and Singapore. *Journal of Happiness Studies, 2*, 13-32.

Taylor, S. E. (1983). Adjustment to threatening events: A theory of cognitive adaptation. *American Psychologist, 38*, 1161-1173.

Taylor, S. E., & Brown, J. D. (1994). Positive illusions and well-being revisited: Separating fact from fiction. *Psychological Bulletin, 116*, 21-27.

Tennen, H., & Affleck, G. (1999). Findings benefits in adversity. In C. R. Snyder (Ed.), *Coping: The psychology of what works* (pp. 279-304). New York: Oxford University.

Thompson, S. C., Sobolew-Shubin, A., Galbraith, M. E., Schwankovsky, L., & Cruzen, D. (1993). Maintaining perceptions of control: Finding perceived control in low-control circumstances. *Journal of Personality and Social Psychology, 64*, 293-304.

Thompson, S. C., & Spacapan, S. (1991). Perceived control in vulnerable populations. *Journal of Social Issues, 47*, 1-21.

Van Hiel, A., & Vansteenkiste, M. (2009). Ambitions fulfilled? The effects of intrinsic and extrinsic goal attainment on older adults' ego-integrity and death attitudes. *The International Journal of Aging & Human Development, 68*(1), 27-51.

Vansteenkiste, M., Soenens, B., & Duriez, B. (2008). Presenting a positive alternative to strivings for material success and the thin-ideal: Understanding the effects of extrinsic relative to intrinsic goal pursuits. In S. J. Lopez (Ed.), *Positive psychology: Exploring the best in people. Pursuing human flourishing* (Vol. 4) (pp. 57-86). Westport, CT: Greenwood.

Veroff, J., & Veroff, J. B. (1980). *Social incentive: A life-span development approach*. New

York: Academic Press.

Vilaythong, A. P., Amau, R. C., Rosen, D. H., & Mascaro, N. (2003). Humor and hope: Can humor increase hope? *International Journal of Humor Research*, *76*(1), 78-89.

Ward, R. A. (1977). The impact of subjective age and stigma on older persons. *Journal of Gerontology*, *32*, 227-232.

Westburg, N. G. (2001). Older women: Hope and approaches to life. *Journal of Adult Development and Aging: Theory and Research*, *32*, 131-139.

Westburg, N. G. (2003). Hope, laughter, and humor in residents and staff at an assisted living facility. *Journal of Mental Health Counseling*, *25*, 16-32.

Wills, T. A. (1991). Social comparison processes in coping and health. In C. R. Snyder & D. R. Forsyth (Eds.), *Handbook of social and clinical psychology: The health perspective* (pp. 376-394). Elmsford, NY: Pergamon Press.

Wrobleski, K. K., & Snyder, C. R. (2005). Hopeful thinking in older adults: Back to the future. *Experimental Aging Research*, *31*, 217-233.

第三部分

讓困境從希望中掙脫

有人問說：「要換一個燈泡，需要動用幾個心理學家？」

答案是：「只要一個就夠了，但條件是，該燈泡必須已有真正想換的動機與意願才行。」

第 **7** 章

希望理論在
戒癮諮商上的應用策略

前言

　　美國有一道謎語：「要換一個燈泡需要動用幾個心理學家？」（How many psychologists does it take to change the light bulb?）答案是：「只要一個就夠了，但條件是，該燈泡必須是已有真正想換的動機與意願才行。」這個謎語是用來形容一個人要改變已成癮的習慣，如抽菸、喝酒或藥物濫用，並不需要勞師動眾，最重要的關鍵是在成癮者本身決定改變的動機與毅力（Selig, 2010）。其實很多酗酒與藥物濫用的成癮者都知道，如果不戒癮的話，不僅對自己的身體有害，例如易導致肝臟、心臟、血管與內分泌腺的功能失調，增進愛滋病及肝炎傳染的機率（Leshner, 1997; Marlatt, 1998），也會易因酗酒或藥物濫用而引起人際的衝突、經濟的問題、家庭暴力，甚至犯法入獄（Glantz & Pickens, 1992; Marlatt, 1998）。例如根據法務部（2010）的統計，42%的受刑人是因藥物濫用入獄的。據統計，我國毒品濫用人數一直有增無減，地方法院檢察署毒品危害防制條例偵查終結起訴人數，從民國 88 年（西元 1999 年）的 10,439 人次，增至民國 97 年（西元 2008 年）的 47,469 人次（法務部戒毒資訊網，2010）。雖然很多

成癮者深知其害,但據研究約有 80%至 90%的成癮者未尋求正式與未正式的協助(Weisner, Greenfield, & Room, 1995)。研究指出,成癮者在戒癮上所以裹足不前的原因之一是絕望感(hopelessness)(Weiss, 2004)。本章將從希望理論的觀點,來幫助癮君子找到希望的亮光。

第一節　希望感在戒癮過程的重要性及團體諮商範例

、希望感在戒癮過程中的重要性

戒癮並非一蹴可成的,其想改變的心態常起伏不定,其關鍵就在於戒癮者想改變的動機有多強(Miller & Rolinick, 1991)。DiClemente 與 Prochaska(1998)提出一個動機的轉換理論模式(transtheoretical model of motivation, TMM),指出改變的動機可分為五個階段,分別是意圖戒癮前(precontemplation)、意圖戒癮(contemplation)、準備要改變(preparation)、付諸行動(action)以及維持戒癮的狀況(maintenance)。此五個階段的過程如圖 7-1 所示。而其中人們的希望感是影響他們是否願意尋求

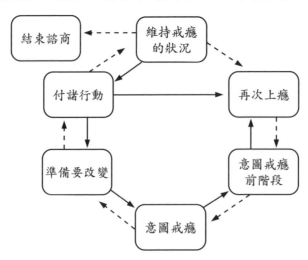

圖 7-1　戒癮改變的過程

協助及能否順利進入每個階段的重要變項（Jackson, Wernicke, & Haaga, 2003; Selig, 2010）。以下將針對每個階段的進程分別加以說明：

一、從意圖戒癮前到意圖戒癮階段

處在意圖戒癮前的階段，成癮者根本沒有意識到自己有酗酒或藥物濫用的問題，所以改變的動機相當弱（DiClemente, 1999; DiClemente & Prochaska, 1998; Selig, 2010）。通常要等到他們體認到自己有成癮的問題，並深悟到若不處理會後患無窮時，才有可能從意圖戒癮前的階段進入到意圖戒癮的階段（Prochaska, DiClemente, & Norcross, 1992; Selig, 2010）。不過，是否能順利進入意圖戒癮的階段，要看成癮者是否對進到下一階段抱持希望感，即是相信進一步的改變會是好的，而且能夠藉著有效的問題解決途徑，幫助自己進到下一階段（Jackson et al., 2003; Selig, 2010）。當順利進到意圖戒癮的階段後，成癮者會較有意願去探討其成癮的問題及戒癮的可能性，並開始蒐集相關的資訊，只是在改變動機上仍搖擺不定（DiClemente, 1999; DiClemente & Prochaska, 1998; Selig, 2010）。

二、從意圖戒癮到付諸行動

要能從意圖戒癮的階段進入付諸行動的階段，成癮者需要非常堅定的決心（self-determination）、毅力與充分的準備，更重要的是他們要相信戒癮後會帶來的好處，及相信自己有能力可達到該目標（Jackson et al., 2003; Rollnick, Morgan, & Heather, 1996; Selig, 2010）。當進入付諸行動的階段後，成癮者改變的意願增強，並不斷的針對戒癮的目標修正其行為。不過在此階段中，戒癮者心理的壓力很大，亟需要諮商師的支持與鼓勵。

三、從付諸行動到維持階段

如果戒癮者能維持三到五個星期沒有使用正在戒癮的東西，就表示他們已進入維持戒癮的階段。此階段中成癮者有充分的目標導向能量，相信根據過去的經驗，自己可以成功的達到戒癮的目標，並願意按著所設定的戒癮策略（Snyder, 1989; Snyder, Harris, Anderson, Holleran, Irving, Sigmon,

Yoshinobu, Gibb, Langelle, & Harney, 1991; Snyder, Irving, & Anderson, 1991），持續著戒癮的意圖與行動（Beck, Wright, Newman, & Liese, 1993）。在此過程中，諮商師可針對他們進展的狀況給予回饋，並幫助他們審視是哪些因素影響到他們在每個過程中的改變。

當然改變的過程並非盡如人意，有時候案主會因放棄希望而退回先前的步驟（lapse），或較嚴重者則又再次上癮（relapse）（如表 7-1，阿芬女士所書寫的《為誰而戰？──請給我鼓勵》一文，就描述她老公戒酒過程中心中的掙扎與情緒的起伏）。

像阿芬女士的先生處在這樣的情況時，諮商師應幫助成癮者審視所遇到的阻礙，並修正及改變原所設定的目標與路徑，提升其希望感好幫助他們願意捲土重來，重新邁步。Snyder（1989）強調幫助案主提升其希望感是相當重要的，因為透過希望感的增高，可以增進案主克服戒癮壓力的能力。研究也發現，當希望感提高後，戒癮的成功率也會相對的提高，包括有較長的時間不再碰毒品、戒癮後生活品質獲得改善、較相信自己有能力戒癮、較不會沉耽於使用上癮時的興奮感，且其周圍的環境會給予較多的支持（Irving, Seidner, Burling, Pagliarini, & Robbins-Sisco, 1998）。

貳、希望理論在戒癮過程諮商上的應用策略

誠如前述，戒癮是個漫長的過程，唯有擁抱希望才能順利的通過戒癮改變的過程而達到戒癮的目標。據此原理，我們參考 Selig（2010）設計下面的團體諮商來幫助癮君子揮別癮頭，邁向健康的生活。

第一階段：意圖戒癮前階段──引發案主想改變的動機

第一次會談：我曾擁有過的摯友

目標：幫助成員分析學會理性的分析上癮的損益。

活動過程：

　　1.諮商師歡迎成員參與諮商，介紹希望理論的概念（詳見第一章），

並請成員彼此自我介紹。

2. 諮商師解釋很多人在剛接觸所上癮的東西（如藥物、酒或香菸）時，應該都有過一段甜蜜的時光，所以請成員分享自己是在什麼情況下接觸到？第一次使用的感覺？帶給自己的好處？到目前為止已使用

表 7-1　為誰而戰？——請給我鼓勵（阿芬女士的心聲）

《為誰而戰？——請給我鼓勵》

戒酒中的人，情緒總是起起伏伏的
戒酒中的人，得失心其實是很重的
當他有一點點成果的時候，他需要別人給他大大的鼓勵
讓他感覺到，他的努力與掙扎，是值得的

問題是，面對戒酒者
能有耐心者少
能理解者更少
誰願意給他更多的加油聲
唯一會對他說的話是：「酒，少喝一點吧！」

問題是，他的酗酒來自遺傳的基因
普通的飲酒者，可以在一次次的酒醉後，醒來就是了
有酗酒遺傳者，只要沾到一口酒，就會掉入酒海深淵
像車子的煞車系統失靈般，無法說停就停

因此，需要透過專業的醫師，給予適當的藥劑
再配合團體的諮商與治療
加上家人全力的支持
當然，更需要個人強烈的意志
才能慢慢的恢復

戒酒的過程是一場漫長又孤單的戰鬥
請給他大大的鼓勵
讓他知道，他的努力與掙扎，是值得的！

資料來源：引自 http://tw.myblog.yahoo.com/fenmeilow/article? mid=-2&prev=136&l=f&fid=6
（本文經原作者同意引用）

多久了？

3. 諮商師請成員以「謝謝你曾帶給我的好時光，但是……」來向這個曾有過的摯友（指自己上癮的東西）申訴，它對自己造成的傷害（學業、生活、經濟、家庭、婚姻或健康等方面）。

4. 讓成員體會癮頭惡化的情形，並學會對癮頭喊：「停。」諮商師要成員想像自己乘坐在升降機裡面，如果他們繼續使用上癮的東西，電梯會一直往下降，將自己帶到傷害情況較嚴重的地步。讓成員想像，如果他們繼續使用（半年、一年、一年半或兩年等），他們在學業、生活、經濟、家庭、婚姻或健康等方面會惡化的狀況。鼓勵成員想像得越具體越好，直到無法接受的情況時，則大聲喊：「停！」其他未喊停的成員可以繼續想下去，直到每個人皆喊停為止。請成員分享：「當自己的情況惡化到什麼程度時，自己會想要改變。」

5. 發給成員每人一張紙，請他們根據今天的分享與體會，寫一封信給這個摯友，內容包括：感謝它曾帶給自己的美好但不健康的時光、帶給自己的傷害、如果繼續使用下去會對自己傷害的情況，表明在什麼情況自己將脫離它而去、若離它而去即將擁有的健康美好時光。

6. 請成員將寫好的信帶回家，加以審視並做必要的修改，及體會自己寫這封信的心情，並把信帶到下次的會談來。

第二次會談：覺今是而昨非

目標：幫助成員確定他們想改變的動機。

活動過程：

1. 諮商師歡迎案主參與諮商，並請成員分享寫這封信的心情。

2. 請成員想想是否有認識的人已戒癮成功？如果有，請成員分享該人上癮的情況、該人如何戒癮成功及其目前的景況。

3. 成員分享聽到他人戒癮成功的經驗，對自己的衝擊與提醒。

4. 與過去的自己對話：請成員輪流面對一個空椅子（代表剛開始使用藥物、喝酒或抽菸時的自己），告訴他（或她）你了解當時為何會

使用那些東西的心情與難處，並告訴他（或她）目前應改變的原因。
然後交換角色，讓過去的自己訴說曾嘗試改變卻失敗的情況。再交
換角色回來，讓現在的自己幫助過去的自己，想想有些什麼方法可
使用，好讓生活中不需靠這些原先上癮的東西。這時候諮商師可以
鼓勵其他成員介入，幫助正在與過去的自己對話的成員，一起訂下
適切的改變目標與路徑（此步驟應重複多次，直到每個成員皆有機
會輪到為止）。

5. 請成員分享與過去的自己對話的心情，及想要面對問題的決心。

6. 家庭作業：請成員想想如果人生可以重來，他們對自己曾有過的期
　望是什麼。

第二階段：意圖戒癮階段——願意思考與改變有關的問題

第三次會談：找出幫助自己改變的動力來源

目標：幫助成員開始思考與探尋幫助自己改變的動力來源。

活動過程：

1. 諮商師歡迎案主回來參與諮商。

2. 請成員分享如果人生可以重來，他們對自己的夢想是什麼。

3. 諮商師解釋：人若要達到自己的理想，是需要有很強的改變動機。
　這動機可能是為了自己人生的價值觀、所愛的人或人際關係、個人
　的人生目標、自我尊重、幸福快樂、美好的未來、當一個好的領導
　者（或尊敬的人物）或精神層面等。

(1) 諮商師請成員分享自己人生價值觀是什麼（如健康、長壽、專業
　　成就、有財富、平安、喜樂等）及該價值觀對自己的重要性。

(2) 讓成員想想如果讓有癮頭的自己與健康的自己擔當人生的掌舵者，
　　能達到自己所設定的價值觀的機率有多少差別？

(3) 請成員分享如果自己想改變，最希望將這改變後的自己獻給誰？
　　為什麼（但提醒成員即使是為了所愛的人改變，但到底想不想改
　　變，決定權是在自己身上）？

(4)請成員分享自己一直想達到的人生目標，該目標是否會激勵自己去戒癮？為什麼？

(5)請成員分享成癮是否讓自己失去了尊嚴？要如何做才會贏得對自己的敬重？

(6)請成員分享他們對幸福快樂的定義，並列出一些讓自己認為可以讓達到幸福快樂的活動。

(7)請成員想想如果未戒癮的話，那麼其五年後的情形會是什麼樣子？如果戒癮了，那麼五年後的情形又會是什麼樣子？哪個樣子是自己比較喜歡的？

(8)請成員分享在自己的人生中最尊敬的人物是誰？他們的哪些特質是自己最敬重的？在未來的日子中，是否也希望成為別人敬重的對象？是否想過要如何改變並培養自己，好具備能受到別人敬重的特質？

(9)請成員分享自己有哪些宗教信仰或生活哲學觀，可用來激勵自己的改變。

4. 請成員就上述的動機中，選一樣最能激勵你自己改變的動機，將它具體化的列出來，再從中列出更具體的目標及路徑，然後請成員審視達成的可能性，及自己想改變的意願。

5. 最後，請成員把幫助自己改變的動機以「為了讓我的人生達到＿＿＿的理想（特指你的動力來源），我願意努力戒掉我的＿＿＿癮」的方式陳述一次。

6. 家庭作業：請成員將自己所做的承諾及所列的目標帶回家再多加審視，或做必要的修改。

第四次會談：承諾改變的意願

目標：幫助成員確認並承諾戒癮的意願。

活動過程：

1. 諮商師歡迎案主參與諮商，請成員分享他們對上次所做的戒癮承諾的想法。

2. 請成員以表 7-2 列出並分享戒癮會跟來的痛苦或不方便處，及想到這些時心裡的感受。

3. 請成員以表 7-2 列出並分享要戒癮時所需要做的改變，及想到要做的這些改變時心裡的感受。

4. 請成員以表 7-2 列出並分享若戒癮成功會有的好處，及想到這些好處時心裡的感受。

5. 請成員思考後若願意改變，請在表 7-2 簽名允諾。

6. 家庭作業：請觀察自己癮頭出現的情況並記錄下來。

表 7-2　戒癮時面臨情況的預設與承諾

要戒癮時會遇到的痛苦	要戒癮時所需要做的改變	戒癮成功會有的好處
雖然我知道戒癮的路是艱辛的，我願意在此訂下願意戒癮的允諾，從＿＿＿年＿＿＿月＿＿＿日開始戒癮的行動。 　　　　　　　　　　　　　　立約人：＿＿＿＿＿＿＿＿＿＿＿		

第三階段：準備階段──開始為改變而努力

第五次會談：當自己的主人，設定戒癮的計畫

目標：幫助成員能為戒癮設定具體的目標與路徑。

活動過程：

1. 諮商師歡迎成員回來參與諮商。

2. 請成員分享所觀察到自己癮頭出現的狀況。

3. 鼓勵成員做自己戒癮過程的老闆，意即自己制定戒癮的目標，並根

據需要尋求可用的資源加入自己戒癮的團隊，訓練每個隊員成為自己戒癮中的助力。

4. 諮商師鼓勵成員，要改變習慣可以從小處著手。不過要設定目標時需遵守 SMART 的原則。就是指目標設定時需特定（specific）、有清楚的意義（meaningful）、行動取向（action-oriented）、符合實際狀況（realistic）與確定的時間取向（time-oriented）。

5. 諮商師鼓勵成員，先將其戒癮的目標說出來，然後根據上述的原則審視看該目標是否符合 SMART 的原則（本步驟可重複進行，直到每個成員都有機會表達他們的目標）。經練習後，請成員按其所訂的具體第一個小目標，具體的訂出具體的實施計畫（即是路徑）。

6. 諮商師介紹設定實施計畫時應注意的事項：

   (1) 重新安排所處的環境：將與成癮有關的線索都排除，並將自己計畫要做的事寫下來，黏貼在相關處以提醒自己。

   (2) 實施計畫環境的安全性：計畫實施的環境必須是安全的，需遠離與癮有關的地方。

   (3) 實施計畫的社會支持團隊：安排好社會的支持系統，你要將哪些人納入團隊裡面？你要他們如何協助你？

   (4) 清楚設定替代物：當癮頭來時你要拿什麼當替代物？

   (5) 完成計畫時的獎賞物：清楚設定好若達到已設定的目標可獲得什麼樣的酬賞，以增加實施的動力。

7. 發給成員表 7-3，請成員訂定計畫。

8. 成員分享參與此計畫過程的感受。

9. 家庭作業：

   (1) 請成員按照表 7-3 所訂的計畫開始實施，並寫下完成每個計畫感後對自己希望增進的情形。

   (2) 請成員自己觀察、或請家人幫忙記錄下，當癮頭來時他們會有的反應。

表 7-3　目標計畫表

	第一個計畫	第二個計畫	第三個計畫	第四個計畫
所訂的具體目標				
是否符合 SMART 原則（如果沒有，請刪改）				
實施計畫的具體步驟				
推動目標進行的動力來源				
重新安排所處的環境				
實施計畫環境的安全性				
實施計畫的社會支持團隊				
癮頭來臨時具體的取代物與對策				
目標達成的獎賞物				
希望感的增進				

第六次會談：做好付諸行動前的防禦措施，增進成員的意志力

目標：幫助成員了解可能會遇到的阻礙，並做好防禦的措施。

活動過程：

1. 諮商師歡迎成員回來參與諮商，並恭喜他們順利的進入戒癮的準備階段。

2. 諮商師提醒成員，意志力是達成目標的重要因素，並解釋意志力其實是推動自己按計畫實施以達到目標的想法，但人們的意志力常會因內在語言的影響而失去能力。

3. 幫助成員克服達到目標的阻礙物——負向的內在語言。諮商師問成員將實施表 7-2 時心裡會有的內在語言表達出來，並請成員一起體會該內在語言對心情的影響。如果是負向的語言，鼓勵成員以積極

的語言代替之（此步驟可進行多次，直到成員已學會如何以積極語言代替消極語言為止）。

4. 幫助成員克服另一個達到目標的阻礙物——內在的誘因。諮商師解釋內在的誘因包括想法（如就喝一杯不會怎麼樣的）、感覺（如我工作得這麼辛苦，要好好的犒賞自己）及行動（如我已經這麼久沒喝酒了，而且今天心情太好，不喝一杯太可惜）。

   (1) 讓成員閉上眼睛想像一個自己生活中的情境，請把情境具體的想出來（周圍的擺設、自己所在的位置及自己正在做的事）。

   (2) 留心你的想法、感覺與行動。是否有內在誘因在誘惑你？聽到這些誘因時，你在想什麼？你有否想按照那些誘因去做呢？

   (3) 如果你被誘因誘引了，你做了什麼事（請把那個情境具體的想出來）？你跟自己說了什麼？

   (4) 想像自己正要伸手去拿那個引誘你的東西，請將思緒留在那裡，仔細瞧瞧你正在做什麼？

5. 請成員停留在該思緒，諮商師大聲喊：「停！」並要成員思考：

   (1) 如果你不接受誘惑，你會先做什麼事，好讓自己可以全身而退（將車子轉向？離開現場？說「不！」）？請讓成員說出他們會採用的方法。

   (2) 想像你全身而退了，你現在在哪裡？正在做什麼以幫助自己克服癮頭（打電話給朋友？尋求專業諮商？忍耐讓癮頭過去？）？讓成員說出他們會採用的方法及其困難度。

   (3) 如果真的覺得很難，你是用什麼方法撐過去？效果如何？必要時可採用角色扮演的方式加以練習。

6. 成員一起分享能夠順利克服誘因的感覺。

7. 家庭作業：鼓勵成員將上述的練習，實際用來幫助自己克服癮頭的誘惑。

第四階段：行動階段──坐而談不如起而行

第七次會談：學會戰勝癮頭

目標：幫助成員處理癮頭來襲時的衝擊與掙扎。

活動過程：

1. 諮商師歡迎成員回來參與諮商，並恭喜他們開始進入戒癮的行動階段。

2. 成員分享實施計畫時感到最興奮的是什麼？進行中最順利的是哪個部分？這對自己戒癮的希望感高低的影響是如何？

3. 請成員從自己的回憶或家人的紀錄下，說出自己癮頭來時的反應，並評估該種反應方式對戒癮計畫的執行是否有助益。

4. 幫助成員認識癮頭：諮商師解釋：「癮頭是自然的現象，因為腦細胞與身體還存有舊習慣的記憶，並不習慣你新的作息，癮頭出現只是表示它們正在尋找你的舊習慣。癮頭的出現會像海浪一樣，從微小的波，逐漸變大，但大波之後就會消失，前後可能歷時 15 分鐘之久。」

5. 介紹克服癮頭的方法。諮商師要成員：

   (1) 體認沒有痛苦就沒有成長（no pain, no gain）的事實。鼓勵成員接受這樣的事實，準備面對前路會有的挑戰。

   (2) 防治機先：請成員列出會導致其癮頭發生的情境，好先做預防措施（如避免接觸）。

   (3) 癮來時將它說出來：鼓勵成員在癮頭來時，願意說出來，告訴別人「我的癮頭來了」，並請求協助。或告訴自己「現在正在癮頭上，耐心的靜待過去」。

   (4) 認識癮頭來襲時，內心的語言對戒癮的影響。

   ①內心的語言一：「癮頭來時是相當痛苦的。」問成員當他們這樣想時，他們戒癮的能量會變得如何？等成員分享完後，鼓勵成員改說：「癮頭來時可能不舒服，但這並不是世界的末日。」

問他們對戒癮的希望感是否會增加？

②內心的語言二：「這癮頭會永遠存在，我是通不過的。」問成員當他們這樣想時，他們戒癮的能量會變得如何？等成員分享完後，鼓勵成員改說：「這癮頭只是暫時的，我只需要忍受一下就會過去的。」問他們對戒癮的希望感是否會增加？

③內心的語言三：「癮頭會帶我去做很多我自己原先不想做的事。」問成員當他們這樣想時，他們戒癮的能量會變得如何？等成員分享完後，鼓勵成員改：說「我可以有癮頭，但仍不讓癮頭左右我。」問他們對戒癮的希望感是否會增加？

④內心的語言四：「我很脆弱，是勝不過癮頭的。」問成員當他們這樣想時，他們戒癮的能量會變得如何？等成員分享完後，鼓勵成員改說：「我可以透過學習抗癮的技巧來控制我的癮頭。」問他們對戒癮的希望感是否會增加？

⑤記下癮頭來襲時間的長度。

⑥當自己能戰勝癮頭時，好好給自己鼓勵。

6. 成員以分組方式一起討論，如何以克服癮頭的技巧，來修正自己癮頭來時需有的反應。

7. 讓每組以角色扮演的方式將他們認為較好的抗癮方式演出來，成員互相給予回饋，並評量其效果。

8. 成員根據這次的學習，審視自己的戒癮計畫，並做必要的修正（尤其是抗癮部分的計畫）。

9. 家庭作業：

 (1) 請成員按照所修正的表 7-3 繼續實施戒癮計畫，並寫下完成每個計畫感後對自己希望增進的情形。

 (2) 觀察自己當癮頭來時，以此次會談學到的技巧來抗癮，並觀察其效果如何？

第八次會談：學會自我把持，克服人為的誘惑

目標：幫助成員在戒癮過程中，能肯定的把持自己的立場，對抗人為的誘
惑。

活動過程：

1. 諮商師歡迎成員回來參與諮商。

2. 成員分享實施計畫時感到最興奮的是什麼？進行中最順利的是哪個
部分？這對自己戒癮的希望感高低的影響是如何？

3. 諮商師請成員分享自己對抗癮頭的經驗：癮頭何時出現？使用何種
方式抗癮？效果如何（針對在對抗癮頭有困難的成員，諮商師可幫
助他們探討原因，必要時可以角色扮演方式加以練習）？

4. 諮商師問成員在實施戒癮的計畫中，是否遇到人為的誘惑？你如何
對抗誘惑？效果如何？

5. 諮商師請成員分享能肯定的向他人表達自己戒癮的決心，對戒癮能
否成功的影響性。教導成員肯定的表達與攻擊性語言的區別。例如
一位朋友遞給你一枝菸，你很生氣的說：「你不知道我在戒菸嗎？
你是要我去死嗎？」；相反的，你可以用直接、誠實與適當的方法
婉拒對方的邀約：「謝謝你的邀約，我不抽菸了，希望你能幫助我
戒菸。」前者是攻擊性的語言，後者則是肯定性的表達。

6. 諮商師以角色扮演的方式，幫助成員學會以自我肯定的方式對抗人
為的誘因。請某個成員扮演誘惑者，其他成員輪流說出他們的對抗
方式，並邀請扮演誘惑者的成員評量，哪個方法可以讓他了解戒癮
者的決心，而不會繼續給予誘惑。在此過程中，成員可以彼此給予
回饋，以想出更有效的反應方式。

7. 諮商師詢問是否有成員在執行戒癮計畫時，因為別人講了一些批評
苛刻的話而自暴自棄（或差點自暴自棄）而再次上癮。請成員分享
他們所遇到的狀況？別人的批評對自己有什麼樣的打擊？你做了什
麼樣的反應？如此的反應對你執行計畫的影響為何？

8. 諮商師以角色扮演的方式幫助成員學會以自我肯定的方式面對他人

的批評。請某個成員扮演批評者，其他成員輪流說出他們的對抗方式，並分享以此方式表達對自己戒癮決心的影響。

9. 請成員集思廣益，想出有哪些自我肯定的方法有助於面對他人的批評。例如：「謝謝你讓我知道我的缺失，這讓我學到很多。」「謝謝你的評語，我知道自己並不完美，但我會繼續努力。」

10. 諮商師以角色扮演的方式，幫助成員學會以自我肯定來面對他人批評。請某個成員扮演挑剔的批評者，其他成員輪流說出他們會採用的因應策略，並分享以此方式表達是否影響他們戒癮的決心。

11. 請成員集思廣益，想出有哪些自我肯定的方法能用來應付他人的批評。例如：「我了解你為什麼會這樣說我，但我覺得你這樣說對我是不公平的。」「雖然我們有不同的看法，但是我認為我的想法是可行的。」

12. 請成員分享此次的學習對其執行戒癮計畫的助益。

13. 成員根據這次的學習，審視自己在表 7-2 的戒癮計畫，並做必要的修正。

14. 家庭作業：

(1) 請成員按照所修正的表 7-2，繼續實施戒癮計畫，並寫下完成每個計畫後對自己希望感增進的情形。

(2) 練習以自我肯定的方式對抗他人的誘惑與批評。

第九次會談：雄糾糾、氣昂昂，表現真我

目標：幫助成員能夠勇敢的在他人面前表現出真正的自己。

活動過程：

1. 諮商師歡迎成員回來參與諮商。

2. 成員分享實施戒癮計畫時感到最興奮的是什麼？進行最順利的是哪個部分？這對自己戒癮的希望感高低的影響是如何？

3. 諮商師請成員分享自己以自我肯定的方式面對他人的誘惑與批評時的體會：請成員描述該情況出現的情形，其處理方式，及其效果（針對在處理上有困難的成員，諮商師可幫助他們探討感到困難的原因，

必要時可以角色扮演方式加以演練）。

4. 諮商師請成員分享改變到戒癮這個階段，是否有些周遭的人仍不習慣改變中的你或不諒解你在改變中的掙扎，或會以嘲笑的方式對待你的改變〔如酒友們嘲笑你是因為「氣管炎」（妻管嚴的諧音）而不敢碰藥或飲酒；或故意在你面前喝酒、抽菸或用藥，來挑戰你的耐性〕。當這種情況出現時，你如何處理？效果如何？如此的反應對你執行戒癮計畫的影響為何（諮商師鼓勵成員盡量表達自己的處理方式，並鼓勵成員間互相給予鼓勵與回饋）？

5. 諮商師建議成員在這種情況可採用的幾個策略：

   (1) 以請求協助代替反擊：清楚的表明你的決心，也誠懇的告訴他們你在過程中遇到的困難，並讓他們知道你需要的不是嘲笑而是支持與鼓勵。

   (2) 重新安排你的周遭環境，向他人表明真正的自己：如朋友見面不要選在與正在戒癮的東西有關的場地。

   (3) 有技巧的迴避不接受你改變的人，多與支持與鼓勵你改變的人相處。

   (4) 有技巧的拒絕誘惑物：如與朋友吃飯要敬酒時，你要求對方讓你以茶代酒。

6. 諮商師鼓勵成員討論上述這些建議在其戒癮計畫中的可行性與實際的實施策略，並鼓勵成員戒癮計畫的執行過程不必追求完美無缺，但一定要以對自己身心健康最有利的原則為最重要的考量。在改變的過程中，不管別人能否接受，最重要的是自己能否接受並關愛改變中的自己。

7. 諮商師請成員再次審視所訂的戒癮計畫，是否有針對原先所未預期到的挑戰？原先的計畫是否有需要修正？如果需要，要如何修正？

8. 家庭作業：

   (1) 請成員按照所修正的戒癮計畫繼續實施，並寫下完成每個計畫後對自己希望感增進的情形。

   (2) 練習以自我肯定的方式勇敢展現真實的自己。

(3) 準備在最後一次會談分享自己的心得。

第十次會談：分享與回饋

目標：幫助成員體會自己的改變與成長。

活動過程：

1. 諮商師幫助成員重新溫習戒癮改變的過程（如圖 1-5）、希望理論的架構（特別強調目標設定與追求目標達成的路徑與能量在戒癮中的角色）。
2. 成員分享自己在這段戒癮過程中的改變與成長，及自己未來的計畫。
3. 成員彼此給予回饋並互道祝福。

第二節　應用希望理論幫助案主建立戒癮希望之家的團體諮商範例

壹、建立希望之家的要件

　　絕望感（hopelessness）是很多成癮者無法戒癮成功的主要因素之一，其絕望感可分為下列幾種：第一種絕望感是來自成癮者不信任自己的戒癮能力，這可能是因為很多成癮者已多次嘗試戒癮皆徒勞無功所致；第二種絕望感是成癮者認為上癮使得他們的人際、經濟與社會關係上染上汙點，認為即使自己能戒癮成功，其生活品質改善的機會也是極微，有覆水難收的無奈感；第三種絕望感是來自非理性絕望（irrational hopelessness）的憂鬱性思考（depressive thinking），例如「如果我一次戒癮不成功，就永遠是個失敗者」、「我的人生已蒙上汙點了，再努力也沒有人會相信我的」。這種絕望感的想法會讓成癮者在戒癮過程中屢屢做出錯誤的決定，喪失鬥志，並放棄努力（Weiss, 2004）。

　　第二章中我們介紹過建築希望之家的概念，在本章中我們要將它應用在戒癮諮商的過程中。當應用希望理論於戒癮的諮商過程中，應著重在幫

助成癮者設定清楚的目標、發展達成目標的路徑、增進遵循步驟達成目標的路徑及克服障礙的能力。但是這並不侷限在行為的改變上，更重要的是讓成癮者心裡體會到戒癮的重要性，並深信自己有能力設定目標及按所定步驟完成目標的能力。要做到此，首先應幫助成癮者尋找希望（hope finding）、建立希望性的關係（hope bonding）、增強希望（enhancing hope）與提醒案主他們擁有的希望（hope reminding）（Lopez, Floys, Ulven, & Snyder, 2000）。在幫助成癮者尋找希望是建築希望之家的第一步，Lopez等人相信每個人的生命歷程都是一個故事，所以讓成癮者述說其生活故事中，將過去所發生的重要事件講出來，並將它連接到現在的生活情況中，如此會有助於成癮案主找到希望亮光的緣起與消失的過程，並偵測出導致自己希望感降低的消極性想法或行為。其次，Lopez 等人建議與案主建立具有希望感的諮商關係是幫助案主改變的重要條件之一。因此，諮商師應以同理、了解與信任的態度，激發成癮者對問題解決的希望感。再者，誠如 Lopez 等人所建議的，提高案主的希望感會有助於其問題解決的能力，尤其是通常成癮者是已遇到阻力而不知所措之時，才會尋求諮商的協助，因此在諮商過程中，很重要的是要幫助成癮者清楚設定目標及達到目標的方法，以及學習處理攔阻的情況。透過此可以增強成癮者戒癮的希望感，使得追求目標達成的能量得以持續。

　　最後，在戒癮諮商的過程中，諮商師應扮演希望提醒者的角色，以鼓勵成癮者將先前成功的經驗蒐集起來，做為提醒與鼓勵自己之用（Michael, 1999），並學習區分出目標想法（goal thoughts）與阻礙想法（barrier thoughts）的不同（Lopez et al., 2000）。漸漸的，諮商師應鼓勵成癮者學習當自己希望的提醒者，當阻礙來臨時，應以先前成功的經驗來鼓勵自己繼續努力，以追求目標的達成。

貳、幫助案主建立一個戒癮的希望之家的策略

　　誠如前述，建立希望之家包括四個步驟：第一步是找到希望，即是設定要建立希望之屋的地點，就像蓋房子要先找到一塊地；第二步是架構希

望之屋，建立支持性的網絡，就像把房子的鋼架架起來一樣；第三步是加強希望，學習要達成目標所需要的技巧及需要的支持力，就像將房子鋪上磚塊與水泥；第四步是希望的提醒，就像蓋好的房子需要時時檢查與整修一樣，在學習達成目標的過程中，也需要經常提醒與鼓勵自己。以下我們參考 Lopez 等人創造希望之家的概念設計下面戒癮的方案。

第一階段：從故事中找希望

此階段的目標是幫助案主透過述說故事中，找到希望的亮光的緣起，以及讓希望消減的消極性想法或行為。並幫助案主將過去所發生的事以現在式的語氣講出來，並整理自己的思想架構。

第一次會談：成員彼此認識

目標：幫助成員從自己的過去，看到能成功戒癮並展開新人生的希望。

活動過程：

1. 領導者請成員輪流自我介紹。
2. 諮商師介紹建立希望之家的四個步驟：找到希望、架構希望之屋、加強希望及希望的提醒。
3. 當每個人都介紹完畢時，領導者請成員放鬆的閉上眼睛，想一件自己曾經很努力完成的一件事（這件事情不一定要很大，只要是讓你自己印象深刻的都可以）。
4. 請每個人輪流分享自己的成長故事，並分享說出該事件後心裡的感受，及該成長經驗對自己的影響。
5. 請成員分享從聽別人的故事中得到的啟示並彼此給予回饋。

第二次會談：一分耕耘、一分收穫

目標：幫助成員從成功的故事中，了解自己過去能順利完成目標的原因。

活動過程：

1. 諮商師介紹希望理論的概念（詳見圖 1-5：路徑想法、能量想法與目標追求間的關係流程）。
2. 請每個成員針對上次分享的故事（或另一個成員想分享的故事），

以圖 1-5 的方式加以分析並回答下面的問題（鼓勵成員以積極的口氣來描述這個經驗）：

(1) 你是如何設定該目標的？

(2) 你想達到該目標的動機有多強？

(3) 其目標的達成性及可行性有多高？

(4) 你追求目標的心情如何？

(5) 你追求目標的動力如何？

(6) 你追求目標中遇到最大的攔阻是什麼？

(7) 遇到這些攔阻時，你的心情是如何？

(8) 你如何克服攔阻？

(9) 當你達到目標時，感覺如何？

(10) 如果你現在再遇到同樣情況，你處理的方式會有何不同？效果是否也會不一樣？

3. 成員彼此回饋與分享，在此活動中，透過自己與別人追求目標的過程，對自己目前達成目標的能力有何啟示？

4. 家庭作業：鼓勵成員針對其過去另一個順利達成目標的故事，並以圖 1-5 的脈絡加以分析與步驟 2 的十個重點來思考。

第三次會談：以過去的經驗來面對現在的問題

目標：幫助成員了解，過去追求目標的經驗可做為處理現在問題的參考。

活動過程：

1. 成員分享作業及做此作業對自己目標達成的能力是否更有自信。

2. 讓成員針對自己目前遇到的一個問題，思考下面幾個項目：

(1) 自己目前遇到的問題，過去是否曾經驗過？

(2) 過去處理類似的問題時，所設定目標的方法是否可用來處理目前的問題？

(3) 過去為達成該目標所抱持的態度及採用的步驟，可否用在目前的問題上？

(4) 要處理目前這個問題時所遇到的攔阻，是否與過去的情況相似？

(5) 先前用來克服攔阻的方法，可否用在目前這個問題的情境上？

(6) 你希望解決目前這個問題的動力有多強？

(7) 你覺得可以順利解決目前這個問題的機率有多高？

3. 成員分組分享上述想法，並分別就各自的問題以圖 1-5 的路徑圖畫出來，並一起討論上述的幾個題項。

4. 每個成員將與小組討論的結果與大家分享，並接受大家的回饋。

5. 回饋與分享此活動對希望程度增進的影響。

6. 家庭作業：請成員嘗試付諸行動的可能性。

第二階段：幫助案主增強希望感

此階段的主要目標是幫助成癮者找尋自己能量的來源、改變案主消極的想法、增進追求目標的能力、擴大與增強設定路徑的能力、處理與面對生活中不順利的情況，並學習保持希望感。

第四次會談：新目標、新希望

目標：幫助成員從探索新目標中找到自己能量的來源。

活動過程：

1. 成員分享自己嘗試付諸行動的情況。

2. 發給成員表 7-4 鼓勵案主為自己設定一個目標不再依賴成癮物的新人。並提醒成員目標的設定要越具體越好。

3. 成員分享並接受其他成員的回饋。

4. 成員兩人一組幫助彼此針對其他成員的回饋進行修改。

5. 家庭作業：發給成員一張新的表 7-3，鼓勵成員回家與家人討論其設定的目標及步驟，然後填一張新的表帶回團體。

表 7-4　戒癮目標設定探索表

戒癮目標設定探索表		
方向	重要性的評量	滿意性的評量
控制癮頭		
遠離誘惑的人事物		
負起照顧家庭的責任		
維持健康的身體		
建立良好的人際關係		
有份穩定的工作		
我選擇設定目標的方向是		
我應該如何做以增加我對這個方面的滿意度		
我的目標是		
請評量該目標的可行性（1-100%）		
要達到此目標我需要採行的步驟是		
請將上述的步驟按序排出來		

資料來源：參考 Lopez 等人（2000）。

第五次會談：強化路線，蓄意待發

目標：幫助成員改變不利的路徑想法，增進發展戒癮目標的能力。

活動過程：

　　1. 成員展示全新的表 7-4，輪流將其目標與將採行的路線清楚交代。

　　2. 發給成員表 7-5 並提醒成員設定達到目標的方法時應注意的事項（Lopez et al., 2000）：

　　　(1) 要做到：

①把長遠的目標細分為小目標。

②從小目標開始著手。

③列出達到目標的幾個不同的管道然後選出最好的。

④思考要達到目標時需做的事。

⑤思考當你遇到阻礙時要如何處理。

⑥當遇到困難時可改採用不同策略,不需要責備自己。

⑦願意學習目標達成所需要的新技巧。

⑧願意與別人分享目標達成的狀況,也願意在必要時協助別人。

⑨當遇到困難時願意尋求協助。

(2)千萬不要:

①想即刻達到大目標。

②急著設定達成目標的路線。

③趕著要馬上選定最佳的路徑。

④把一切想得太完美。

⑤在一個方法行不通時馬上放棄,並責備自己沒用。

3. 成員分享並接受其他成員的回饋。

4. 成員兩人一組,討論與修改計畫表。

5. 家庭作業:發給成員兩張新的表 7-5,鼓勵成員回家與家人討論其設定的目標及步驟,然後填一張新的表 7-5 帶回團體,並體會設定戒癮目標與方法。

表 7-5　達成戒癮目標的路徑圖

戒癮目標達成的路徑圖		
我最終的戒癮目標是		
要達到最終戒癮目標的子目標是		
選出一個戒癮的子目標（第一個或是最重要的）		
達到此戒癮子目標的方法		
相信自己可以達成的程度	極弱　　　　　　　　中等	極強
相信自己具備可以達成該戒癮目標的能量	極弱　　　　　　　　中等	極強
我認為自己可達到該戒癮目標的理由是		
什麼情況會減緩我執行戒癮計畫的速度		
如果我持續跟著設定的戒癮方法去走，結果會怎樣		
如果我改變所設定的戒癮方法，結果會怎樣		
我的備案是什麼		
在此時，我相信自己可完成此戒癮目標的程度是多少	極弱　　　　　　　　中等	極強

資料來源：參考 Lopez 等人（2000）。

第六次會談：養精蓄銳，增強實力

目標：幫助案主增強達成目標能量的強度。

活動過程：

1. 成員展示並分享其家庭作業中所訂的路徑圖及做此作業的感想。

2. 領導者將圖 1-5 再展現一次，特別要強調目標的達成必須要靠路徑與能量相輔相成而成的。

3. 請成員分享家庭作業中最後一欄：「在此時，我相信自己可完成此戒癮目標的程度是多少？」

4. 如果成員認為該目標的達成性很低，請成員閉上眼睛想著所設定的戒癮目標，此時領導者唸出 Snyder（1994）的增進能量的建議。

   (1) 告訴自己這目標是自己選擇的，所以完成它是自己的責任。

   (2) 學習以積極的口氣鼓勵自己，相信自己可以達到這個目標。

   (3) 不要任阻擾隨興的來，請先預期在達成目標的過程會遇到阻礙。

   (4) 把阻礙看做是挑戰，相信自己能越戰越勇。

   (5) 回憶自己過去成功的達到目標的經驗。告訴自己：「過去做得到，現在也可以做得到。」

   (6) 不要對自己太嚴格，放鬆一下，即使遇到阻礙也可一笑置之，並以積極的態度來追求目標的達成。

   (7) 不要只看重目標達成的結果，要能享受達到目標的過程。

   (8) 要維持健康的飲食與生活習慣。

5. 成員分享上述的建議是否有助於增強自己達成目標能量的增進？並勾選出哪一項建議是自己最難做到的。

6. 讓勾選同樣難處的成員一起討論：為何很難做到該項建議？並一起想出解決該困難的方法。

7. 成員回到大團體中一起分享：哪項建議最易做到？是如何做到的？

8. 經過討論後請成員再重新評量一次「在此時我相信自己可完成此目標的程度是多少？」並評估其程度是否增加。

9. 如果時間許可，讓成員再針對他們的另一個子目標，重複步驟 3 至

　　8。

10.回饋與分享。

11.家庭作業：鼓勵成員開始針對已設計好的戒癮方法，開始朝目標付
　　諸行動，特別注意到在進行過程中所遇到的阻擾，其自己克服阻擾
　　的狀況。

第七次會談：向「不可能」挑戰

目標：幫助成員改變消極性的想法，增進發展戒癮目標的能力。

活動過程：

1. 請成員分享在作家庭作業中遇到的阻礙，並將其寫下來。寫下之後
　　請成員勾出哪些阻礙是受自己「那是不可能」的想法所影響的。並
　　將自己的那些想法以「我不可能……」的陳述句寫下來。

2. 當成員寫完後，請他們默讀那些陳述句，並寫下說出這些「我不可
　　能……」後對心情的影響。

3. 諮商員解釋 A-B-C 理論。A 表示事件，B 表示信念，C 表示結果。
　　人們的情緒並非是受到事件本身的影響，而是受到信念影響的結果。

4. 讓成員兩人一組，互相幫助將每個不可能的陳述句重寫，將消極的
　　句子改成積極的句子。並確定該陳述句是符合實際可行性的程度。
　　改完後讓同組的夥伴朗讀另一個人的積極性陳述句，寫陳述句者閉
　　上眼睛傾聽，然後說出該陳述句對自己情緒的影響，及對自己達成
　　戒癮目標的希望感增進的程度。

5. 當成員對追求目標的積極性增加時，幫助成員學習面對阻礙：請成
　　員輪流唸出其遇到的阻礙，然後鼓勵成員一起探討該阻力的來源，
　　並一起討論克服該阻力的方法。

6. 家庭作業：鼓勵成員繼續進行原來目標的進行；發給成員一張新的
　　表 7-5，並根據另一個戒癮的子目標完成路徑計畫。

第三階段：幫助成員成為己身希望的掌握者與提醒者

　　本階段的主要目標要幫助成員區分出目標取向想法與阻礙性的想法。

教導案主能在發現自己的阻礙性想法出現時，能從回想過去成功的經驗中來提高希望感，並從自己希望之家的建立，來達到戒癮的目標。

第八次會談：學習當自己希望的燈塔

目標：幫助成員學會以健康積極的想法來增強達到目標的能量。

活動過程：

1. 諮商師向成員解釋目標取向想法與阻礙性的想法的不同。
2. 請成員分享其家庭作業中戒癮目標進行的情形，並列出在這過程中閃過腦際的目標取向想法及阻礙性的想法。
3. 請成員在每個想法後面寫下該想法對自己目標進行的影響。
4. 諮商師向成員解釋所謂希望的提醒者，是要刻意回想過去成功經驗好讓自己的希望感提高。告訴成員當發現自己阻礙性的想法出現時，就要以自己成功的經驗來提醒自己。
5. 發給成員一張紙讓成員先畫一個燈塔，然後將自己過去的成功經驗寫在燈塔上（鼓勵成員寫越多越好，並盡量寫得具體些），並為自己能戒癮成功的希望燈塔取個名字。
6. 讓成員展示並分享自己的希望燈塔，及製作這燈塔對目標達成的希望感增進的情形。
7. 成員分享聽到別人的希望燈塔對自己的激勵，並互相給予回饋。
8. 家庭作業：鼓勵成員繼續進行戒癮的計畫，並記錄克服阻礙性想法的情形與獲致成功的經驗。

第九次會談：建立自己戒癮成功的希望之家

目標：幫助案主建立自己希望之家，來達到戒癮的目標。

活動過程：

1. 鼓勵成員分享家庭作業進展的情形。
2. 諮商師把圖 1-5 的希望理論的目標追求的流程複習一次。
3. 發給成員每人一張圖 1-5，鼓勵成員輪流從參與活動到現在自己的體會，針對某一個設定目標的進行情況，把圖 1-5 加入自己的故事。
4. 每個成員輪流以圖 1-5 的架構分享「我的希望流程」（鼓勵成員講

得越詳細越好）。

5. 成員互相給予回饋與鼓勵。

6. 諮商師複習建立希望之家的四個步驟：找到希望、架構希望之屋、加強希望及希望的提醒。

7. 家庭作業：讓每位案主把上面的流程圖按照建造希望之屋的四個步驟建造出團體結束後繼續當個沒有藥癮的新人希望之屋。

第十次會談：回饋與分享——我的希望之屋

目標：幫助成員分享與肯定自己戒癮上的成長。

活動過程：

1. 諮商師恭喜成員順利完成十次的會談過程。

2. 成員展示並分享自己的希望之屋。

3. 成員分享自己從此團體過程中的收穫與心得。

第三節　希望戒癮團體在戒癮諮商的效果

戒癮是個相當不容易的過程，很多成癮者對自己戒癮能力存疑的原因是因抱持著如果一次戒癮不成功，將永遠就是個失敗者的絕望感，再加上因擔心上癮使人際、經濟與社會關係所造成的損害，深恐即使戒癮成功也無法挽回，所以對自己戒癮之事期望不高（Weiss, 2004）。所以戒癮諮商主要是要幫助成癮者了解戒癮希望感是來自在追求戒癮目標過程中路徑的設定，並學習依著路徑進行的能量往目標邁進而達到目標。整體性而言，戒癮諮商團體可幫助成員對自己戒癮的想法與行為、戒癮的希望感與成癮者對自己的尊重方面已有相當大的改變。當成癮案主的希望感提高時，會較清楚自己的目標、較知道要如何做以達到戒癮的目標、較具有信心與能量去克服所遇到的困難，並能在原所既定的管道遇到阻擾時，有彈性的找出另外的路徑來達到期望的目標。除此之外，高希望者對自己戒癮的能力較有信心、較能克服藥物的誘惑、有較好生活的品質，及得到較多社會與環境的支持（Irving et al., 1998）。下面將針對各項細節分別加以說明。

一、幫助成員增進其對目標的確定與堅持

希望理論中強調唯有確切的與積極性目標才能讓追求目標的行動有明確的方向。而戒癮成功關鍵的因素之一，是要有清楚具體的目標與願意持續朝向目標的堅持性（Synder, 2002）。在諮商團體中可讓成癮者從述說過去經驗的生命的故事中找到希望的源頭，並將過去生活的經驗應用來處理目前的困境。如上述「成員彼此認識」、「一分耕耘、一分收穫——幫助成員從成功的故事中了解自己得到成功的原因」、「用過去去創造未來」三個單元的設計，目的就是要幫助成員從過去生活成功經驗的分享，了解如何使用過去的經驗來激勵自己，幫助自己能夠堅持的完成每個戒癮小目標，並學習檢視自己戒癮的成果中達到戒癮的目標。Lopez 等人（2000）的文獻及郭國禎與駱芳美（2010a，2010b）的研究結果，顯示成員們參加希望戒癮諮商團體前或比未參加團體但背景相似的成員，更能從過去成功的經驗中找到自己擁有的內在資源，更相信自己過去擁有的能力可以再次用來處理目前的問題，因而從戒癮信心的增強中堅強了他們對戒癮目標的信心。這結果證實讓處於絕望感，忘卻曾有過成功經驗的成癮者來訴說過去成功的生命故事，是激勵他們設定戒癮目標的勇氣與毅力的一個值得採行的處理策略。

二、幫助成員認識改變過程與清楚戒癮的路徑

除了目標之外，戒癮路徑的規劃也是相當重要的。不過戒癮是一個漸進的過程，所以在規劃戒癮的路線時，首先應幫助成員了解戒癮改變的過程。例如上述「你想改變嗎？」這個單元來幫助成員認識這個過程，並透過案例的討論中與個人經驗分享中，了解自己在每個階段遇到的困境，再從角色扮演與討論中學習要如何面對與克服這些困境。當成員了解戒癮改變的過程後，下一步則是幫助他們規劃出一個朝目標進行的計畫，及肯定自己規劃路線的能力。因為根據學者者（Quinn, 2007; Snyder, 1994, 2000; Snyder, Ritschel, Rand, & Berg, 2006）們的說法，人們對自己規劃路線能力的肯定是相當重要的，唯有當個體相信自己能為所要達到的目標歸劃出可

行的路線，個體才會有付諸行動的動力。尚且達到目標的路線可能有好幾條，高希望的成員較能設定出特定具體的目標，並能針對該目標發展出較可行的路線，且當原本設定的路線行不通時，能找出取代性的路徑；反之，對自己沒有信心的低希望者較有困難設定出有效的路徑，且在遇到逆境時，常會因無法找出取代性路線而放棄達到目標的希望（Snyder, 2002）。例如上述「新目標、新希望」與「強化路線，蓄意待發」兩個單元的設計，就是要教導成員如何根據所設定的目標中，設定出具體的小目標，然後據此去發展可行路徑，目的是幫助成員學習能從諸多目標中鎖定其中較可行的一項，免去成員因面對多頭馬車而感到手足無措之感，並能從付諸行動中找到戒癮的信心。郭國禎與駱芳美（2010a, 2010b）的研究結果就發現團體的成員比參加團體前或其他未參加戒癮諮商但背景相似的成員，更了解自己戒癮的過程及較能清楚掌握戒癮目標的路徑。

三、幫助案主建立適切的認知

　　Snyder（2002）解釋希望理論中所指的「希望」，並不只是一種情緒或無目標的空想，而是如何透過理智的過程去確定目標與發展路徑，並強調消極的語言對希望感的程度與追求目標的原動力的影響力。據此，我們可以認定希望感是認知過程的一個產物，是當個體自覺能順利達到原所預定的目標時所引發出來的感受。由此可推論戒癮的成敗不僅是取決於目標的設定，也是在於個體是否有足夠的路徑與能量來克服困難。許多認知學派的治療者（江振亨，1999，2007；林瑞欽、黃秀瑄，2003；Beck et al., 1993; Marlatt, 1985; Rotgers & Nguyen, 2006）更大聲疾呼成癮案主若自認自己無能力拒絕藥物的引誘、也相信上癮物的使用會讓自己精神振奮或感到很輕鬆、否認其上癮物所帶來的不良結果，戒癮就會相當困難且復發性更會提高。根據此，我們設計「當癮來時你在想些什麼？」、「向『不可能』挑戰」與「學習當自己希望的燈塔」等單元，不僅著重在教導成員們了解其認知想法對自己設定路徑的影響，也教導他們如何以積極正向的言語挑戰不合理的信念，期望能幫助成員從改正其消極的戒癮信念中增強對戒癮的希望感。郭國禎與駱芳美（2010a，2010b）的研究結果，顯示成員參加

希望戒癮團體後，較參加團體前或其他未有機會參加團體但背景相似的成員，更能以積極的想法來面對改變的過程，並能以積極的態度來面對改變的過程。

四、幫助案主增進其克服的能力並學會調整情緒

諸多有關戒癮中壓力的處理與能否戒癮成功的研究指出，若未能適當的處理壓力很容易導致成癮者再次上癮（relapse）（Dawes, Antelman, Van-yukov, Giancola, Tarter, Susman, Mezzich, & Clark, 2000）、繼續使用上癮物（Brewer, Catalano, Haggerty, Gainey, & Fleming., 1998; Miller, 1998）或持續有癮頭（Sinha, Fuse, Aubin, & O'Malley, 2000）。而有效克服壓力的因應策略有助於減輕成癮者在戒癮過程所感受到的壓力感（Are´valo, Prado, & Ama-ro, 2008; Gil-Rivas, Fiorentine, Anglin, & Taylor, 1997; Najavits & Weiss, 1994）。其中更發現，積極且具有希望感的精神力量有助於女性戒癮者減低其戒癮中的壓力感（Are´valo et al., 2008）及戒癮的成功（Brown, O'Grady, Farrell, Fechner, & Nurco, 2001）。所以協助成癮者學習克服壓力的方法是相當重要的。況且生氣與敵對的態度常是人們因長期處在想達到的目標受阻或缺乏路徑或能量，長期失去希望感所導致的結果（Snyder, 1994）。為此，我們設計「調整生氣的情緒」的單元設計，目的就是要幫助成員從了解未能適當處理生氣的情緒對成癮的影響，並學習以肌肉放鬆的技巧及改變對情境的認知中去學習情緒管理的方法。另外例如「如何向誘惑說不！」的單元，目的是要幫助成員學習以自我肯定的技巧來拒絕藥物的誘惑中提升其希望感。郭國禎與駱芳美（2010a，2010b）的研究結果，顯示參加希望戒癮團體後，成員較參加團體前或其他未有機會參加團體但背景相似的成員，較能以適當的方式處理生氣的情緒及拒絕誘惑，而增進戒癮的希望感。

五、幫助成員增強自我尊重感及戒癮目標的能量

在戒癮過程中，除了戒癮目標與路徑的清楚設定之外，成癮者是否有能量願意遵循設定的路徑朝目標前進，更是戒癮能否成功的重要關鍵。在

希望理論中所指的能量強調的是人們追求目標達成的動機，是人們自認是否有能力隨著所設定的路徑完成目標的一種信念，而這個想法是推動人們朝向目標的重要心理能量。尤其是在追求目標的過程中遇到阻礙時，這股積極的能量想法，是激勵個體能持續往目標前進的重要動力（Quinn, 2007; Snyder, 2000, 2002）。所以在設計希望戒癮諮商團體中，包括「養精蓄銳，增強實力」、「學習當自己希望的燈塔」與「回饋與分享——我的希望之屋」等活動可增強成員達成目標能量。郭國禎與駱芳美（2010a，2010b）的研究結果，顯示團體成員參加希望戒癮團體後，成員較參加團體前較相信自己有充分的能量可以達到戒癮的目標。

　　另外，學者們（Dodge & Potocky, 2000; Lewis, Phillippi, & Neighbors, 2007; Rao, Czuchry, & Dansereau, 2009）也發現自我尊重與戒毒的狀況極有相關。自尊心低者較易藉助藥物濫用或酗酒來增進興奮感、人際交往互動的樂趣及逃避生活中的負向情緒（Cooper, 1994），而自尊心高者較不會這樣做（Lewis et al., 2007），所以在協助成員戒癮時，增進其自尊心是必要的管道。此外，犯罪社會學家 Reckless 認為正向的自重感可阻絕個人犯罪的發生，其中最重要的就是正向的自我意像和自我強度。其外在拉力（如不良朋友）、內在推力（如自卑感）及外在壓力（如貧困、不公平）是導致個人犯罪的原因，而外在抑制力（如道德、法律）和內在抑制力（如良好的自我概念、責任感）則是阻絕、抑制個人犯罪的力量（引自江振亨，1999）。根據此，本方案所設計的活動中，藉著讓成員分享成功的經驗、設定目標與路徑，及加強追求目標的能量中，以幫助成員自我尊重的提升。郭國禎與駱芳美（2010a，2010b）的研究結果發現，成員參加希望戒癮團體後，成員們較參加團體前或比其他未有機會參加但背景相似的成員，自我尊重程度提高，特別是他們都較參加團體前獲得家人較多的支持，其自信心與自我強度也相對增加，而且對周圍環境也較有社會責任感。另外，參加團體後成員們的家人給予的支持明顯高於團體前，他們的內在能力明顯的增強，周遭的環境也較能接受他們。

本章摘要

　　戒癮並非一蹴可成的，其改變的動機可分為五個階段，分別是意圖戒癮前、意圖戒癮、準備要改變、付諸行動以及維持戒癮的階段，當然改變的過程並非盡如人意，有時候案主會因放棄希望而退回先前的步驟，或甚至又再次上癮。人們的希望感，是影響他們是否願意尋求協助及能否順利進入每個階段的重要變項。因為透過希望感的增高，可以增進案主克服戒癮壓力的能力，特別是當他們在戒癮過程遇到阻礙時，諮商師更應幫助他們審視所遇到的阻礙，並修正及改變原所設定的目標與路徑，提升他們的希望感以期能捲土重來，重新邁步。針對上述動機改變的步驟，我們設計十次團體的諮商來幫助癮君子揮別癮頭，邁向健康的生活。在意圖戒癮前階段中，透過兩次的會談，幫助成員學會理性的分析成癮對自己的損益，來引發成員想改變的動機；在意圖戒癮的階段，透過兩次的會談，幫助成員思考與探尋有助於改變的動力來源並承諾願意戒癮的意願；在準備階段，透過兩次的會談，幫助成員開始為改變而努力，能為戒癮設定具體的目標與路徑，也幫助成員了解可能會遇到的阻礙，並做好防禦的措施；在行動階段，透過四次的會談，幫助成員處理癮頭來襲時的衝擊與掙扎，學會能肯定的把持自己的立場，對抗人為的誘惑，能夠勇敢的在他人面前當真正的自己，且能肯定自己的改變與成長。

　　再者，絕望感是很多成癮者無法戒癮成功的主要原因之一，其絕望感可能是來自成癮者不信任自己的戒癮能力、認為即使自己能戒癮成功，其生活品質改善的機會也是極微，或來自非理性絕望的憂鬱性思考，例如「我的人生已矇上汙點了，再努力也沒有人會相信我的」，這種絕望感易使成癮者在戒癮過程中喪失鬥志，並放棄努力。本章以幫助成癮者建築希望之家為概念，設計十次的團體諮商，強調除了幫助成癮者設定清楚的目標、發展達成目標的路徑、增進遵循步驟達成目標的路徑及克服障礙的能力外，更重要的是讓成癮者能真正體會到戒癮的重要性，並深信自己有能力設定目標及按所訂步驟完成目標的能力。要做到此，應幫助成癮者尋找希望、建立希望性的關係、增強希望與提醒案主他們擁有的希望。幫助成癮者尋

找希望是建築希望之家的第一步，是讓成癮者述說其生活故事中，將過去所發生的重要事件講出來，並將它與目前生活的情況加以連結，如此會有助於成癮案主找到希望亮光的緣起與消失的過程，並偵測出導致自己希望感消減的消極想法或行為。其次，諮商師應以同理、了解與信任的態度，激發成癮者對問題解決的希望感。再者，要幫助成癮者清楚的設定目標及達到目標的方法、幫助他們學習處理攔阻的情況。透過此可以增強成癮者戒癮的希望感，使得追求目標達成的能量得以持續。最後，在戒癮諮商的過程中諮商師應扮演希望的提醒者的角色，以鼓勵成癮者將先前成功的經驗蒐集起來，做為提醒與鼓勵自己之用。漸漸的，諮商師應鼓勵成癮者學習當自己希望的提醒者，當有阻礙想法出現時，就要學習以自己先前成功的經驗來鼓勵自己繼續努力，追求目標的達成。經過實驗研究後，發現如此的諮商會談設計有助於幫助成員增進其對目標的確定與堅持、認識戒癮改變過程與清楚戒癮的路徑、能以積極的想法與態度來面對改變的過程、增進其克服的能力並學會調整情緒，以及增強自我尊重感和戒癮目標的能量。

 《動腦篇》

1. 《為誰而戰》一文的作者阿芬女士與他先生來到諮商室中向你訴苦，為何戒酒的過程這麼崎嶇又漫長？請就戒癮改變的過程，向他們解釋影響戒酒過程的五個階段，及希望感是如何影響每個階段的進展狀況。

2. 請以建造希望之屋的概念，為阿芬的先生設計一套戒酒策略，幫助他從找到希望、架構希望之屋、加強希望及成為自己希望的提醒者，達到戒酒的目標。

3. 請比較以希望為主的戒癮諮商與其他傳統的戒癮治療之異同。並說明你會如何將希望理論的概念融入一般傳統的戒癮治療中，以增強戒癮的效果。

參考文獻

中文書目

江振亨（1999）。認知行為團體療法對濫用藥物者輔導成效之研究。國立中正大學犯罪防治研究所碩士論文，未出版，嘉義縣。

江振亨（2007）。多元整合戒治模式對吸毒者戒治成效之研究——以結合棉畫藝術——心理諮商及家庭連結方案為例。台灣高雄戒治所 96 年度自行研究報告書。

林瑞欽、黃秀瑄（2003）。吸毒者認知行為策略戒治成效之研究（I）。國科會專案研究（NSC 91-2414-H-194-007-SSS）。

法務部（2010）。法務統計。2010 年 7 月 25 日，取自 http://www.moj.gov.tw/ct.asp?xItem=35128&CtNode=11604&mp=001

法務部戒毒資訊網（2010）。十年來我國毒品濫用情形。2010 年 7 月 25 日，取自 http://refrain.moj.gov.tw/html/page_02.php

阿芬（2009）。為誰而戰？——請給我鼓勵。2011 年 7 月 24 日取自 http://tw.myblog.yahoo.com/fenmeilow/article? mid=-2&prev=136&1=f&fid=6

郭國禎、駱芳美（2010a）。九十九年度台中地檢署受保護管束人希望戒癮團體諮商方案成果報告書。台中地方檢察署觀護人室。

郭國禎、駱芳美（2010b）。九十九年度台中女子監獄希望戒癮團體諮商方案成果報告書。台灣台中女子監獄教化科。

英文書目

Are´valo, S., Prado, G., & Amaro, H. (2008). Spirituality, sense of coherence, and coping responses in women receiving treatment for alcohol and drug addiction. *Evaluation and Program Planning, 31*, 113-123.

Beck, A. T., Wright, F. D., Newman, C. F., & Liese, B. S. (1993). *Cognitive therapy of substance abuse.* New York: Guilford Press.

Brewer, D. D., Catalano, R. F., Haggerty, K., Gainey, R. R., & Fleming, C. B. (1998). A meta-analysis of predictors of continued drug use during and after treatment for opiate addiction. *Addiction, 93*, 73-92.

Brown, B. S., O'Grady, K. E., Farrell, E. V., Fechner, I. S., & Nurco, D. N. (2001). Factors associated with frequency of 12-step attendance by drug abuse clients. *American Journal of Drug and Alcohol Abuse, 27*, 147-160.

Cooper, M. L. (1994). Motivations for alcohol use among adolescents: Development and validation of a four-factor model. *Psychological Assessment, 6*, 117-128.

Dawes, M. A., Antelman, S. M., Vanyukov, M. M., Giancola, P., Tarter, R. E., Susman, E. J., Mezzich, A., & Clark, D. B. (2000). Developmental sources of variation in liability to adolescent substance use disorders. *Drug Alcohol Depend, 6*, 3-14.

DiClemente, C. C. (1999). Motivation for change: Implications for substance abuse treatment. *Psychological Science, 10*(3), 209-213.

DiClemente, C. C., & Prochaska, J. O. (1998). Toward a comprehensive, transtheoretical model of changes: Stages of change and addictive behaviors. In W. R. Miller & N. Heather (Eds), *Treating addictive behaviors* (2nd ed.) (pp. 3-24). New York: Plenum Press.

Dodge, K., & Potocky, M. (2000). Female substance abuse characteristics and correlates in a sample of inpatient clients. *Journal of Substance Abuse Treatment, 18*, 59-64.

Gil-Rivas, V., Fiorentine, R., Anglin, M. D., & Taylor, E. (1997). Sexual and physical abuse: Do they compromise drug treatmnet outcomes? *Journal of Substance Abuse Treatment, 14*(4), 351-358.

Glantz, M., & Pickens, R. (Eds.) (1992). *Vulnerability to drug abuse.* Washington, DC: American Psychological Association.

Irving, L. M., Seidner, A. Ll., Burling, T. A., Pagliarini, R., & Robbins-Sisco, D. (1998). Hope and recovery from substance dependence in homeless veterans. *Journal of Social and Clinical Psychology, 17*, 389-406.

Jackson, R., Wernicke, R., & Haaga, D. A. F. (2003). Hope as a predictor of entering substance abuse treatment. *Addictive Behaviors, 28*, 13-28.

Leshner, A. I. (1997). Addiction is a brain disease, and it matters. *Science, 278*, 45-47.

Lewis, M. A., Phillippi, J., & Neighbors, C. (2007). Morally based self-esteem, drinking motives, and alcohol use among college students. *Psychology of Addictive Behaviors, 21*(3), 398-403.

Lopez, S. J., Floys, R. K., Ulven, J. C., & Snyder, C. R. (2000). Hope theory: Helping clients build a house of hope. In C. R. Snyder (Ed.), *Handbook of hope* (pp. 123-166). New York: Academic Press.

Marlatt, G. A. (1985). Cognitive factors in the relapse process. In G. A. Marlatt & J. R.

Gordon (Eds.), *Relapse prevention: Maintenance strategies in the treatment of addictive behaviors* (pp. 128-200). New York: Guilford.

Marlatt, G. A. (Ed.). (1998). *Harm reduction: Pragmatic strategies for managing high-risk behaviors*. New York: Guildford Press.

Michael, S. (1999). *The effects of expressive and hopeful writing on coping with traumatic events*. Unpublished master's thesis, University of Kansas, Lawrence.

Miller, W. R. (1998). Researching the spiritual dimensions of alcohol and other drug problems. *Addiction, 93*, 979-990.

Miller, W. R., & Rolinick, S. (1991). *Motivational interviewing*. New York: Guilford.

Najavits, L., & Weiss, R. D. (1994). Variations in therapist effectiveness in the treatment of patients with substance use disorders: An empiricalreview. *Addiction, 89*(6), 679-688.

Quinn, C. M. (2007). *Hope theory: A formula for success*. Master Thesis of the University of Toledo.

Prochaska, J. O., DiClemente, C. C., & Norcross, J. C. (1992). In search of how people change: applications to addictive behaviors. *American Psychologist, 47*, 1102-1114.

Rao, S. R., Czuchry, M., & Dansereau, D. F. (2009). Gender differences in psysocial functioning across substance abuse treatment. *Journal of Psychoactive Drugs, 41*(3), 267-273.

Rollnick, S., Morgan, M., & Heather, N. (1996). The development of a brief scale to measure outcome expectations of reduced consumption among excessive drinkers. *Addictive Behaviors, 21*, 377-387.

Rotgers, F., & Nguyen, T. A. (2006). Substance abuse. In P. J. Bieling, R. E. McCabe, & M. M. Antony (Eds.), *Cognitive-behavioral therapy in groups* (pp. 298-323). New York: Guilford Press.

Selig, M. (2010). *Changepower! 37 secrets to habit change success*. New York: Routledge.

Sinha, R., Fuse, T., Aubin, L. R., & O'Malley, S. S. (2000). Psychological stress, drug-related cues, and cocaine craving. *Psychopharmacology, 152*, 140-148.

Snyder, C. R. (1989). Reality negotiation: From excuses to hope and beyond. *Journal of Social and Clinical Psychology, 8*, 130-157.

Snyder, C. R. (1994). *Psychology of hope you can get there from here*. New York: Free Press.

Snyder, C. R. (2000). Hypothesis: There is hope. In C. R. Snyder (Ed.), *Handbook of hope* (pp. 3-21). New York: Academic Press.

Snyder, C. R. (2002). Hope theory: Rainbows in the mind. *Psychological Inquiry*, *13*(4), 249-275.

Snyder, C. R., Harris, C., Anderson, J. R., Holleran, S. A., Irving, L. M., Sigmon, S. T., Yoshinobu, L., Gibb, J., Langelle, C., & Harney, P. (1991). The wills and the ways: Development and validation of an individual differences measure of hope. *Journal of Personality and Social Psychology*, *60*, 570-585.

Snyder, C. R., Irving, L., & Anderson, J. R. (1991). Hope and health: Measuring the will and the ways. In C. R. Snyder & D. R. Forsyth (Eds.), *Handbook of social and clinical psychology: The health perspective* (pp. 285-305). Elmsford, New York: Pergamon Press.

Snyder, C. R., Ritschel, L. A., Rand, K. L., & Berg, C. J. (2006). Balancing psychological assessments: Including strengths and hope in client reports. *Journal of Clinical Psychology*, *62*, 33-46.

Weisner, C., Greenfield, T., & Room, R. (1995). Trends in the treatment of alcohol problems in the US general population, 1970 through 1990. *American Journal of Public Health*, *85*, 55-60.

Weiss, R. D. (2004). Treating patients with bipolar disorder and substance dependence: Lessons learned. *Journal of Substance Abuse Treatment*, *27*, 307- 312.

第8章

希望理論在憂鬱諮商與自殺防治上的應用策略

前言

　　憂鬱的人在處理任何事時，嘴邊最常掛著的口頭禪是：「我看是沒什麼希望了。」也因著這樣的心態，他們對事情總是提不起勁，即使好不容易起個頭想做點事，也很快就無疾而終。憂鬱是現今社會相當普遍的心理疾病之一（駱芳美、郭國禎，2009; Cheavens, 2000），美國精神醫學會出版的《精神疾病診斷手冊》（*Diagnostic and Statistical Manual of Mental Disorder, DSM-IV-TR*）（American Psychiatric Association, 2000）指出約有 10% 至 25% 的女性與 5% 至 25% 的男性，在他們的一生中會有機會罹患憂鬱症。憂鬱者除了有經常感到疲倦、飲食或睡眠情況失調等生理症狀外；更甚者，他們常會感到內疚，自覺無用，並且對生命失去希望感，這種萬念俱灰的失意感，很容易讓他們產生自殺的念頭（Gilbert, 1992），若未能接受有效的治療，其自殺率會高於一般常人的八倍（卓良珍，2005），所以是個不可不正視的問題。影響憂鬱的因素甚多，可從生理、行為、認知等層面來探討，其處理的方式也會因憂鬱成因的不同而有異（駱芳美、郭國禎，2009）。然而傳統治療憂鬱的方法較強調憂鬱症狀的消除，但希望理論在

乎的是，如何幫助憂鬱案主挖掘內在的積極力量，來抗衡其內在的憂鬱感。本章將從希望理論的觀點來解釋憂鬱的成因及介紹如何幫助案主走出憂鬱。

第一節　希望與憂鬱的關聯

Peterson（2000）提醒我們在追求目標的過程中，希望感是一股重要的動力，抱存高希望者較快樂、其堅持性與成就感較高，也較健康。很多專家就指出當人們的希望感越高，他們的心理就越健康，也越少會被心理問題所困擾（Snyder, Harris, Anderson, Holleran, Irving, Sigmon, Yoshinobu, Gibb, Langelle, & Harney, 1991）。也因為如此，在協助憂鬱的案主時，提升他們的希望感是非常重要的步驟。首先讓我們先了解希望感到底是如何影響案主的憂鬱程度。

壹、希望理論對憂鬱症狀的解釋

誠如第一章的定義，希望理論所指的「希望」，並非是空幻的夢想，而是包括三個基本的要素：目標、路徑與能量。高希望感的人是有清楚的目標與路徑，並相信自己有足夠的能量能按著路徑達到預定的目標。根據《精神疾病診斷手冊》（American Psychiatric Association, 2000），憂鬱的症狀包括對事物興趣缺缺、心理動作遲緩（psychomotor retardation）（即感官與動作配合度遲緩）、疲憊或精神不繼、注意力不集中、憂鬱的心情、感到內疚或自覺無用感、自殺意念、體重減輕或增加、失眠或睡眠過多。但 Cheavens（2000）指出人們的情緒是受到自己對於目標達成與否，及在目標追求過程中得與失的主觀認知的影響（Snyder, 1994）。當覺知到自己在追求目標的過程受到阻攔、不知如何設定路徑或缺乏能量可達到目標時，就會感到憂鬱。

一、目標受到阻攔對憂鬱的影響

表 8-1　愛琳的憂鬱

《愛琳的憂鬱》

　　愛琳志在從事教職，所以大學時不顧家裡的反對，堅持填寫了教育相關科系，也順利進了理想的學府就讀。無奈畢業後，國內的師資過剩，師資供過於求，愛琳一直沒機會找到一份教職。她到處打工，有時幫人家當保母，也兼了幾份家教，但收入都不夠，還得伸手跟父母要生活費。每次遇此情況，父母總要對她嘮叨幾聲，她也很無奈。最近又投出幾個工作申請表，也參加了甄試，但結果都不如意，為此她感到非常憂鬱，感覺人生沒什麼意義，食欲減退，晚上睡覺時也常憂煩著自己前途未卜而輾轉反側，睡不著覺。本來對自己充滿信心的她，頓然對人生失去了希望。

　　研究發現人們希望感的高低會隨著其目標達成與否而升降（Snyder, 2000; Feldman, Rand, & Kahle-Wrobleski, 2009）。當人們所訂的目標受到阻礙時（如愛琳未能順利找到理想的教職），容易使他們因受此阻擾而對事物參與的興趣稍減、導致感官與動作配合度遲緩、常感疲憊或精神不繼、憂鬱程度增加、自覺非常無用、自殺意念極強、體重減輕或增加、失眠或睡眠過多的現象（Cheavens, 2000）。

　　人們每天要追求大大小小的目標非常多，也不是每個目標的追求都很順利，但人們並不會因此就會感到憂鬱，重要的關鍵是要看被攔阻目標的重要性與性質。

1. 受攔阻目標的重要性：當受攔阻的目標對個人越重要者，越易導致憂鬱感（Clark, Beck, & Brown, 1992）。例如認為沒有考上理想學府會影響以後生涯的發展，因而對入學考試的失利大感挫折，而導致憂鬱；又如愛琳志在從事教職，認為那是她發揮理想的方法，所以沒有找到教職讓她感到自己遠離發揮理想的機會，因而感到憂慮不安。Feldman 等人（2009）就發現目標的重要性會影響人們設定目

• 267 •

標的路徑與能量，當想追求的目標越重要，個體越會有清楚的路徑與能量，其追求目標達成的動機會增強，因而助長目標達成的可能性。

2. 對未達成的目標做了不當的歸因：如果人們對目標未達成做了穩定（如常常會發生）及一般性的歸因（如不管在何種情況下都會發生）。以及／或者認為該次目標未達成其他目標也未能達成。以及／或者認為目標未能達成是因自己的某個負向特質造成的。再加上如果個人在生理（如遺傳基因、腦部結構或荷爾蒙失調）、社會（遇有生活重大變故、家庭互動或親子關係的問題或不利的文化環境）、心理（如不當的行為、認知扭曲）等無辜因素的影響（駱芳美、郭國禎，2009; Nolen-Hoeksema, 2004），就會因未能達成該目標而覺得自己一無是處，使得自尊心降低，憂鬱感增加。如果愛琳認為一次沒找到教職，就永遠找不到的話，就會感到相當憂慮。

3. 設定了不當的目標：所謂適當的目標是設立難易適中的標的。因為太容易達到的目標會缺乏挑戰，無法激發起人們追求目標的能量與動力；相反的，設定太困難超乎個人能力的目標也會讓人們因不知如何開始而裹足不前（Cheavens, 2000; Snyder, 1994）。甚且，如果設定的目標越具體，人們的希望感就會越高（Feldman et al., 2009）。像案例中愛琳剛從學校畢業，經驗還不足，目標設定的太高可能會讓她認為達不到而不敢嘗試；但如果告訴她，當保母也算是一份工作，她可能會覺得目標太低而缺乏動力。

4. 對目標的達成有失敗的期待：人們對目標追求的希望感常會受到過去目標達成與否的影響，如果有過達成目標的經驗，會對自己達成目標的能力較有信心；反之，則對自己達成目標的能力有所存疑。不幸的是，憂鬱的人常是過去取向者，經常因自己先前失敗的經驗，而對未來目標的達成抱持悲觀的想法（Cheavens, 2000）。像愛琳因為幾次找工作的不順利，就擔心再申請又會被拒絕，因而不敢再嘗試了。

二、設定路徑的挫敗經驗對憂鬱的影響

表 8-2　其美的擔憂

《其美的擔憂》

　　其美原是個家庭主婦，最近兩個孩子都已長大搬離家裡上大學去了，其美開始想展開新的人生。最先，她告訴先生想學電腦，先生就幫她找了好多電腦班的資訊，也幫她準備好一台電腦；之後，她從倉庫裡找出一台舊的縫紉機，又說想學裁縫，先生又幫她找了裁縫班的資訊。但是都只聞樓梯響，電腦與縫紉機擺在書房的角落，但卻不見其美去報名上課，或試著操弄電腦或縫紉機，每天只是盯著電視直看，連飯也不想煮了。寒假時兩個孩子回家見狀，關心的問母親想學電腦或縫紉的狀況，其美說她是想學東西，但不知要如何開始；也擔心太久沒學東西，會學不來。

　　表 8-2 所述的其美，為何信誓旦旦的訂下了想要努力的目標，但卻未見其採取任何行動，因而讓所訂的目標無疾而終呢？根據 Cheavens（2000），其美未能設定路徑可能是因為她真的不知從何開始，或是她不相信自己有能力設定路徑。Snyder（1994）認為個體對自己能力的信任程度是很重要的關鍵，通常憂鬱者會低估自己的能力，不相信他們有能力設定路徑，這也是造成他們憂鬱的主要原因。除此之外，常有些人雖然明知原所設定的路徑無法達到原所設定的目標，但可能會因不知如何從此無效的路徑中離開，改換其他可取代的路徑，執意的在死胡同裡掙扎，而變成憂鬱症（Lecci, Okun, & Karoly, 1994）。在這種情況下，人們會注意力不集中、感官與動作配合度稍顯遲緩，並易感到憂鬱及自覺無用，且有自殺的意念（Cheavens, 2000）。Lecci 等人發現即使人們卡在死胡同中，但若相信自己一定能找到出路者，其憂鬱感會比認為都找不到出路者還低。學者們（Snyder, LaPointe, Crowson, & Early, 1998）比較高希望與低希望感者對訊息的喜好情形，發現高希望感的人較喜歡聽或回憶起與追求目標成功有關的積極性的訊息，而低希望感的人則傾向於傾聽或回憶消極和與憂鬱有

關的訊息。

三、達成目標的能量不夠對憂鬱的影響

　　當如前述愛琳因原所設定的目標受阻或設定路徑的挫敗經驗，而導致她感到憂鬱，失去能量再去尋求新的目標或按目標再去設定新的路徑。Coyne、Gallo、Klinkman 與 Calarco（1998）發現因目標受阻的挫折而感到憂鬱者，明顯的較未經驗這種狀況者缺乏信心，而因此缺乏再出發的能量與冒險的精神。另外，在生活中也不難發現像其美一般，雖已設定好目標，但卻遲遲不見起步；也設定好路徑，或計畫進行一半就中途而廢。Cheavens（2000）指出這種情況的出現可能有幾個原因，一是缺乏追求該目標所需有的生理能量（如一位不經常運動的人想參加馬拉松賽跑，雖已報名參加比賽，會因缺乏體力而作罷）；二是缺乏追求目標所需有的心理能量（如剛入大學的新鮮人想要結交新朋友，卻會因缺乏社交與溝通技巧而未能如願）；三是不清楚目標對自己的重要性（如父母強迫孩子選擇一個他們並不感興趣的科系，結果孩子上大學後因未認真學習而遭退學）；四是因太注重結果忽略過程的享受，而導致在目標追求的過程中興趣缺缺，而不願繼續努力（如某君準備高考，但每天準備的過程中都患得患失，未能享受準備過程中學習的樂趣，最終因覺得高考的目標遙不可及而作罷）。

　　上述等原因會讓個人缺乏達到目標的能量而感到憂鬱，他們最常出現的症狀是對事物完全失去興趣、疲憊或精神不繼、感官與動作配合度減緩、感到憂鬱及自覺無用、有自殺的意念、體重有所改變，而睡眠習慣也有失常的現象。Cramer 與 Dyrkacz（1998）強調人們達到目標的能量比其路徑更能有效預測心理健康狀態，所以在幫助案主處理憂鬱問題時，增進其心理的能量是相當重要的。一項針對中年人的研究中也發現中年男女對追求生活目標的能量越高者其生活的適應越好（Chang, 2003）。Arnau、Rosen、Finch、Rhudy 與 Fortunator（2007）更發現案主達到目標能量的高低對其憂鬱的影響力比路徑更大。

貳、希望感是對抗憂鬱的良藥

常常在人們遇到憂鬱或沮喪時，會以「時間會解決一切」的處理方式來消極的等待，但 Snyder（1994, 2004）挑戰這樣的說法，他認為唯有厚植希望感，才能幫助個體與遇到逆境時產生的憂鬱感抗衡。Snyder 所以提出這樣論點是因為許多研究發現即使陷於極度憂鬱的人也並非萬念俱灰，因為他們總可以從生活中發現至少有一件事是可以不用掛心的（Pelham, 1991, 1993; Snyder et al., 1991; Snyder, Hoza, Pelham, Rapoff, Ware, Danovsky, Highberger, Rubinstein, & Stahl, 1997）。同樣的，Chang 與 DeSimone（2001）就發現希望感的高低可以有效的預測大學生罹患憂鬱症的狀況。擁有希望感的女大學生較少感到憂鬱（胡嘉琪，2000）。其他學者們（Farran, Herth, & Popovich, 1995; Peterson, 2000; Seligman & Csikszentmihalyi, 2000）也指出希望感與勇氣及樂觀等正向積極的心態，是很重要的內在心理能量，可用來保護人們免於罹患心理疾病。希望感所以能幫助個體對抗憂鬱感的原因，可歸類如下。

一、希望感具有幫助人們追求目標達成的動力

希望感能對抗憂鬱症，是因為它具有幫助人們追求目標達成的動力，是人們對於能否達到未來目標的信念。抱持高希望感者，對自己所設定的人生目標有積極的評價，相信自己能夠有效的達到該目標（Snyder et al., 1991），並能從追求目標的過程中體會到快樂與成就感。因為如此，他們的身心較健康，意志力較強（Peterson, 2000），對生活也較滿意（Chang, 1998）。例如表 8-1 中的愛琳，可讓她分享從身為保母與家教的工作體會教職的意義，所以即使還沒有正式找到教職，也可以從每天的工作中體會到生活中的希望感，而增進繼續尋求正式教職的動力。表 8-2 中的其美，可讓她從過去的生活中，重溫自己曾追求目標成功的經驗，幫助她尋回信心，以找到追求新目標的動力。

二、希望感有助於提高適應環境的能力

　　希望感能對抗憂鬱症，是因為它有助於提高人們適應環境的能力（Cramer & Dyrkacz, 1998）。比如因意外而導致身體殘障的人，若有清楚目標與達到目標的方法，並有達到目標的能量，他們的憂鬱感就會降低，且有較好的心理適應（Elliott, Witty, Herrick, & Hoffman, 1991）。又如愛琳若相信從保母與家教的工作中能增進她的教學經驗，就有助於她適應目前的處境。

三、希望感高者使用的因應策略較積極

　　希望感會影響人們因應策略時採用，而影響其憂鬱的狀況。在 Snyder 的希望理論中，將希望定義為是為達成目標所做的努力（Snyders et al., 1991; Snyder, 1995），依此論點可見人們的希望感與問題解決的能力應該會很有關聯。以大學生為受試對象的研究中發現，抱持高希望感的大學生較能以積極主動的方法克服環境的壓力（Snyder et al., 1991）。高希望感的學生，較能面對問題且以較積極與勇敢的方法解決問題，且採用的解決方法較為理性；反之，低希望感的學生較常逃避問題，或以害怕與緊張的方法解決問題，且解決方法較不理性。高希望感的學生較少像低希望感的學生使用空想（wishful thinking）、自我批評或退縮的方法來處理學業壓力（Chang, 1998）。以中年人的研究發現中年男女追求生活目標的能量，會因著有效的問題解決能力而得以增強；中年婦女也會因學會有效的問題解決技巧，而對追求人生目標的方法更有掌握，對中年生活會有更好的適應（Chang, 2003）。Hayes、Beevers、Feldman、Laurenceau 與 Perlman（2005）建議鼓勵憂鬱的案主描述自己憂鬱的心情，有助於他們減低憂鬱、增高希望感及改進心理的健康。相反的，一味的要憂鬱的人「不要想那麼多」的逃避問題方式（如避免以情緒去感受、去想像或憶起），偶爾用之，對壓力的減除有所助益，然而如果經常使用會引致分心、認知扭曲、藥物濫用、自我傷害、無助甚至自殺等消極的症狀（Hayes et al., 2005; Ottenbreit & Dobson, 2004）。另外，很多憂鬱者會過度的情緒投入（overengagement with emotion），不斷反覆的想著、強迫性的擔心著及非常緊張等，這對心理與身體的健康都有不良的影響（Gross, 2002; Kiecolt-Glaser, McGuire, Robles, & Glaser, 2002; Salovey, Rothman, Detweiler, & Steward, 2000; Segerstrom, Stanton, Alden, & Shortridge, 2003）。如愛琳的例子，可鼓勵她練習工作面試與教學的技巧，以增進其順利找到工作的機會；針對其美的例子，可鼓勵她說出自己對學習新事物的擔心，幫助她以積極的語言來代替消極的話語，以增進其自信心。

第二節　希望與自殺的關聯

　　根據董氏基金會的統計，台灣的自殺現象從民國 82 年每 10 萬人中約有 6 人自殺死亡，增至民國 92 年每 10 萬人中約有 14 人自殺死亡（http://www.jtf.org.tw/suicide_prevention/page02.asp），可看出自殺的情況有日趨嚴重的趨勢。在美國，自殺是死亡的首要原因，每年約有三萬人是死於自殺（Fiske, Gatz, & Hannell, 2005; Grewal & Porter, 2007），可見自殺是不容忽視的問題，而且因為自殺是憂鬱患者的主要症狀之一，所以在處理憂鬱症狀時更不能忽視自殺的防治。

壹、希望與絕望

　　Beck（1963, 1974）認為憂鬱者有三項認知上的特質，即是對自己、對自己與外在環境的關聯，以及對未來皆抱持消極與負向的態度。而絕望指的是第三項特質，認為自己的未來是黑暗晦澀，沒什麼可期待的（Beck, Kovacs, & Weissman, 1975）。絕望者有三種症狀，包括動機方面的症狀（如缺乏主動性的反應）、認知方面的症狀（如無法透過理性思考了解自己的反應）、情感方面的症狀（如經常感到悲傷）（Abramson , Metalsky, & Alloy, 1988）。絕望者也可能是因在智能方面有所缺陷，因而無法去思考或想像未來是可以忍受且是有希望的（Beck, Brown, Berchick, Stewart, & Steer, 1990; Bruss, 1988; Salter & Platt, 1990）。有學者（Bruss, 1988; Cutcliffe,

1997）認為，絕望者不是無法面對未來，只是因為他們太注重過去，太常以過去失敗的眼光來看未來，而讓未來看起來顯得灰濛與無望。而慢性疾病患者的絕望感則是來自過度強調目前的困難及常訴說自己不幸的遭遇，而無心思考對未來做任何計畫所致（Miller, 1983）。

很多研究發現，絕望感（hopelessness）與自殺有極大的關聯性（Hanna, 1991）。具體來說，絕望與自殺的想法（Beck, Kovacs, & Weissman, 1979; Cheung, Law, Chan, Liu, Yip, 2006; Holden, Mendonca, & Mazmanian, 1985）、自殺的企圖（Cheung et al., 2006; Salter & Platt, 1990），以及真正自殺身亡（Beck et al., 1990; Beck, Brown & Steer, 1989）有極大的相關性。例如 Cheung 等人（2006）的研究中發現 40%的香港人自殺是因憂鬱所致，而 20%是因絕望感所致。憂鬱的人通常對自己生活的經驗會賦予消極負向的意義，所以當遇到問題時就很容易認為是無望的（Beck et al., 1990; Collins & Cutcliffe, 2003）。當感到絕望時，其認知與思考上常會處在一種矜持與放不開的狀態（constriction），這讓他們很難能專心的針對問題去計畫可能解決的方法，以及思考是否有其他的管道可以解決問題，所以很容易就走上自殺一途（Schneider, 1985; Schotte & Clum, 1987）。就像 Beck（1963）所說的，絕望是連結憂鬱與自殺的重要因素。

不同於絕望者看不到未來，富有希望感的人則是對將來抱持著積極期望的（Hanna, 1991）。其實從很早以前，很多學者就已體認到「希望」的重要性（Grewal & Porter, 2007）。例如 Menninger（1959）與 Stotland（1969）很早就將希望定義為對達到目標有正向的期待，French（1952）及 Menninger（1959）也已提到希望有助於案主在諮商過程中的改變、提高學習意願及增加心理的健康。研究就發現在第二次世界大戰中，在日本監獄的美軍戰俘，若抱持高希望者倖存率較抱持低希望者高（Nardini, 1952）。稍後的研究也指出，富有希望感的人對環境的適應力也較好（Magaletta & Oliver, 1999）。

貳、自殺

　　對自殺一事，Hanna（1991）整理出學者們不同的詮釋。Freud 認為自殺的衝動是來自人死的本能（引自 Hanna, 1991）。Menninger（1938）認為自殺的行動包括三個要素：殺人的意念（攻擊性）、被殺的意念（屈服）及死亡的意念（死的本能）。不過他說自殺行動，會因所抱持的動機而有所不同，若是有殺人意念的，會將殺人的動機加諸於自己的身上（如槍殺自己）；有被殺的意念者，則會將自己放置在被殺的情況下（如躺臥在鐵軌上）；有死亡的意念者就很容易自殺成功。另一位學者（Farber, 1968）則認為自殺包括自殺的意圖與結果。不過很少人會單純為了自殺而自殺，通常會是因為遇到重大的危機或痛苦的事（Frankl, 1967），使身心受到極大衝擊而感到失衡所致（Janosik, 1986）。在這種情況下，他們雖然很想改變，但如前面所說的因為絕望感讓他們看不到前景，所以就藉自殺一途來了結衝擊與失衡的現象（Hanna, 1991）。不僅如此，研究也發現絕望感比憂鬱更容易預測人們的自殺行為（Beck, Steer, Beck, & Newman, 1993; Wetzel, 1976），而且絕望感更是憂鬱者會自殺的主要原因（Beck et al., 1975）。例如Kuo、Gallo與Eaton（2004）進行 13 年的追蹤調查研究中就發現絕望想法越強的人，他們的自殺企圖、自殺想法與自殺成功的比率也會較高。1981 年在他們研究之初表達有絕望想法者，在往後的 13 年中，其自殺比率比未有絕望想法者高出 11.2 倍。Beck、Steer、Kovacs與Garrison（1985）針對 207 位憂鬱的病人進行五至十年的追蹤研究，發現絕望感是人們自殺的主要因素。Brown、Beck、Steer 與 Grisham（2000）追蹤 6,891 位精神科的病人，發現憂鬱、絕望感及自殺史，是導致他們自殺的主要原因。

　　Snyder（1994）將自殺行動解釋為是絕望者的最後一線希望。讀者們應該還記得第一章所提到的希望是路徑最佳能量的總合。當絕望者長期被隔絕在所嚮往的目標之外，當走投無路時，可能會消極的為自己訂下最後一個目標（自殺）、訂定自殺的路徑，並以最後的一絲力氣與能量，達到

目標的達成（Snyder, 2002）。所以 Collins 與 Cutcliffe（2003）特別強調在處理有自殺企圖的憂鬱案主時，增進其對人生積極活下去的希望感是很重要的第一步驟。

第三節　應用希望理論於憂鬱或自殺諮商

基於上述的討論，我們了解到厚植憂鬱案主的希望感是減除憂鬱，也是防治自殺的一個重要的管道。而提升希望感可以從目標的設定、路徑的發展、能量的增強、因應策略的學習等方向著手。所以下面我們將針對這幾個方向一一加以說明。

壹、幫助憂鬱者或有自殺企圖者設定可掌握的目標

一、設定正向與具體的目標

有位憂鬱的案主每次開口就是：「好多事都煩惱不完。」但當進一步詳問到底是在為什麼事而憂煩時，卻總是支支吾吾說不上口。Cheavens（2000）指出憂鬱者常無法將生活上需要處理的事務理出個清楚具體的目標，所以才常會在心理上壓個石頭快樂不起來，卻不知壓在心裡頭的那個重擔是什麼。Beck 與 Rush 等人（1979）建議要「幫助案主減除憂鬱症狀的方法，就是讓他們將抱怨的問題轉化成可解決性的問題」（頁 167）。換成希望理論的口氣，就是幫助案主將所面對的困難轉換成積極的解決問題的目標（如將「我交作業總是拖拖拉拉的」改成「我要學會準時交作業」），然後在將這大目標轉換成具體的小目標（如「期中考前我修的心理學課要交一份報告，我計畫要以兩個星期內找好資料，再用三個星期的時間寫完報告，並要準時交出」）。透過具體可行的目標可增進案主成功的達成目標，而增加正向積極的經驗（Cheavens, 2000）。

但誠如前面例子所說，有自殺意圖者也可以將自殺視為目標的一種，所以幫助案主設定目標時應著重在積極正向的目標，才能讓長期看不到前

路的自殺企圖者，看到生命的亮光，找到希望感。

二、不要孤注一擲，多設一些具體的子目標

有時雖然案主已清楚的針對大目標設定具體的目標，但有時候會事與願違無法順利達到所希望的目標。例如一位拿到教育學位並有興趣教書的人，他的目標是進入國中或高中當專職教師，但因經濟不景氣，教職不多，所以他所送的申請函都石沉大海讓他感到相當憂鬱。但他的一位同樣拿到教育學位並有興趣教書的人，也未找到正式教職的同學，卻沒有他的憂鬱感，因為那位同學秉著要教學不一定要在學校教，很多地方都會需要老師的理念，在補習班兼課也擔任家教。後面這位同學為自己想教學的目標，多設一些子目標，才不會因為一個目標受阻就感到挫折。根據此例，預防案主感到憂鬱的方法，就是鼓勵他們清楚自己的目標，並針對該目標多設一些具體子目標，以增進他們獲得成功的經驗（Cheavens, 2000）。而企圖自殺者，常是因所固著的單一目標受到阻礙而感到絕望所致，鼓勵他們多設一些具體的子目標，就較不會遇到被阻擾而受挫的挫折感。

三、設定有助成長目標

Dykman（1998）批評認知理論在治療憂鬱的案主時，忽略了考量案主的動機因素，為彌補此缺陷而提出憂鬱的目標取向模式（goal-orientation model of depression），強調案主在追求目標達成的動機的適當與否，會影響其心理的健康狀態。目標取向有兩種，一種是尋求認可的目標（validation-seeking goals），另一種則是尋求成長的目標（growth-seeking goals）。尋求認可的目標者是以得到他人肯定與讚賞為目的，並從中去證實自己的價值。所以萬一未能順利的達到目標，這兩種不同目標取向的人就會有非常不同的感受。以尋求認可為目標取向者很容易認定是自己的無能（如否定自己的價值感與能力，並認為自己是不受歡迎的）、降低自尊心，並且在遇到困難的目標時就放棄，這樣的情況很容易導致憂鬱，甚至有自殺的意圖；反之，尋求成長的目標者是以從追求目標的過程中獲得的成長與學習為主，所以即使未能如願的達到目標，也會從中汲取經驗，並相信他們

可以從中獲得成長，所以較不會感到憂鬱，而減低自殺的念頭。Dykman進一步將這個概念進行實證性的考驗，發現如他所假設的，尋求認可的目標者在遇到不順心的生活事件時，較容易感到憂鬱。據此他建議在進行憂鬱諮商時應幫助案主了解其追求目標的動機對其憂鬱感的影響，並鼓勵案主設立尋求成長的目標，並學習從目標追求過程中體會自己所獲得的學習與成長，並而找到活下去的意義。

四、設立達成性高且符合個人需要的目標

Cheavens（2000）鼓勵諮商師應幫助憂鬱的案主設立追求傾向的目標（approach goal）（如決定戒菸），而非逃避傾向的目標（avoidance goal）（如想戒菸是為了避免得肺癌）。因為追求傾向的目標是具體且有時限的，可以讓案主清楚的從目標達成的步驟與進展中，了解自己進步的過程，並從中獲得學習與成長；反之，逃避傾向的目標是不具體且無法掌握的，雖然偶爾為之危害不大，但因結果不易測量，且從逃避中無法學到成長的經驗，所以經常使用之易導致憂鬱及消極的自我評價（Coats, Janoff-Bulman, & Alpert, 1996）、分心、認知扭曲、藥物濫用、自我傷害、無助甚至自殺等消極的症狀（Hayes et al., 2005; Ottenbreit & Dobson, 2004）。此外，Cheavens也建議此目標的尋求最好是與自己的意願及需要相符合的（如設立考研究所的目標是因為自己的興趣，而非為了顧及父母的面子）；若追求的目標是為了他人的緣故，很容易產生憂鬱的情緒（如因不了解為何要考研究所，所以在準備的過程中，容易因受不了功課的壓力又不能不面對而感到憂鬱）。

貳、幫助案主發展出清楚的路徑

一、多設幾條可行的路徑

俗語說「條條大路通羅馬」，指的是人們可以透過不同的管道而達到相同的目的。通常，高希望感的人較有這個概念，也較常會為自己的目標

策劃多個不同的管道，所以一旦原來策劃的路徑行不通時，較能因有備案而能「老神在在」的不會感到憂鬱。所以幫助憂鬱或有自殺意圖的案主時，應鼓勵並幫助他們針對想要達到的目標設定不同的路徑。此外，設定不同路徑的要訣是相信自己有能力為目標設立路徑（Cheavens, 2000），因此，協助案主增強自信心，相信自己能找出幾個不同的方法來達到相同的目標是相當重要的。

二、將有效的因應策略納入路徑中

前面的探討中提到，人們採用的因應策略會影響他們憂鬱的狀況，若能採用積極主動（Snyder et al., 1991）、問題解決（Chang, 1998, 2003）及描述自己的憂鬱（Hayes et al., 2005）等因應策略，會有助於憂鬱的減除。所以在幫助設定路徑時，應幫助案主學習應用這些策略於路徑中，處理導致其憂鬱的情境，以有助其目標的達成。

三、提供技巧的訓練以增進路徑的強度

Lecci、Karoly、Briggs 與 Kuhn（1994）指出很多憂鬱的人雖設立了目標，但卻缺乏可以到達目標的路徑，原因之一是他們可能真的無能力設定路徑。在這種情況下，諮商師應教導他們設定路徑的能力，及如何將學習到的技巧與目標加以連結（如教導想要結交朋友但卻缺乏社交技巧的案主溝通技巧，鼓勵他們加以練習，並應用到實際的生活情境中），透過此成功的經驗將幫助他們建立自信，減低憂慮（Cheavens, 2000），並增加活下去的勇氣。

四、鼓勵案主認可自己成功的經驗

一位已拉拔子女們進入大學的母親嘆著氣訴說自己的無能；另一位獲得博士並在大學工作的案主說感覺自己不如別人。這兩個例子的案主是典型的憂鬱者，他們經常忘記或忽略自己的成就，不管已完成多少的豐功偉業，都常會認為自己一無是處，因而感到自卑。Cheavens（2000）建議有兩個方法可以幫助這樣的案主，一是鼓勵案主認可被自己所忽略的成就，

如鼓勵第一個案主肯定自己撫養子女的成就，讚賞第二個案主在工作與學業上所獲得的成就，並鼓勵他們分享努力的過程。如果案主真的想不出自己任何一個優點，諮商師可就他們來到諮商中心就是一個非常值得讚許的舉動，請他們描述如何讓自己付諸行動（鼓勵他們寫出來，並列得越具體越好），並鼓勵他們認可自己所做的這份努力。另外一個方法，諮商師可針對案主在諮商過程中的進步給予回饋。特別是留意並點出案主在過去遇到的阻礙時所採行的取代路徑，鼓勵案主從認可過去的成功經驗中，增強自己的信心，以幫助他們降低憂鬱感，並找到生命的意義。

、幫助案主加強追求目標達成的能量

Cheavens（2000）認為憂鬱的案主會缺乏達成目標的能量之可能原因包括：缺乏生理或心理能量、不清楚目標對自己的重要性、太注重結果忽略過程，或有自殺的企圖。誠如 Arnau 等人（2007）發現案主達到目標的能量比路徑對其憂鬱更有影響力。所以要幫助憂鬱的案主加強其追求目標的能量則應從上述的弱點去補強。

一、幫助案主增強生理的能量

有研究指出做運動是改變案主心情（Thayer, Newman, & McClain, 1994）及加強心理能量的有效工具（Snyder, 1994）。所以幫助憂鬱或有自殺意圖的案主時可以鼓勵他們多做運動，透過運動可增進生理的能量，加強行動力，其希望感也會增加（Cheavens, 2000）。另外，憂鬱者可能是來自神經傳導物質不足或接受器不敏感、腦部結構異常或荷爾蒙失調所致，若能接受適當的治療（如藥物、電療或光照治療），會有助於生理能量的提升（駱芳美、郭國禎，2009），其追求目標的動力就會增強，也會增強他們應付生活瑣事的能量。

二、幫助案主增強心理的能量

駱芳美與郭國禎（2009）指出，導致憂鬱案主失去心理能量的心理因

素諸多，包括環境、行為或認知等因素。所以要幫助案主增強追求目標達成的心理能量應從這幾個方向著手。

(一)環境方面的影響

1. 遭逢重大壓力事件與失喪所致

當案主在生活中遇到重大的壓力事件，很容易變得一蹶不振（Grant, Compas, Stuhlmacher, Thurm, McMahon, & Halpert, 2003），尤其是喪失親人及所愛的人而對生活失去鬥志（Holmes & Rale, 1967）。協助此類案主應鼓勵他們將哀傷的情緒表達出來，以寫信的方式告訴失去的親人，自己將計畫如何克服哀傷與重新振作（駱芳美、郭國禎，2009），以實際演練的方式練習所訂計畫的步驟，並以家庭作業的方式鼓勵他們付諸行動。

2. 親子關係不良與家庭互動不當所致

父母的信任與良好的親子關係及良好的家庭互動（Constantine, 2006; Dadds, Sanders, Morrison, Rebgetz, 1992），對子女追求目標的心理能量是相當有影響力的。學者們建議（駱芳美、郭國禎，2009；Constantine, 2006），處理這類的案主，最好採家庭治療的方式鼓勵父母與子女一起參與諮商的過程。除了教導父母與子女雙方如何扮演好各自的角色外，可幫助父母與子女表明自己對對方的期望、澄清彼此的誤解、練習溝通與表達關愛的技巧。透過此過程可幫助案主因經驗到家人的信任與支持，能增強達到目標的能量，而減低心中的憂慮感。

3. 因新文化的衝擊與不適應所致

在整個世界邁向國際村，文化交流風氣極盛的現代社會中，人們可能會因寄居異鄉異地的文化差異與適應不良，而對所訂的目標感到力不從心（Cuéllar, 1997; Parker, Chan, Tully, & Eisenbruch, 2005），特別是在適應過程中過度隱忍自己生氣的情緒（Law & Guo, 2010b）及使用不當的壓力因應策略（特別是過度的將責任扛在自己肩上或是逃避面對）（駱芳美、郭國禎，2010），而對案主心理健康影響極大。協助此類案主應幫助他們了解文化適應的過程、認識所在地的文化、尋找與學習如何應用資源、學習情緒管理與因應策略，並增加溝通的能力與技巧（駱芳美、郭國禎，2009，

2010；Law & Guo, 2010a, 2010b），以有助於他們文化的適應，增加面對新環境及追求目標的能量。

(二)行為方面的影響

1.是過度的自我控制所致

Rehm（1977）的自我控制理論指出當案主過度的將眼光放在負面的事件、在乎即時的增強、設立超乎自己能力的標準因而常有挫折感、很少獎勵自己而且常自我處罰，且太過於在乎外在的增強，就很容易感到憂鬱。幫助此類案主應透過實際的練習了解正確的自我觀察、自我評量及適時的自我回饋等，來幫助他們增進自己達成目標的心理能量（駱芳美、郭國禎，2010；Frunchs & Rehm, 1977）。

2.是因未能獲得足夠的增強物所致

學者們（Ferster, 1965, 1966, 1973; Lazarus, 1968; Lewinsohn, 1974, 1975）認為當人們因主動（如自己辭掉工作或與朋友絕交）或被動（如遭到解雇或因社交技巧不良而交不到朋友）的因素，離開了原來提供增強物（如獲得薪資或友伴的關愛）的來源，會因為增強物（如錢財或友誼）的失去而顯得煩躁不安、疲累、憂心等，而使得生活上失去了衝刺的能量。幫助此類案主時應透過了解自己失去增強物的原因、學習獲得增強物的技巧（如尋找工作或社交技巧）等方式，幫助他們與增強物再度產生連結，而增強生活的能量（駱芳美、郭國禎，2010）。

(三)認知方面的影響

1.是因不當的歸因所致

所謂歸因指的是人們對所發生的人、事、物所賦予的意義。學得無助理論認為人們會缺乏心理能量並感到憂鬱，是因為對所發生的事件不當的歸因所致。根據這個理論，人們對事件的歸因可分為三個向度：內在（如歸因為本身的特質）—外在（如環境因素）；穩定（如人的長相等不會改變的特質）—不穩定（如每天晚上睡眠的時間是會改變的）；一般（如案主認為每個人都喜歡美麗的東西，因為自己不美麗，所以沒有人會喜歡她）—特定的（如案主認為因為自己穿了一件不好看的衣服，所以別人不

喜歡她，下次換件好看的衣服就會讓別人刮目相看）。當人們對所發生的事件做了內在、穩定與一般的歸因，就很容易覺得無望而失去生活的動力（駱芳美、郭國禎，2010；Abramson, Seligman, & Teasdale, 1978）。協助此類案主時，可以幫助他們看到自己對所設定目標的歸因與對追求該目標達成的心理能量的影響、挑戰其歸因的真實性，並發展出有效的歸因。

2. 是因對目標的達成有過度完美的要求所致

　　根據 Ellis（2000）的理論，如果人們對自己所設定的目標抱持著「必須」、「絕對」、「非達成不可」的想法，就很可能因自覺沒把握，而對該目標的追求上變得畏畏縮縮的、裹足不前。處理此類案主，可以挑戰他們對目標的完美要求對心理能量的影響，從而鼓勵他們設定較有彈性的目標（如我會每天花至少三個鐘頭準備期末考，當然是希望可以得到滿分，但就是沒得到也沒關係，我已經全力以赴了），如此的想法可以讓案主較有能量朝所訂的目標邁進。

3. 是因對目標的達成有認知扭曲的誤解所致

　　當人們對達成目標的認知上有所扭曲時，也會影響他們對目標達成的能量。例如對目標的達成抱持二分法的思考方式（如「不成功便成仁」）、過度的推論（如認為如果這次失敗了，以後永遠不會再有機會成功了）、選擇性的摘要（如因別人未能達到目標，就相信自己也不會成功）、否定正向的經驗（如當別人讚許他為目標所做的努力時，可能會否定的說：「其實我是瞎掰的，我什麼都不會」）、自認能解讀他人的想法（如「我知道很多人都等著看我達不到目標的笑話」）、自認為能預知未來（如「我知道我的未來是沒什麼希望的，所以我也不用太努力了」）、災禍來臨了（如在追求目標的過程中遇到一點小瑕疵就說：「我看是沒希望了，我肯定會慘敗的」）、低估自己的成就與能力（如小看自己的能力，哀怨的說：「憑我的一點能力，怎麼達得到那個大目標呢！」）、誇大不利的事件（如別人對他目標的設定或進行給一點意見時，就說：「你看別人都這樣的批評，我看這條路是行不通的」）、情緒上的推論（如「做這個決定以來，我一直都覺得怪怪的，我想我訂的這個目標可能是不對的」）、「應該」性的陳述（如「我不『應該』這麼自私，只考慮到我要什麼」）、貼標籤（如

「我曾經失敗過，所以我是個十足的失敗者」）、個人化（如當事情有點錯時就怪罪到自己的身上）及很快下結論（如因為一點小挫折，就說：「我看這個目標的設定是天時、地利、人不和，我看就算了吧！」）（駱芳美、郭國禎，2010；Freeman, Pretzer, Fleming, & Simon, 2004; Knaus, 2006）。遇到此類案主，應著重在幫助他們找尋該想法的證據，並更正他們的認知，唯有積極正向的認知才能有助於心理能量的提升。

三、幫助案主清楚目標對自己的重要性

有位案主抱怨說：「我不知道為什麼要考大學，我對讀書興趣缺缺，考大學根本就是為了我父母，我不覺得讀書對自己有什麼意義，所以一想到要讀書就感到很鬱卒。」面對這樣的案主，可以幫助他們先探討自己未來的目標，然後想想自己的目標與讀大學的關係，及讀大學對自己成長的影響性。藉此可以幫助案主清楚目標對自己的重要性，以增進他們追求目標的動機。

四、學習享受追求目標的過程而不要只看結果

在追求目標的過程之所以容易讓人們感到憂鬱，是因為目標的追求常是一段長遠的過程，若沒有較具體的小目標，追求者是很難看出自己進步的情形，也會因此失去追求的動機。所以較有效的方法是鼓勵案主將大目標化成較具體的小目標，並根據小目標列出清楚的路徑，以及達成每個小目標的指標。更重要的是教導案主學習體會在追求目標過程中所獲得的成長，這樣的體會可增進案主繼續追求目標的動力。

第四節　應用希望理論於憂鬱或自殺防治的團體諮商範例

第一次會談：人生，怎一個「愁」字了得

目標：幫助成員從互吐苦水中彼此認識。

活動過程：

1. 在諮商室的牆壁上貼上大大小小的「愁」字。請成員進來時以其心中愁苦的程度從牆上拿取一張寫有「愁」的紙。

2. 請拿一樣大小的「愁」字者組成一組彼此認識，並吐露心中的憂愁，最後請每一組找一個最適合彼此心中的苦的形容詞來代表他們。

3. 每組介紹自己的組員及代表該組憂鬱程度的形容詞，及分享遇到同病相憐者的心情。

4. 諮商師要成員閉上眼睛，鼓勵成員從回想自己生活中的點滴想想是否有一點點積極溫馨的經驗，然後要他們將想到的任何一點點有溫暖感的都寫下來。

5. 請成員一一的大聲唸出自己所寫的溫馨感，諮商師將它寫在白板上，在這過程中鼓勵成員將自己也有的類似經驗記下來。

6. 請成員閉上眼睛仔細傾聽，諮商師將白板上所列的成員曾有的溫馨感受與經驗一一道出，要成員仔細體會這些經驗帶給自己的感受。

7. 請成員睜開眼睛，問他們聽了這些經驗後，自己感受到的「愁」是否有減少一些，如果需要可以依其情況交換較小的愁字，以表明自己憂愁減低的情況。

8. 成員分享參加完此次團體心中的感受。

9. 諮商師指定家庭作業：請成員記錄一星期中遇到讓自己感到憂慮的情境。

第二次會談：是誰把我的快樂偷走了？

目標：幫助成員偵測出攔阻他們達到快樂目標的阻礙物。

活動過程：

1. 請一位志願成員唸出上星期所遇到讓自己感到憂慮的狀況，並說出讓自己感到憂慮的原因。

2. 請成員一起當偵探，試著幫該成員偵測出在這個事件中是誰把這個人的快樂偷走的（是事件本身？這個人的想法？注意力的焦距有誤？）或所設定的目標不切實際（對事情的期望與實際不合？達成目標的路徑不恰當？或身心理的衰弱而缺乏能量？）

3. 經志願者與成員們互相討論與指證，確定出偷走該人快樂的原因。（步驟 3 至 5 可重複多次，直到每個成員都有機會說出自己憂慮的事件及他們憂慮的原因都被偵測出來）。

4. 諮商師在標著「追緝偷竊快樂的通緝犯」的大海報紙上面，以紅色的馬克筆將導致成員們不快樂的原因寫下來，並問成員是否有要補充的。成員一起面對海報宣示要抓到兇手，找回快樂。

5. 家庭作業：繼續請成員記下一星期中遇到讓自己憂鬱的情況時，請自己偵測讓自己憂鬱與不快樂的可能原因。

第三次會談：人生有望，希望無窮

目標：幫助成員了解解除憂鬱並獲得快樂的可能性。

活動過程：

1. 成員分享讓自己感到憂慮的狀況，並說出讓自己感到憂慮的原因，如果該原因未列在上星期的通緝令上，可以把它加上去，並說出：「我一定要打倒你這偷走我快樂的賊。」

2. 諮商師介紹希望理論的概念（詳見第一章）及希望感對憂鬱的影響及改善憂鬱的方法（詳見本章第一、二節）。

3. 成員分組，每組針對一到二個偷走快樂的原因，討論應付的策略並分享。

4. 家庭作業：

(1) 繼續請成員記下一星期中遇到任何積極正向的經驗。

(2) 一星期中至少運動 30 分鐘。

第四次會談：定睛於烏雲周邊的亮光

目標：幫助成員了解專注於人生的積極面，對增加心理能量的助益。

活動過程：

1. 諮商師請成員分享運動的情形，並就家庭作業中所寫的每個積極的經驗上，標出該經驗帶給他們的快樂指數（1 至 10，1 ＝一點點快樂；5 ＝中等快樂；10 ＝非常的快樂）。

2. 鼓勵寫得不夠詳細的成員，繼續想想有哪些快樂的經驗是被自己遺漏掉，把它們補上並標上該經驗帶給他們的快樂指數，最後請成員算出自己這個星期的總快樂指數。

3. 請成員分享上星期中自己所經驗到的快樂經驗，自己所獲得的總快樂指數，及此刻快樂的心境。

4. 請成員回想並分享過去一年所遇到任何積極正向的經驗（越詳細越好），每個積極的經驗上標出該經驗帶給他們的快樂指數，最後請成員算出自己去年這一年的總快樂指數。

5. 請成員回想並分享在自己人生中所遇到任何積極正向的經驗（越詳細越好），每個積極的經驗上標出該經驗帶給他們的快樂指數，最後成員算出自己這一生的總快樂指數。

6. 請成員分享定睛在積極快樂的一面對減低憂鬱心情的助益。

7. 家庭作業：

(1) 請成員訂出一個自己想完成的事，並觀察當自己在完成某些事務的過程中，目標的確定對完成該事物時心理能量與憂慮程度的影響。

(2) 一星期中至少運動 30 分鐘。

第五次會談：你知道自己在做什麼嗎？

目標：幫助成員了解目標的確定性對心理能量與憂鬱程度的影響。

活動過程：

1. 諮商師請成員分享運動的情形，在白板上寫下在過去的一星期中他們想完成的事物，並以百分比（1-100%）標明出該事物完成的情況，及以 1 至 5（1 ＝完全不憂慮；2 ＝稍有憂慮；3 ＝中等憂慮；4 ＝很憂慮；5 ＝非常憂慮）來標明處理該事件時心中憂慮的程度。

2. 請成員輪流分享他們想完成的事物及在完成過程中的狀況（越詳細越好），在描述時，諮商師適時的中斷並問該成員：「你清楚知道你想完成事務的目標嗎？」「你清楚知道完成這目標對你自己的重要性嗎？」在這過程中諮商師將成員所表達的答案，寫在該成員所列的想完成的事物旁（此步驟可重複多次，讓每個成員都有機會輪到）。

3. 諮商師鼓勵成員就他們的觀察，說出對想完成事物的目標之清楚性及重要性，對完成事物的能量及心理憂鬱感的影響。

4. 諮商師幫助成員列出此目標的完成與否對他們生活的影響，並以 1 至 5 標出其對自己的重要性（1 ＝一點都不重要；2 ＝有點重要；3 ＝中度重要；4 ＝很重要；5 ＝非常重要）。

5. 諮商師鼓勵目標很清楚的成員分享他們是如何去設定清楚的目標，以及該目標的清楚性與重要性對他們完成目標能量的增進及憂鬱感的影響。

6. 諮商師讓目標不清楚的成員訴說他們對生活的期望，從中找出與目前生活有關的期望，然後針對此期望訂出幾個相關的具體目標，鼓勵成員從中訂出一個目前想完成的目標，但也提醒他們如果一個行不通可以換另一個相關的目標。

7. 請原先目標不清楚的成員分享目標的清楚性對目標達成能量的影響。

8. 家庭作業：

   (1)請成員將所設定的目標（或重新設定一個目標）付諸行動，成員

並觀察當自己當想完成某些事物時，路徑的確定性對完成該事物時心理能量的影響。

(2) 一星期中至少運動 30 分鐘。

第六次會談：你知道要怎麼做嗎？

目標：幫助成員了解清楚的路徑對增加心理能量的助益。

活動過程：

1. 諮商師請成員分享運動的情形，在白板上寫下在過去的一星期中他們想完成的事物，並以百分比（1-100%）標明出該事物完成的情況，及以 1 至 5（1 ＝完全不憂慮；2 ＝稍有憂慮；3 ＝中等憂慮；4 ＝很憂慮；5 ＝非常憂慮）來標明處理該事件時心中憂慮的程度。

2. 請成員輪流分享他們想完成的事物及在完成過程中的狀況（越詳細越好），在描述時，諮商師適時的中斷並問該成員：「你清楚知道要完成該事物的方法嗎？」在這過程中諮商師將成員所表達的答案寫在該成員所列的想完成的事物旁（此步驟可重複多次，讓每個成員都有機會輪到）。

3. 諮商師鼓勵成員就他們的觀察，說出成員對想完成事物路徑的的掌握對心理憂鬱感及對完成事物的能量的影響。

4. 諮商師鼓勵目標與路徑很清楚的成員分享他們是如何去設定清楚的路徑，以及路徑的清楚性對他們完成目標能量的增進及憂鬱感的影響。

5. 諮商師請路徑不清楚的成員，說出想完成的目標及他或她到目前為止可以想到的路徑在白板上畫出來。諮商師引導成員一起思考並診斷目前的路徑可能有的缺失，並集思廣益的規劃出每一步的路徑（如果諮商師發現成員是因缺乏某方面的能力，如社交技巧、問題解決等，則應在這時候加入該部分的訓練）（此步驟可重複多次，讓每個成員都有機會輪到）。

6. 請原先路徑不清楚的成員分享上述的學習，對他們目標達成能量的增加與憂鬱感減輕的影響。

7. 家庭作業：

(1) 請成員就設定的路徑（再訂出一個自己想完成的事的路徑），並請成員觀察當自己想完成某些事物時，心裡的聲音對完成該事物時心理能量的影響。

(2) 一星期中至少運動 30 分鐘。

第七次會談：它又偷偷的跟你說了些什麼？

目標：幫助成員了解正確的認知想法對增加心理能量的助益。

活動過程：

1. 諮商師請成員分享運動的情形，在白板上寫下在過去的一星期中他們想完成的事物，並以百分比（1-100%）標明出該事物完成的情況，及以 1 至 5（1 ＝完全不憂慮；2 ＝稍有憂慮；3 ＝中等憂慮；4 ＝很憂慮；5 ＝非常憂慮）來標明處理該事件時心中憂慮的程度。

2. 請成員輪流分享他們想完成的事物及在完成過程中的狀況（越詳細越好），在描述時，諮商師可適時的中斷並問該成員：「在完成事物的過程中，你心裡在想什麼？」在這過程中諮商師將成員所表達的答案寫在該成員所列想完成的事物旁（此步驟可重複多次，讓每個成員都有機會輪到）。

3. 諮商師鼓勵成員就他們的觀察，說出成員心中對想完成事物時的想法，對其心理憂鬱感或對其自認能完成事物的信心的影響。

4. 諮商師與成員一起針對白板上所列出負向消極性的語言，找出可支持該語言的證據，並將其改成積極性的語言。

5. 請成員閉上眼睛，諮商師唸出成員所遇到的情境及心中常出現的消極語言，然後再取代積極性的語言來勉勵成員，讓成員體會積極的內在語言對想達成目標的激勵及憂慮感減少的情況。

6. 發給成員一張卡片，鼓勵成員將適用的積極語言寫下來。

7. 請成員大聲輪流唸出卡片裡的積極語言。

8. 成員分享積極性的語言對完成目標及憂鬱感減少的影響。

9. 家庭作業：

(1) 請成員將所學的積極語言應用在任務的完成上，當內在的消極語言出現時，便適時的以積極語言來反駁。並記下自己是否有哪些事情在處理上遇到阻礙，並體會在該種狀況下心中的感受。

(2) 一星期中至少運動 30 分鐘。

第八次會談：塞車了怎麼辦？

目標：幫助成員學習在困境中，學會以積極性的替代方法來克服之。

活動過程：

1. 諮商師請成員分享運動的情形，在白板上寫下在過去的一星期中他們想完成的事物，並以百分比（1-100％）標明出該事物完成的情況是否遇到阻礙，及以 1 至 5（1 ＝完全不憂慮；2 ＝稍有憂慮；3 ＝中等憂慮；4 ＝很憂慮；5 ＝非常憂慮），來標明處理該事件時心中憂慮的程度。

2. 請成員輪流分享他們想完成的事物及在完成過程中的狀況（越詳細越好），特別著重於分享在過程中他們心中的語言，在描述時，諮商師適時的中斷並問該成員：「在完成事務的過程中，你心裡在想什麼，是消極或積極的語言？如果是消極的，你用什麼樣的語言去取代它？」在這過程中諮商師將成員所表達的答案，寫在該成員所列的想完成的事物旁（此步驟可重複多次，讓每個成員都有機會輪到）。

3. 諮商師鼓勵成員就他們的觀察，說出成員心中對想完成事物時的想法，對其心理憂鬱感或對其自認能完成事物的信心的影響。

4. 請遇有阻礙未能如願完成目標的成員，描述自己遇到的情況（這時諮商師可以將一張椅子放在團體的中間，表示是該障礙物），及分享遇到障礙時對自己心理動力的打擊，並導致自己憂鬱的情形。

5. 諮商師鼓勵該成員盡量的將障礙物具體化（諮商師將其說出的具體障礙物寫在紙上，並貼在代表障礙物的椅子上）。請該成員分享他或她所曾試過的克服方法及其效果。然後諮商師鼓勵團體成員集思廣益的想出可行的克服方法，並請遇到該阻礙的成員以角色扮演的

方式演出來，測試其效果（步驟 4、5 可實施多次直到每個遇到阻礙的成員都有機會輪到）。

6. 請成員分享當找到有效的方法克服達到目標的障礙時，心理的能量是否增加，憂鬱的感覺是否減少。

7. 家庭作業：

   (1) 請成員將所學得的克服障礙的方法應用到實際的生活上，並體會應用後的效果，及對憂鬱感減低的影響。

   (2) 一星期中至少運動 30 分鐘。

第九次會談：勇者的畫像

目標：幫助成員認可自己的努力，並從自我獎賞中肯定自我。

活動過程：

1. 諮商師請成員分享運動的情形，以及他們應用所學的克服障礙技巧的效果。

2. 諮商師解釋憂慮感常來自人們未能肯定自己所做的努力。所以這次會談的目的是要幫助成員學會以自己付出的努力為榮。

3. 諮商師發一張紙上面寫著「勇者的畫像」，請成員回想他們在諮商過程中所做的努力，他們從其中所獲得的成長，並將它們鉅細靡遺的寫在紙上。

4. 提醒成員享受追求目標過程的重要性。所以請成員依照自己的表現與努力，寫出鼓勵與褒獎自己的話，以及應該頒發給自己的獎項。然後將它交給鄰座的成員。

5. 諮商師宣布「勇者的畫像」頒獎典禮開始，每個成員輪流頒獎給交給他們資料的鄰座成員，並請領獎成員閉上眼睛聆聽（頒獎者的）鼓勵與褒獎，及享受自己所得的獎項。然後請領獎的成員說出此刻的感受及此活動對減輕憂鬱的助益（此步驟可重複多次，讓每個成員都有機會輪到）。

6. 家庭作業：

   (1) 鼓勵成員享受生活中自己每分每秒所做的努力。

(2)一星期中至少運動 30 分鐘。

第十次會談：快樂滿懷

目標：幫助成員學會感恩並享受人生快樂美好的一面。

活動過程：

1. 在諮商師的牆壁上貼上大大小小的「悅」字。請成員進來時以其心中快樂的程度從牆上拿取一張寫有「悅」的紙。

2. 請拿一樣大小的「悅」字者組成一組，彼此分享，並吐露心中的喜悅心情，最後請每一組找一個最適合彼此心中喜悅的形容詞來代表他們自己。

3. 請成員輪流將這星期中他們所感受到的，值得感恩與感到喜悅的心情與成員們分享。

4. 請成員比較他們初次參加團體拿取「愁」字時與此刻拿取「悅」字時心情上的不同，及這種改變對改善憂鬱心情的影響。

5. 諮商師將希望理論及整個應用希望理論於諮商過程與目標講述一次，對成員們的成長給予回饋，並鼓勵成員繼續將在諮商過程所學的應用在生活中。

6. 成員就觀察其他成員的改變，彼此給予鼓勵與回饋。

本章摘要

　　憂鬱是現今社會相當普遍的心理疾病之一，憂鬱的人在處理任何事時，都存著沒有什麼希望的心態，所以面對事情時也總是提不起勁。影響憂鬱的因素甚多，可從生理、行為、認知等層面來探討，其處理的方式也會因憂鬱成因的不同而有異。然而傳統治療憂鬱的方法較強調憂鬱症狀的消除；但希望理論在乎的是如何幫助憂鬱案主挖掘出內在的積極力量，以對抗其憂鬱感。希望感是一個重要的推動力，希望感越高的人，生活較有活力，心理也較健康。希望理論所指的「希望」，並非是空幻的夢想，而是包括三個基本的要素：目標、路徑與能量。高希望感的人有清楚的目標與路徑，

並相信自己有足夠的能量能按著路徑達到預定的目標。當覺知到自己在追求目標的過程受到阻攔、不知如何設定路徑或缺乏能量以達到目標時，經常會讓人感到憂鬱，此時，唯有能厚植希望感，才能與生活的逆境所帶來的憂鬱感抗衡。希望感所以能對抗憂鬱症，是因為高希望感的人會使用積極性的因應策略，較有追求目標的動力，因而有助於適應環境能力的提高。

憂鬱者有三項認知上的特質，即是對自己、對自己與外在環境的關聯及對未來皆抱持消極與負向的態度。而其中的第三項特質就是絕望感，即會認為自己的未來是黑暗晦澀，沒什麼可期待的。絕望者有三種症狀：動機方面的症狀（如缺乏主動性的反應）、認知方面的症狀（如無法透過理性思考了解自己的反應）、情感方面的症狀（如經常感到悲傷）。很多研究發現絕望感與自殺有極大的關聯性，在處理有自殺企圖的憂鬱案主時，增進其對人生積極活下去的希望感是很重要的一個步驟。而提升希望感可以從目標的設定、路徑的發展、能量的增強、因應策略的學習等方向著手。在設定可掌握的目標方面，幫助憂鬱者或有自殺企圖者設定積極與具體的目標、鼓勵他們不要孤注一擲，多設一些具體的子目標，設定有助於成長，以及設立達成性且符合個人需要的目標。幫助案主發展出清楚的路徑方面，應鼓勵他們多設幾條可行的路徑、將有效的因應策略納入路徑中、提供技巧的訓練以增進路徑的強度，以及鼓勵案主認可自己成功的經驗。在幫助案主加強追求目標達成的能量方面，應幫助案主增強生理與心理的能量、清楚目標對自己的重要性，以及學習享受追求目標的過程而不要只看重結果。

根據上述的建議，我們設計十次的諮商會談，目的是要應用希望理論來進行憂鬱或自殺防治，各次的目標包括幫助成員從互吐苦水中彼此認識、偵測出攔阻他們達到快樂目標的阻礙物、了解解除憂鬱並獲得快樂的可能性、體會專注於人生的積極面對增加心理能量的助益、明白目標的確定性對心理能量與憂鬱程度的影響、清楚路徑的清晰對增加心理能量的助益、了解正確的認知想法對增加心理能量的幫助、學習在困境中如何以積極性的替代方法來克服、幫助成員認可自己的努力並從自我獎賞中肯定自我，以及學會感恩並享受人生快樂美好的一面。

《動腦篇》

1. 傳統式治療憂鬱的方法較注重憂鬱症狀的消除，但希望理論在乎的是如何幫助憂鬱案主挖掘出內在的積極力量來抗衡其憂鬱感。請舉一個憂鬱患者的例子，並以希望理論的觀點來分析導致其憂鬱的原因及處理的策略。

2. 導致憂鬱案主失去心理能量的心理因素諸多，包括環境、行為或認知等因素。請就愛琳的例子，分析如何從這上面這幾個方向著手，來幫助愛琳增強追求目標達成的心理能量。

3. 假設表 8-2 的其美來到諮商室，為自己設立目標卻不知著手而感到憂鬱，請設計一套希望諮商策略，幫助其美找到生命的動力。

參考文獻

中文書目

卓良珍（2005）。憂鬱症的心理治療。路加雜誌。2010 年 8 月 19 日，取自 http://www.ccmm.org.tw/magazine/magview/magazine1view.asp? key=441

胡嘉琪（2000）。**女性大學生在成長過程中憂鬱經驗之研究**。國立彰化師範大學輔導研究所碩士論文，未出版，彰化市。

駱芳美、郭國禎（2009）。**走出憂鬱：憂鬱症的輔導諮商策略**。台北：心理。

駱芳美、郭國禎（2010，7 月）。**我國僑生壓力因應策略與心理健康的相關研究**。第二屆兩岸四地大專院校心理與輔導諮商高峰論壇暨 2010 華人輔導與諮商學術研討會。日月潭，南投縣。

英文書目

Abramson L. Y., Metalsky G., & Alloy L. (1988). The hopelessness theory of depression. Does the research test the theory? In L. Abramson (Ed.), *Social cognition and clinical psychology*: *A synthesis* (pp. 33-65). New York: Guildford Press.

Abramson, L. Y., Seligman, M. E. P., & Teasdale, J. (1978). Learned helplessness in humans: Critique and reformulation. *Journal of Abnormal Psychology*, *87*, 49-74.

Arnau, R. C., Rosen, D. H., Finch, J. F., Rhudy, J. L., & Fortunator, V. J. (2007). Longitudinal effects of hope on depression and anxiety: A latent variable analysis. *Journal of Personality*, *75*(1), 43-64.

American Psychiatric Association (2000). *Diagnostic and Statistical Manual of Mental Disorder* (4th ed, text revision). Washington, DC: American Psychiatric Association.

Beck, A. T. (1963). Thinking and depression: I. Idiosyncratic content and cognitive distortions. *Archives of General Psychiatry*, *9*, 324-333.

Beck, A. T. (1974). The development of depression: A cognitive model. In R. Friedman & M. Katz (Eds.), *Psychology of depression: Contemporary theory and research* (pp. 3-27). Washington, DC: Winston.

Beck, A. T., Brown, G., Berchick, R. J., Stewart, B. L., & Steer, R. A. (1990). Relationship between hopelessness and ultimate suicide: A replication with psychiatric outpatients. *American Journal of Psychiatry*, *147*, 190-195.

Beck, A. T., Brown, G., & Steer, R. A. (1989). Prediction of eventual suicide in psychiatric inpatients by clinical ratings of hopelessness. *Journal of Consulting and Clinical Psychology*, *57*, 309-310.

Beck, A. T., Kovacs, M., & Weissman, A. (1975). Hopelessness and suicidal behavior: An overview. *Journal of the American Medical Association*, *234*, 1146-1149.

Beck, A. T., Kovacs, M., & Weissman, A. (1979). Assessment of suicidal intention: The scale for suicide ideation. *Journal of Consulting and Clinical Psychology*, *47*, 343-352.

Beck, A. T., Rush, A. J., Shaw, B. F., & Emery, G. (1979). *Cognitive therapy of depression*. New York: Guilford.

Beck, A. T., Steer, R. A., Beck, J. S., & Newman, C. F. (1993). Hopelessness, depression, suicidal ideation, and clinical diagnosis of depression. *Suicide Life Threatening Behavior*, *23*(2), 139-145.

Beck, A. T. Steer, R. A. Kovacs, & M., Garrison, B. (1985). Hopelessness and eventual suicide: A 10-year prospective study of patients hospitalized with suicidal ideation. *American Journal of Psychiatry*, *142*(5), 559-563.

Brown, G. K., Beck, A. T., Steer, R. A., & Grisham, J. R. (2000). Risk factors for suicide in psychiatric outpatients: A 20-year prospective study. *J Consult Clin Psychol*, *68*(3),

371-377.

Bruss, C. R. (1988). Nursing diagnosis of hopelessness. *Journal of Psychosocial Nursing*, *26*, 28-31.

Chang, E. C. (1998). Hope, problem-solving ability, and coping in a college student population: Some implications for theory and practice. *Journal of Clinical Psychology, 54*, 953-962.

Chang, E. C. (2003). A critical appraisal and extension of hope theory in middle-age men and women: Is it important to distinguish agency and pathways components. *Journal of Social and Clinical Psychology, 22*(2), 121-143.

Chang, E. C., & DeSimone, S. L. (2001). The influence of hope on appraisals, coping, and dysphoria: A test of hope theory. *Journal of Social and Clinical Psychology, 20*(2), 117-129.

Cheavens, J. (2000). Hope and depression: Light through the shadows. In C. R. Snyder (Ed.), *Handbook of hope: Theory, measures, and applications* (pp. 321-340). New York: Academic Press.

Cheung, Y. B., Law, C. K., Chan B., Liu, K. Y., & Yip, P. S. F. (2006). Suicidal ideation and suicidal attempts in a population-based study of Chinese people: Risk attributable to hopelessness, depression, and social factors. *Journal of Affective Disorders, 90*, 193-199.

Clark, D. A., Beck, A. T., & Brown, G. (1992). Sociotropy, autonomy, and life event perception in dysphoric and non-dysphoric individuals. *Cognitive Therapy and Research, 16*, 635-652.

Coats, E. J., Janoff-Blman, R., & Alpert, N. (1996). Approach versus avoidance goals: Difference in self-evaluation and well-being. *Personality and Social Psychology Bulletin, 22*, 1057-1067.

Collins, S., & Cutcliffe, J. R. (2003). Addressing hopelessness in people with suicidal ideation: Building upon the therapeutic relationship utilizing a cognitive behavioural approach. *Journal of Psychiatric and Mental Health Nursing, 10*, 175-185.

Constantine, M. G. (2006). Perceived family conflict, parental attachment, and depression in African American female adolescents. *Cultural Diversity and Ethnic Minority Psychology, 12*(4), 697-709.

Coyne, J. C., Gallo, S. M., Klinkman, M. S., & Calarco, M. M. (1998). Effects of recent and past major depression and distress on self-concept and coping. *Journal of Abnor-*

mal Psychology, 107, 86-96.

Cramer, K. M., & Dyrkacz, L. (1998). Differential prediction of maladjustment scores with the Snyder hope subscales. *Psychological Reports, 83*, 1035-1041.

Cuéllar, I. (1997). Relations of depression, acculturation, and socioeconomic status in a Latino sample. *Hispanic Journal of Behavioral Sciences, 19*(2), 230-238.

Cutcliffe, J. R. (1997). Towards a definition of hope. *International Journal of Psychiatric Nursing Research, 3*, 319-332.

Dadds, M. R., Sanders, M. R., Morrison, M., & Rebgetz, M. (1992). Childhood depression and conduct disorder: II. An analysis of family interaction pattern in the home. *Journal of Abnormal Psychology, 101*, 505-513.

Dykman, B. M. (1998). Integrating cognitive and motivational factors in depression: Initial tests of a goal-orientation approach. *Journal of Personality and Social Psychology, 74*, 139-158.

Ellis, A. (2000). Emotional disturbance and its treatment in a nutshell. In M. E. Bernard & J. L. Wolfe (Eds.), *REBT resource book for practitioners* (p. II-2). New York: Albert Ellis Institute.

Elliott, T. R., Witty, T. E., Herrick, S., & Hoffman, J. T. (1991). Negotiating reality after physical loss: Hope, depression, and disability. *Journal of Personality and Social Psychology, 61*, 608-613.

Farber, M. (1968). *Theory of suicide*. New York: Funk & Wagnalls.

Farran, C. J., Herth, K. A., & Popovich, J. M. (1995). *Hope and hopelessness: Critical clinical constructs*. Thousand Oaks, CA: Sage Publications.

Feldman, D. B., Rand, K. L., & Kahle-Wrobleski, K. (2009). Hope and goal attainment: Testing a basic prediction of hope theory. *Journal of Social and Clinical Psychology, 28*(4), 479-497.

Ferster, C. B. (1965). Classification of behavior pathology. In L. Krasner & L. P. Ullmann (Eds.), *Research in behavior modification* (pp. 6-26). New York: Holt.

Ferster, C. B. (1966). Animal behavior and mental illness. *Psychological Record, 16*, 345-356.

Ferster, C. B. (1973, October). A functional analysis of depression. *American Psychologist, 28*(10), 857-870.

Fiske, A., Gatz, M., & Hannell, E. (2005). Rural suicide rates and availability of health care providers. *Journal of Community Psychology, 33*, 537-543.

Frankl, V. E. (1967). *Psychotherapy and existentialism*. New York: Washington Square Press.

Freeman, A., Pretzer, J., Fleming, B., & Simon, K. (2004). *Clinical applications of cognitive therapy*. New York: Kluwer Academic/Plenum.

French, T. M. (1952). *The integration of behavior: Basic postulates* (Vol. 1). Chicago: University of Chicago Press.

Fruchs, C. Z., & Rehm, L. P. (1977). A self-control behavior therapy program for depression. *Journal of Consulting and Clinical Psychology, 45*(2), 206-215.

Gilbert, P. (1992). *Depression: The evolution of powerlessness.* New York: The Guilford Press.

Grant, K. E., Compas, B. E., Stuhlmacher, A. F., Thurm, A. E., McMahon, S. D., & Halpert, J. A. (2003). Stressors and child and adolescent psychopathology: Moving from markers to mechanisms of risk. *Psychological Bulletin, 129*, 447-466.

Grewal, P. K., & Porter, J. E. (2007). Hope theory: A framework for understanding suicidal action. *Death Studies, 31*, 131-154,

Gross, J. J. (2002). Emotion regulation: Affective, cognitive, and social consequences. *Psychophysiology, 39*, 281-291.

Hanna, F. J. (1991). Suicide and hope: The common ground. *Journal of Mental Health Counseling, 13*, 459-472.

Hayes, A. M., Beevers, C. G., Feldman, G. C., Laurenceau, J. P., & Perlman, C. (2005). Avoidance and processing as predictors of symptoms change and positive growth in an integrative therapy for depression. *International Journal of Behavioral Medicine, 12*(1), 111-122.

Holden, R. R., Mendonca, J. D., & Mazmanian, D. (1985). Relation of responseset to observed suicide intent. *Canadian Journal of Behavioral Science, 17*, 359-368.

Holmes, T. H., & Rale, R. H. (1967). The social readjustment rating scale. *Journal of Psychosomatic Research, 11*(2), 213-218.

Janosik, E. H. (1986). *Crisis counseling: A contemporary approach*. Monterey, CA: Jones and Bartlett.

Kiecolt-Glaser, J. K., McGuire, L, Robles, T. F., & Glaser, R. (2002). Emotions, morbidity, and mortality: New perspectives from psychoneuroimmunology. *Annual Review of Psychology, 53*, 83-107.

Knaus, W. J. (2006). *The cognitive behavioral workbook for depression*. Oakland, CA:

New Harbinger.

Kuo, W. H., Gallo, J. J., & Eaton, W. W. (2004). Hopelessness, depression, substance disorder, and suicidality: A 13-year community-based study. *Soc Psychiatry Psychiatr Epidemiol, 39*, 497-501.

Law, F. M., & Guo, G. J. (2010a). Orientation course and cultural adjustment cycle: An orientation course for first-year Chinese international college students and its impact on their ways of coping with stress, anger expression, and psychological well-being. *New Waves—Educational Research & Development, 13*(1), 43-61. Retrieved December, 5, 2010, from http://www.caerda.org/sitedev/pub/nw/13.pdf

Law, F. M., & Guo, G. J. (2010b). *Suppress in or express out? Exploration of actors influencing the styles of anger expression of Chinese American immigrants.* Paper presented at 2010 ACA 210 Conference & Exposition, March 18-22, Pittsburgh PA.

Lazarus, A. A. (1968). Learning theory and the treatment of depression. *Behavioral Research and Therapy, 6*, 81-89.

Lecci, L., Karoly, P., Briggs, C., & Kuhn, K. (1994). Specificity and generality of motivational components in depression: A personal projects analysis. *Journal of Abnormal Psychology, 103*, 404-408.

Lecci, L., Okun, M. A., & Karoly, P. (1994). Specificity and generality of motivational components in depression: A personal project analysis. *Journal of Abnormal Psychology, 103*, 404-408.

Lewinsohn, P. M. (1974). A behavior approach to depression. In R. J. Friedman & M. M. Katz (Eds.), *The psychology of depression: Contemporary theory and research.* New York: Winston-Wiley.

Lewinsohn, P. M. (1975). The behavioral study and treatment of depression. In M. Hersen, R. M. Eisler, & P. M. Miller (Eds.), *Progress in behavior modification* (Vol. 1) (pp. 19-64). New York: Academic Press.

Magaletta, P. R., & Oliver, J. M. (1999). The hope construct, will, and ways: Their relations with self-efficacy, optimism, and general well-being. *Journal of Clinical Psychology, 55*, 539-551.

Menninger, K. (1938). *Man against himself.* New York: Harcourt, Brace & World.

Menninger, K. (1959). The academic lecture on hope. *American Journal of Psychiatry, 116*, 481-491.

Miller J. (1983). Inspiring hope. In J. Miller (Ed.), *Coping with chronic illness-overcoming powerlessness* (pp. 287-299). Philadelphia: F. A. Davies.

Miller, J. (1989). Hope-inspiring strategies of the critically ill. *Applied Nursing Research*, *2*, 23-29.

Nardini, J. E. (1952). Survival factors in American prisoners of war of the Japanese. *American Journal of Psychiatry*, *109*, 242-248.

Nolen-Hoeksema, S. (2004). *Abnormal psychology* (3rd ed.). New York: McGraw-Hill Companies.

Ottenbreit, N. D., & Dobson, K. S. (2004). Avoidance and depression: The construction of the cognitive-behavioral avoidance scale. *Behaviour Research and Therapy*, *42*, 293-313.

Parker, G., Chan, B., Tully, L., & Eisenbruch, M. (2005). Depression in the Chinese: The impact of acculturation. *Psychological Medicine*, *35*, 1-9.

Pelham, B. W. (1991). On the benefits of misery: Self-serving bias in the depressive self-concept. *Journal of Personality and Social Psychology*, *61*, 670-681.

Pelham, B. W. (1993). On the highly positive thoughts of the highly depressed. In R. F. Baumeister (Ed.), *Self-esteem: The puzzle of low self-regard* (pp. 183-199). New York: Plenum.

Peterson, C. (2000). The future of optimism. *American Psychologist*, *55*, 44-55.

Rehm, L. P. (1977). A self-control model of depression. *Behavior Therapy*, *8*, 787-804.

Salovey, P., Rothman, A. J., Detweiler, J. B., & Steward, W. T. (2000). Emotional states and physical health. *American Psychologist*, *55*, 110-121.

Salter, D., & Platt, S. (1990). Suicidal intent, hopelessness and depression in a parasuicide population: The influence of social desirability and elapsed time. *British Journal of Clinical Psychology*, *151*, 361-371.

Schneider, J. (1985). Hopelessness and helplessness. *Journal of Psychosocial Nursing and Mental Health Services*, *23*, 12-21.

Schotte, D. E., & Clum, G. (1987). Problem-solving skills in suicidal psychiatric patients. *Journal of Consulting and Clinical Psychology*, *55*, 49-54.

Segerstrom, S. C., Stanton, A. L., Alden, L. E., & Shortridge, B. E. (2003). Multidimensional structure for repetitive thought: What's on your mind, and how, and how much? *Journal of Personality and Social Psychology*, *85*, 909-921.

Seligman, M. E. P., & Csikszentmihalyi, M. (2000). Positive psychology: An introduction. *American Psychologist*, *55*, 5-14.

Snyder, C. R. (1994). *The psychology of hope: You can get to there from here*. New York: Free Press.

Snyder, C. R. (1995). Conceptualizing, measuring, and nurturing hope. *Journal of Counseling & Development, 73*, 355-360.

Snyder, C. R. (2000). Hypothesis: There is hope. In C. R. Snyder (Ed.), *Handbook of hope* (pp. 3-21). New York: Academic Press.

Snyder, C. R. (2002). Hope theory: Rainbows in the mind. *Psychological Inquiry, 13*, 249-275.

Snyder, C. R. (2004). Hope and depression: A light in the darkness. *Journal of Social and Clinical Psychology, 23*(3), 347-351.

Snyder, C. R., Harris, C., Anderson, J. R., Holleran, S. A., Irving, L. M., Sigmon, S. T., Yoshinobu, L., Gibb, J., Langelle, C., & Harney, P. (1991). The wills and the ways: Development and validation of an individual differences measure of hope. *Journal of Personality and Social Psychology, 60*, 570-585.

Snyder, C. R., Hoza, B., Pelham, W. E., Rapoff, M., Ware, L., Danovsky, M., Highberger, L., Rubinstein, H., & Stahl, K. J. (1997). The development and validation of the Children's Hope Scale. *Journal of Pediatric Psychology, 22*, 399-421.

Snyder, C. R., LaPointe, A. B., Crowson, J. J. Jr., & Early, S. (1998). Preferences of high- and low-hope people for self-referential input. *Cognition and Emotion, 12*(6), 807-823.

Stotland, E. (1969). *The psychology of hope*. San Francisco: Jossey-Bass.

Thayer, R. E., Newman, R., & McClain, T. M. (1994). Self-regulation of mood: Strategies for changing a bad mood, rating energy and reducing tension. *Journal of Personality and Social Psychology, 67*, 910-925.

Wetzel, R. D. (1976). Hopelessness, depression, and suicide intent. *Arch Gen Psychiatry, 33*(9), 1069-1073.

第9章

希望理論在
焦慮諮商上的應用策略

前言

　　人們喜歡稱事事害怕的人為「膽小鬼」，雖然這個稱呼不雅，但過度焦慮與害怕卻是不可忽視的心理疾病。美國精神醫學會出版的《精神疾病診斷手冊》（*DSM-IV-TR*）（American Psychiatric Association, 2000）稱之為焦慮失調症（anxiety disorder），它也常是許多心理疾病的重要症狀之一。例如當生活中遇到重大事件時，憂鬱與焦慮症狀常會同時出現（Hankin, Abramson, Miller, & Haeffel, 2004）。若常為大小事憂煩但其焦慮的焦點卻經常改變者，《精神疾病診斷手冊》稱之為廣泛性焦慮（generalized anxiety），其症狀包括過度的焦慮與憂慮且甚難控制、煩躁或坐立不安、易感疲倦、不易專注、腦筋空白、易怒、肌肉緊張及睡不安穩（American Psychiatric Association, 2000）。焦慮是相當普遍的心理疾病，Holaway、Rodebaugh 與 Heimberg（2006）的研究發現情緒困擾的病患中，有 21.8%患有廣泛性的焦慮症。洪國翔與馮煥光（2001）的研究也發現國內情緒困擾的門診中，有 12%患有廣泛性的焦慮症。除了廣泛性的焦慮外，有些人可能會對特定事物或場合感到焦慮。如社交焦慮（social anxiety or phobia）指的

• 303 •

是對社交人際場合感到焦慮；廣場焦慮（agrophobia）指的是對住家以外不熟悉的場地感到焦慮；其他較特定的焦慮，如害怕某樣動物、害怕自然環境（如怕高山或水）、對某種特別情境感到焦慮（如搭公車或火車、過山洞、過橋、搭電梯、搭飛機或開車、上舞台等）、對與血有關的情境感到焦慮（如看到血、看到傷口或注射等）（Nolen-Hoeksema, 2004）。很多焦慮者在幼童或青少年時期就出現症狀，若不盡早處理，很容易讓焦慮的情況惡化成恐慌症（phobia or panic disorder）或憂鬱症（Brown, O'Leary, & Barlow, 2001）。本章將從希望理論的觀點來探討焦慮的成因及介紹如何幫助案主克服焦慮。

第一節　希望感與焦慮的關聯

希望理論強調希望感包括目標、路徑與能量三個要素。在這三個因素的運行中，第一個要件是要能有清楚、具體且是可行的目標；第二個要件是「路徑＋能量」，路徑是往目標前進的路線，能量是往目標前進的動力，兩者相輔相成，缺一不可。Feldman、Rand 與 Kahle-Worbleski（2009）提到希望感不僅可引導人們去追求目標的達成，希望感也可幫助人們去調整路徑以確保目標的達成。當然在追求目標達成的過程中，每個人都希望自己能萬事亨通，無往不利，如果人們目標追求的過程有好的進展，人們的希望感就會提高；但無奈在人生際遇中，常會事與願違，若在目標的追求上窒礙難行，人們的希望感就會減弱，而焦慮感可能就會因而增加。下面我們將根據希望理論架構，探討引起焦慮的可能來源。

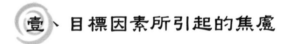 壹、目標因素所引起的焦慮

一、焦慮是因身體的能量缺乏具體目標可投注而產生的

張先生於 50 歲申請退休，原意尋找工作上的第二春，但退休三年來，新的工作機會卻一直沒有著落，雖然家裡的經濟情況不用讓他愁煩，但他

卻仍終日焦慮不安，未能充分享受退休生活的閒適。學者（Boone, Roessler, & Cooper, 1978; Hebb, 1955）形容這種焦慮的產生就像是一輛車子發動引擎，卻沒有打上排檔般，空有能量卻無處發揮的結果。通常希望感較低的人在設定目標時較沒有彈性，他們深信只有某個特定目標（conditional goal-setting）的達成才能帶給他們喜樂、提升他們的自我價值感（Hadley & MacLeod, 2010）。而這種在目標設定上缺乏多元性與彈性的人，較容易有焦慮感。

二、焦慮是來自因設定逃避傾向的目標所引起的

　　王同學大學考入一個自己沒興趣的科系，想轉系，但父母認為該科系是熱門科系將來出路不錯而反對他轉系，他勉強入學，但對上課都興趣缺缺，平常也無心唸書，只想低空飛過，不要被當就好。但這樣的日子他過得並不快樂，心中老是有股說不出的焦慮感。王同學在學習上所設定的不被當掉就好的目標，是種逃避傾向的目標（avoidance goal）；如果他所設的目標是儘管沒興趣也要把課業學習好，以爭取轉系的機會，這種目標則稱為追求傾向的目標（approach goal）。研究上發現當人們追求性的目標時，其心理健康會增加；相反的，當人們設定的是逃避性的目標時，對其心理健康狀態會是有損的（Coats, Janoff-Bulman, & Alpert, 1996），特別是焦慮與憂鬱的情緒（Dickson & MacLeod, 2004），這也許就是王同學長期感到焦慮的原因。

　　從另一角度來看，學者（Dickson, 2006）也發現焦慮感較高的人比焦慮感低者，較常設定逃避傾向的目標，也因此較少能從目標的達成上體會到積極與正向的結果。Lench 與 Levine（2010）探討人們在完成追求性目標與逃避性目標後，當日後再憶起時，完成追求性目標者傾向於記得快樂與興奮的積極情緒；反之，完成逃避性的目標者傾向於記得焦慮的消極情緒。另外，Putwain 與 Daniels（2010）探討學生對學習能力的自信心、目標的設定與焦慮的關係時發現，當學生認為自己學習能力不夠，又設定只要不被當就好的目標時，考試時會比其他同學經驗較多的焦慮感。

貳、路徑因素所造成的焦慮

一、焦慮是來自對自己完成目標的信心不夠所致

徐同學每次考數學時都感到很焦慮，雖然很認真上課，做作業時也很用心，但考試時卻都會因為太緊張而得到不理想的成績。問明原因，他說實在很不相信自己的數學能力，更不相信自己有能力解答數學考題或得到好成績，所以未能妥善的做好讀書計畫。Putwain 與 Daniels（2010）的研究就發現自認缺乏數學能力者，數學考試時較易感到焦慮。其他研究也發現相信自己能力不足的學生，傾向於視考試是一種威脅（Pekrun, Frenzel, Goetz, & Perry, 2007; Zeidner & Mathews, 2005），且在功課準備上會因有擔心失敗的焦慮而動機不強（Elliot, 2005; Elliot & Pekrun, 2007）。

二、焦慮是來自缺乏完成目標的必要資源所致

黃同學一向很害羞，上了大學後，很希望能結交一些朋友，但卻因缺乏社交技巧與溝通的能力，進大學一學期了，仍未交到知心的朋友。她常鼓起勇氣參加社團所舉辦的活動，但每次到那樣的場合，就感到很焦慮，不知道要如何與他人互動。黃同學所經驗到的焦慮是屬於社交的焦慮，這是相當普遍的一種焦慮（Kessler, Berglund, Demler, Jin, Merikangas, & Walters（2005）。Hunter、Buckner 與 Schmidt（2009）在他們的研究文獻中指出，社交焦慮者可能是因為缺乏人際技巧所致，也較容易將別人面部的表情誤解為是負向與消極的，所以與他人互動時常會感到焦慮不安（Rapee & Heimberg, 1997; Rapee & Spence, 2004）。

參、能量因素所造成的焦慮

一、焦慮是來自對即將到臨的目標有傷害性的期待

　　陳太太到現在仍不敢騎腳踏車，問其原因，她說小時候曾學過騎腳踏車，但每次騎上腳踏車時，就害怕自己將會撞到人或是被撞到而相當緊張，尤其是騎入人群聚集的市街時，更會讓她手腳發軟。這麼多年以來，只有在剛學會時，有一次因與同學在一起忘了緊張，而騎上了街頭，但之後就沒再試過了。結婚後，先生與家人鼓勵她學開車，她曾動過試試看的念頭，但每次坐上駕駛座，害怕自己將會撞到人或是被撞到的念頭就又回到腦中，讓她感到相當緊張與焦慮。Rychlak（1972）形容這種焦慮為期待性的害怕（anticipatory fear），當預期前方有傷害性的情況即將發生時，個體就會出現逃避這種焦慮的傾向（Boone et al.,1978; Stoland, 1969）。更甚者，焦慮程度較高的人常較焦慮程度低者，更容易因著自己對未來目標結果的預期而有即刻性的反應。這就如同學者們（Boone et al.,1978; Rychlak, 1972）對焦慮者的描述，他們說焦慮的人常會以自身對未來的預期來誤導目前的行為。研究也發現上述的現象也常是導致大學生遲交作業（procrastination）的原因，因為這樣的學生通常比準時交作業的學生較擔心自己功課會做不好，因而遲遲不敢著手做作業（Alexander & Onwuegbuzie, 2007）。

二、焦慮是來自在目標追求的過程中常存自我懷疑的心所造成的

　　許小姐打算準備高考，好日後在政府機構謀個職位，有個穩定的工作。雖然目標已清楚確定，但是在準備高考的過程中，她的心裡總是七上八下的充滿焦慮，有時候士氣高昂，感覺考上的勝算頗大；有時候心情跌落谷底，感覺自己是在白費苦心。問明原因，許小姐自道，在準備考試的過程中，常不自覺的問起自己：「這麼多人都知道我在準備高考，萬一沒考上，不就變成別人的笑柄嗎？那可糗大了!」「萬一我準備的資料錯了，考試那

天發現題目都看不懂，那可要怎麼辦？」「我花這麼多時間全心準備考試，也沒時間去找別的工作，萬一高考沒考上，那我前途不就完蛋了嗎？」許多學者（Andersen, Spielman, & Bargh, 1992; Dickson, 2006; Kendall & Ingram, 1987; Startup & Davey, 2001; Vasey & Borkovec, 1992）指出人們常不自覺的會有內在「假如」或「萬一」（what if）的自我懷疑語言，這種「大災害」（catastrophe）式的語言會使焦慮程度及不舒適感增加，若未能及時處理，人們可能就會因而放棄目標的追求。人們也會因未能達到目標而錯誤的驗證原先的擔心是對的，心理學上稱此現象為自我驗證的效能（self-fulfilling prophecy），如此惡性循環，會讓許小姐在準備考試上更加焦慮且對自己考上高考的目標更存疑。研究也發現長期擔憂者比較不擔憂者更敏感於這種「萬一」式的內在語言，這會讓他們原有的焦慮更加擴大（Vasey & Borkovec, 1992）。

三、焦慮是來自無法忍受對未來的不確定所引起的

劉先生剛從研究所畢業，正在找工作，但由於經濟不景氣，工作機會不多，偶爾發現有工作機會，將履歷表寄出去後也都杳無音訊，一轉眼一年過去了，望著渺茫的前路，他整日焦慮不安，甚覺愁煩，並開始擔心起是自己履歷表寫得不好，或是寄履歷表時住址寫錯了，並擔心自己這輩子就要這樣下去恐無出頭天的一日。根據王淳慧（2007）及 Riskind（2005）的研究，無法忍受對未來的不確定性是造成人們焦慮不安的重要原因之一。而導致其無法忍受這種不確定性的原因，是因為劉先生將未知的事情做了誇大災難性的預期。學者（Andersen et al., 1992; Davey, Startup, MacDonald, Jenkins, & Patterson, 2005; Hazlett-Stevens & Craske, 2003; Kendall & Ingram, 1987; Pruzinsky & Borkovec, 1990; Rassin & Muris, 2005; Riskind & Williams, 2005; Startup & Davey, 2001; Vasey & Borkovec, 1992）指出這種災難性的想法會使得焦慮程度更加擴大。

四、焦慮是來自對擔心的負向信念

郭太太在孩子離家出門上大學後，常為子女的安危焦慮不安。旁人常

要她想開一點，兒孫自有兒孫福。她說她知道孩子們都很乖，而且也很欣慰他們都有機會接受高等教育，但不知怎麼的，她就是常會不由自主的擔心，她擔心自己過度的擔心會讓她變成憂鬱症甚至發瘋。學者們（王淳慧，2007；Wells, 2006）定義「對擔心的負向信念」為人們擔心自己沒辦法控制自己不去擔心，或擔心過的擔心會使自己身心受到傷害，這種病態的擔心會使得焦慮的程度增高。此外，王淳慧（2007）更發現，前述的「無法忍受不確定性」的人，會因著過度的對擔心持有負向的信念，因而讓焦慮感更加提升。而且這種「對擔心持有負向信念」的人，一旦開始擔心就會一發不可收拾的持續擔心下去。然而越是如此，他們越想要壓抑或控制自己的想法，這種惡性循環下去，會使個體更形焦慮，甚至導致身體不適的現象（Wells, 2006）。

第二節　應用希望理論於焦慮諮商

　　上面幾個案例所遇到的經歷，相信很多人都不陌生。焦慮固然是很多人會遇到的經驗，但從上述的討論中我們了解焦慮並不盡是生活中所遇到的情境所帶來的，很多時候是因為在追求目標的過程中，目標的特質（追求性或是逃避性的目標）、目標的清楚與否，以及在追求目標的路徑過程中人們主觀的認知等因素，影響到人們追求目標達成的能量，而導致焦慮程度的高低。希望理論中所指的希望，包括人對自己達到目標能量的自信心（如相信自己有能力達到期望的目標），以及對自己可以設定達到目標的路徑之能力的期望（如相信自己有能力設定路徑以達到期望的目標）（Miceli & Castelfranchi, 2010）。所以要減緩人們的焦慮程度，就可以從改善目標、能量與路徑這幾個部分著手。

壹、目標的設定方面

一、幫助缺乏目標者尋找可行的替代目標

前例中張先生的焦慮感，是來自原所設定退休後要繼續在工作中尋找第二春的期待目標受到阻擾，使得一心想工作的能量無處發揮所導致的。針對此案例，諮商師可以採學者（Boone et al., 1978; Hebb, 1955）的建議，讓他由想像自己坐在駕駛座上，將引擎發動，但未打上排檔（因為不知應開到哪裡）中體會自己焦慮心情的緣由。然後請張先生從訴說自己人生的故事，發掘自己不同的專長與興趣，再從中去找出自己可以再出發的目標。因為誠如 Lopez、 Floyd、 Ulven 與 Snyder（2000）所提的，探討過去的故事可以幫助人們找到人生未來的希望。

二、鼓勵案主設定追求傾向的積極目標

前例中的王同學因為對自己所就讀的科系不感興趣，讀起書來興趣缺缺，只設定過關了事的逃避性目標，結果不僅沒讓自己心情輕鬆些，反而更加焦慮不安。針對此案例，諮商師可以教導他設定追求趨向的目標對心理健康的助益，以及逃避趨向的目標對心理健康的損益（Coats et al., 1996），並鼓勵他去探索自己有興趣的科系，並訂定如何從目前的課業得到好成績，以符合轉系所需要條件的讀書計畫。

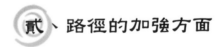

貳、路徑的加強方面

一、幫助案主增加完成路徑所需要的信心

前例的徐同學之所以視考試為威脅而感到焦慮是因為自認能力不夠（Pekrun et al., 2007; Zeidner, 1995; Zeidner & Mathews, 2005），而有再怎麼準備也沒有用的心態（Elliot, 2005; Elliot & Pekrun, 2007）。針對此案例，

諮商師可以讓徐同學分享過去學習該科目的狀況，並幫助他留意以前曾有過的成功經驗，好幫助他能從中增強其自信心。也幫助他從故事中找出讓他對該科目失去信心的關鍵點，當時採用的對應措施的利弊得失，並從中記取教訓，以規劃出改善之道。

二、幫助案主充實完成路徑所需要的資源

前例的黃同學雖然很想結交朋友，但每次進到社交的場合就會感到焦慮，這可能是缺乏人際技巧所致（Rapee & Heimberg, 1997; Rapee & Spence, 2004）。針對此案例，諮商師請案主分享她曾有過的交友經驗，從中找出所缺乏的社交技巧，幫助她設定想要達到的目標及想要獲得的訓練，與案主訂出訓練的計畫，並給予訓練。經過這樣的過程可幫助案主充實完成路徑所需要的條件，增進達成目標的可能性。

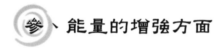

參、能量的增強方面

一、增進案主對即將到臨的目標有積極的期待

前例中的陳太太因為對即將到臨的目標有傷害性的期待，所以一直不敢騎腳踏車或學開車，這樣的害怕也讓她失去追求其他類似目標的勇氣與能量。針對此案主，諮商師可請她閉上眼睛想像自己正在騎腳踏車，並將在該時刻中所有縈繞在腦中的想法都說出來。諮商師記下她所講的話，請案主繼續想像自己在騎腳踏車的同時，諮商師將這些話唸給她聽，並請案主體會這些話引發緊張焦慮的情形。請案主睜開眼睛檢查這些話（如前面有人我一定會撞到那個人）的真實性，並改換成較積極的口氣（如我會以車鈴來提醒路人車子來了，並以慢速度閃過那個人）。請案主在閉上眼睛想像自己騎腳踏車的情形，諮商師將案主所改的較積極性的話語唸給她聽，請她體會緊張程度減緩的情形。透過此類的練習，可幫助案主了解她的緊張是來自消極的信念，這些信念也會因此削減她通往目標的能量。

二、幫助案主在追求目標的過程中不再存疑

前例中的許小姐在準備考高考的過程中，心中老是抱著「萬一」的存疑，弄得她整天心裡七上八下的焦慮著，很難能專心準備。諮商師可鼓勵案主訴說自己過去曾有過成功準備考試的經驗，以增加她對自己準備考試能力的信心。諮商師教導案主自己內在「萬一」或「假如」的自我懷疑語言與焦慮程度及不舒適感增加的相關性（Andersen et al., 1992; Dickson, 2006; Kendall & Ingram, 1987; Startup & Davey, 2001; Vasey & Borkovec, 1992）及解釋思考停止法對減緩焦慮的助益。然後請她開始敘述自己目前準備考高考的情形，每次當她提到「萬一」或「假如」這類的話時，諮商師就會以思考停止法的技巧，大聲的喊「停！」以制止她消極負向的思考。這樣練習幾次後，諮商師鼓勵案主當覺察到對自己有所存疑時要對自己喊停，如果案主忘記了，諮商師則改以小聲拍掌的方式來提醒。如此重複多次，一直到案主學會在覺察到負向聲音出現時能即時制止。並請案主分享不再使用自我存疑的語言，對準備高考能量增加的情形。

三、幫助案主增加對不確定的未來的忍受力

前例中的劉先生因為在工作尋找上一直無著落而忐忑不安，其焦慮的原因是因為他無法忍受對未來的不確定感（王淳慧，2007; Riskind, 2005）。不過根據學者（Andersen et al., 1992; Davey et al., 2005; Hazlett-Stevens & Craske, 2003; Kendall & Ingram, 1987; Pruzinsky & Borkovec, 1990; Rassin & Muris, 2005; Riskind & Williams, 2005; Startup & Davey, 2001; Vasey & Borkovec, 1992）的分析，導致其無法忍受這種不確定性的原因，是因為劉先生將未知的事情誇大成災難性的預期，而使得焦慮程度更加擴大。所以可以讓劉先生把所有擔心的想法都講出來，然後再把這些想法改成積極正向的想法。此外，幫助他想出其他替代性尋找工作的路徑，並學習以積極的想法去面對。

四、幫助案主不再為焦慮而焦慮

　　前例的郭太太最大的困擾是擔心自己過度焦慮，因為她擔心過度的焦慮會讓自己發瘋。根據學者（王淳慧，2007；Wells, 2006）的說法，影響她擔心的是她對擔心的負向語言，所以可採用前述類似的方法，請她把擔心的話說出來並改成積極的想法。另外，也可以教導郭太太思考停止法，請她說出心裡的焦慮，但是當她為焦慮而擔憂時，就予以阻止。諮商師可鼓勵她不斷練習直到能夠覺察到自己為擔憂而操心的內在語言，並學會制止自己。

第三節　應用希望理論於處理焦慮的團體諮商範例

第一次會談：天怕、地怕、我也怕

目標：幫助成員彼此認識，並願意分享自己焦慮的心情。

活動過程：

1. 將諮商室裡的椅子隨意擺放（有些放在中心地帶，有些放在角落中），讓成員進諮商室隨意就座。

2. 當成員就座後，請成員介紹自己的名字、所選擇的座位之特色，以及分享這樣的選擇與他們個性的關係。

3. 請成員以完成句子的方式完成下面的句子：

   (1) 這一生讓我最感到焦慮緊張的一個情境是……

   (2) 當遇到……情境，我的手心會冒冷汗。

   (3) 當進入……情境，我會很想逃之夭夭。

   (4) 在……情況下，會讓我坐立不安。

   (5) 在……之前，我會全身肌肉緊繃。

   (6) 緊張焦慮時，我最常有的反應是……

   (7) ＿＿＿＿＿＿（想一個形容詞）最能形容我緊張的心情。

4. 請對相似情境感到焦慮的成員組成一組,分享對該情境緊張的心情,及他們是在何時開始對該情境感到緊張?並找出彼此面對焦慮情境時的相似反應。

5. 每組成員分享他們面對焦慮情境時的相似反應,及有機會與他人分享焦慮的心情與感受。

6. 回饋與分享。

7. 家庭作業:請成員記錄讓他們感到焦慮的情境及其反應。

第二次會談:要不怕,就從放鬆做起——訓練系統減敏技巧

目標:幫助成員學習克服焦慮所需的方法。

活動過程:

1. 諮商師鼓勵成員回到團體中,參加系統減敏技巧訓練。

2. 鼓勵成員將令他們感到焦慮的事物訂出不同的階層等級(如懼高症者從一點點焦慮的一樓到非常焦慮的 101 樓層高)。

3. 教導成員肌肉放鬆技巧(參見表 9-1)。

4. 讓成員完全放鬆之後,要他們以想像的方式讓自己處在第一個階層的焦慮情境,待在那個情境中直到不再感到焦慮為止。

5. 此過程可一直重複,並讓想像的焦慮階層不斷增高,一直到每個階層不再引起成員焦慮感,再進到下一階層。

6. 家庭作業:鼓勵成員繼續練習放鬆技巧及系統減敏法,更提醒他們必須從最低階層的焦慮慢慢往上升。

表 9-1　放鬆技巧範例

請大家找個舒適的姿勢坐或躺好，將全身放鬆，讓腦部全部放空。現在請做幾個深呼吸，然後我們要開始一部分一部分的來將肌肉放鬆。

請將注意力放在左腳上，請將肌肉緊繃，緊繃，再緊繃，五、四、三、二、一，好，現在將左腳完全放鬆。

請將注意力放在你的左腿上，請將肌肉緊繃，緊繃，再緊繃，五、四、三、二、一，好，現在將左腿完全放鬆。

請將注意力放在你的右腳上，請將肌肉緊繃，緊繃，再緊繃，五、四、三、二、一，好，現在將右腳完全放鬆，感覺你的右腳很鬆很鬆。

請將注意力放在你的右腿上，請將肌肉緊繃，緊繃，再緊繃，五、四、三、二、一，好，現在將右腿完全放鬆。

請將注意力放在你的肚子上，請將肌肉緊繃，緊繃，再緊繃，五、四、三、二、一，好，現在將肚子完全放鬆，感覺你的肚子很鬆很鬆。並將這輕鬆感分散到身體的各個部分。

請將注意力放在你的左手上，請將左手握拳，握得很緊，很緊，再握緊，讓左手臂也覺得很緊，五、四、三、二、一，好，現在將左手打開，讓你的左手及手臂都完全放鬆。

請將注意力放在你的右手上，請將右手握拳，握得很緊，很緊，再握緊，讓右手臂也覺得很緊，五、四、三、二、一，好，現在將右手打開，讓你的右手及手臂都完全放鬆。

請將注意力放在你兩邊的肩膀上，請將肩膀挺到靠近耳朵的位置，挺在那裡，挺得很緊，很緊，五、四、三、二、一，好，現在將肩膀放下，讓你的肩膀完全放鬆。

請將你的頭左右搖擺幾下，好去掉你脖子的緊繃感。深吸幾口氣，感覺全身放鬆的感覺。

請將嘴巴打開，打很開像打哈欠的樣子，合起來。把嘴唇嘟得很緊，很緊，然後放鬆。把眼睛緊閉，緊閉，慢慢放鬆。

請你靜靜的躺幾分鐘，享受一下全身放鬆的感覺，然後再慢慢的坐起來。

資料來源：參考駱芳美與郭國禎（2009）。

第三次會談：怕，不用怕

目標：幫助成員接受自己有焦慮的時刻。

活動過程：

1. 歡迎成員回到團體。讓成員進行肌肉放鬆後，再去想像這星期中讓他們焦慮的事情，從最低的等級開始想像，直到不再焦慮後再逐步上升。

2. 成員分享一星期中讓他們感到焦慮的情境及他們對焦慮的反應。

3. 問成員當他們告訴別人自己對某個情境感到緊張焦慮時，別人或自己通常會做怎麼樣的反應（諮商師把成員的反應寫下來）？例如：

   (1) 不要緊張啦！沒有人會對這種事情這麼焦慮的！

   (2) 放輕鬆些，否則會影響你的健康喔！

   (3) 有什麼好緊張的？這樣緊張會影響你的心情的。

4. 請成員閉上眼睛，諮商師將成員所記錄下來別人對成員焦慮的反應唸出來，請他們體會聽到別人這樣說法的心情。

5. 請成員睜開眼睛分享聽到諮商師唸出自己或他人的焦慮心情對他們的影響。

   (1) 是否讓你更感到焦慮？

   (2) 是否讓你很想盡快壓抑自己的焦慮感？

   (3) 是否讓你覺得再焦慮下去，身體要壞掉了？

   (4) 是否讓你覺得再焦慮下去，就要憂鬱或精神分裂了？

6. 諮商師解釋人們所以會對焦慮感到擔憂，通常是來自對焦慮的負向想法。事實上，適當的焦慮是有助於增強完成任務的動機，也有助於潛能的發揮，重要的是要看我們怎麼去看待焦慮。請成員們集思廣益以較積極的語言看待自己的焦慮，並將前面別人或自己焦慮的消極反應改成積極的反應。例如：

   (1) 我對考試相當緊張，可能是表示我對考試的內容還不熟悉，要好好多準備一點。

   (2) 學期報告的繳交日期快到，我開始緊張了，我想這是提醒我該開

始著手找資料了。

(3) 請成員閉上眼睛，諮商師將成員所記錄下來別人對他們焦慮的反
應唸出來，請他們體會聽到別人這樣說時的心情。

7. 請成員閉上眼睛，諮商師將成員所列對焦慮的消極與改變成積極的
反應唸出來，請他們體會聽到消極與積極反應的不同體會。

8. 回饋與分享。

9. 家庭作業：請成員記錄讓他們感到焦慮的情境及其反應，並試著以
積極的心態來看待焦慮。

第四次會談：與怕為友

目標：幫助成員願意面對自己的害怕，並了解帶給自己焦慮的原因。

活動過程：

1. 歡迎成員回到團體。讓成員進行肌肉放鬆後，再去想像這星期中讓
他們焦慮的事情，從最低的等級開始想像，直到不再焦慮後再逐步
上升。

2. 成員分享上星期中所碰到讓他們感到焦慮害怕的情境，以及他們學
習放鬆後，以積極心態來看待焦慮時對心情的影響。

3. 諮商師介紹希望理論的概念（詳見第一章）。

4. 諮商師從希望的觀點分析導致焦慮的可能原因（詳見本章第一節）。

5. 請成員針對他們目前最想處理的焦慮問題加以自我剖析。請成員粗
略的針對自己的焦慮問題，分析出是目標、路徑或能量部分出了問
題。

6. 成員按其問題的主要癥結分為目標組、路徑組與能量組。各組成員
分享並在海報紙上列出導致他們焦慮的可能原因，及願意面對此焦
慮問題的程度。並請各組依照所列的原因的特質，將海報紙做些相
關的設計。

7. 各組成員回到團體，展示各組的海報紙，並分享導致他們成員焦慮
的原因及成員們願意面對此焦慮問題的程度。

8. 諮商師鼓勵他們願意勇敢的面對焦慮問題，請成員分享感受並互相

給予回饋。

9. 家庭作業：請成員針對他們所列的感到焦慮的情境，記錄自己在該情境出現時自己的反應，及追查是否還有其他導致自己感到焦慮的原因。

第五次會談：我的標竿在哪裡？

目標：幫助成員探討目標的不確定性與焦慮的關聯。

活動過程：

1. 諮商師歡迎成員回到團體。讓成員進行肌肉放鬆後，再去想像這星期中讓他們焦慮的事情，從最低的等級開始想像，直到不再焦慮後再逐步上升。

2. 請成員審視上星期所做的海報，看是否有其他導致自己焦慮的原因需要加在海報紙上的，並分享對導致自己焦慮原因的觀察心得。

3. 諮商師展示目標組的海報，請目標組的成員更詳細的訴說缺乏目標讓自己感到焦慮的狀況。

4. 諮商師搬出一張椅子擺在圓圈的中間假裝是一輛車子，請目標組的一位成員坐在椅子上，請他（她）想想在目前讓自己感到焦慮的情境，是否就像這輛發動引擎的車子不知道往前駛的標竿在哪裡所造成的。請他（她）分享自己期待的目標，及在追求目標物時遇到的困擾。

5. 團體成員們傾聽坐在中間的成員分享，並幫助該成員一起思考可設定的目標。每說出一個目標，徵詢該成員的認可，然後就請一個成員寫下該標的，拿在手上展示出來。直到所有可能的標的都寫下來後，請這些手拿標的展示牌的成員站在坐在駕駛座的成員前方。

6. 請坐在駕駛座的成員審視展示出來的標的，列出可行的順序（拿著標的之成員則按坐在駕駛座成員的意見做前後調動，一直到該成員滿意為止）。

7. 當決定後，諮商師將這些標的寫下優先順序，請坐在駕駛座的成員按順序蒐集自己想追尋的標的，並體會清楚的列出標的對減除焦慮

感的幫助（步驟 4 至 7 可重複進行多次，直到有需要的成員都有機
會探索自己的目標）。

8. 家庭作業：請成員根據自己已探索到的目標，做進一步的探索。

第六次會談：追求卓越或避免失敗？

目標：幫助成員了解鎖定目標的性質對焦慮心情的影響。

活動過程：

1. 諮商師歡迎成員回到團體。讓成員進行肌肉放鬆後，再去想像這星
   期中讓他們焦慮的事情，從最低的等級開始想像，直到不再焦慮後
   再逐步上升。

2. 諮商師請成員展示上星期所探索到的目標（若已清楚自己的目標而
   未有機會參與上星期的活動的成員，發給他們紙讓他們寫下自己原
   所預定的目標）。

3. 諮商師介紹追求傾向與逃避傾向目標的區別，及追尋這兩種不同目
   標對焦慮感的影響（詳見本章第一節第壹部分的第二點）。

4. 請成員兩個兩個分成一組，協助彼此將鎖定的目標分出追求傾向與
   逃避傾向兩種。並將追求傾向的目標貼在右邊的牆上（或白板上），
   將逃避傾向的目標貼在左邊的牆上（或白板上）。

5. 諮商師帶領成員一起審視追求傾向的目標，並請與該目標有關的成
   員分享他們對該目標物的夢想，體會追求這類目標對焦慮減除的助
   益。諮商師可鼓勵成員對自己設定的追求傾向目標再次給予肯定。

6. 諮商師帶領成員一起審視逃避傾向的目標，比較此類目標與追求傾
   向目標的不同，並請成員體會追求逃避傾向的目標對焦慮感增減的
   影響。

7. 諮商師帶領成員學習將逃避傾向的目標轉換成追求傾向的目標（並
   徵求訂定該目標成員的同意），並請成員體會追求傾向的積極目標
   對減輕焦慮的助益。諮商師鼓勵原設定逃避傾向目標的成員對改成
   的追求傾向目標給予認可。

8. 家庭作業：成員針對所設定的追求傾向目標，學習設定追求目標的

路徑。

第七次會談：尋找往標竿前進的路

目標：幫助成員了解尋找目標路徑的清楚性對減緩焦慮的影響。

活動過程：

1. 諮商師歡迎成員回到團體。讓成員進行肌肉放鬆後，再去想像這星期中讓他們焦慮的事情，從最低的等級開始想像，直到不再焦慮後再逐步上升。
2. 諮商師展示路徑組的海報，請路徑組的成員詳細的訴說對想追求的目標缺乏清楚路徑時心裡的焦慮狀況。
3. 請路徑組的一個成員當志願者說出所想追求的目標，這時諮商師寫下該目標，請另一個成員手拿著寫下該目標的紙，站在志願成員的另一頭。
4. 團體成員一起協助該成員，集思廣益想出要達到該目標所需經過的路徑（諮商師要提醒成員，每個步驟間需依循符合邏輯的順序，並確定其可行性）。
5. 每想出一個步驟時，諮商師帶領大家思考該步驟的可行性，並經由志願者同意後，請志願者將它寫下並擺在志願者的腳跟前，如此循序漸進，直到全部路徑完成為止。
6. 請志願者逐步踏上路徑，每走一步就大聲說出該步驟需完成的任務。當志願者遵循步驟走到目標時，請該成員分享遵循具體的路徑達到目標的感受，以及對焦慮感減輕的影響（步驟 3 至 6 可不斷重複，直到每個成員都有機會為自己的目標設定出清楚的路徑為止）。
7. 成員針對此次活動給予回饋與分享。
8. 家庭作業：請成員根據所設定的路徑，試探其可行性。

第八次會談：尋找柳暗花明的另一村

目標：幫助案主學習尋找其他達到相同目標的可行路徑。

活動過程：

1. 諮商師歡迎成員回到團體。讓成員進行肌肉放鬆後，再去想像這星

期中讓他們焦慮的事情，從最低的等級開始想像，直到不再焦慮後再逐步上升。

2. 請志願者將上次所設定好的路徑擺出來，並推想在追求該路徑中可能會遇到的障礙。

3. 諮商師請志願者分享他（或她）在生活中所遇到的類似經驗，及其當時的解決之道。諮商師、志願者及其他成員一起從志願者的故事中尋找該成員曾使用過的代替之道。

4. 團體成員一起協助志願成員集思廣益，根據志願者過去的經驗想出替代性的路徑，以達到該目標（諮商師要提醒成員，每個步驟間需依循符合邏輯的順序，並確定其可行性）。

5. 每想出一個步驟時，諮商師帶領大家思考該步驟的可行性，並經由志願者同意後，請志願者將它寫下擺在志願者的腳跟前，如此循序漸進，直到全部路徑完成為止（步驟 3 至 4 需重複直到每個成員都有機會輪到，好幫助成員找出所需要的代替之道）。

6. 成員分享找到可以達到目標的替代性路徑的感受，以及對焦慮感減輕的影響。

7. 家庭作業：請成員根據所設定的路徑及替代性的路徑，試探其可行性。

第九次會談：真的無能為力嗎？

目標：幫助成員體會增加追求目標的能量對焦慮減除的影響。

活動過程：

1. 諮商師歡迎成員回到團體。讓成員進行肌肉放鬆後，再去想像這星期中讓他們焦慮的事情，從最低的等級開始想像，直到不再焦慮後再逐步上升。

2. 諮商師展示能量組的海報，請能量組的成員訴說缺乏追求目標的能量，讓自己感到焦慮的狀況。

3. 諮商師解釋增加追求目標的能量對焦慮減除的影響（詳見本章第一節第參部分）。

4. 請能量組的一個成員當志願者說出所想追求的目標（如想一個自己希望能克服的焦慮情境），這時諮商師寫下該目標，請另一個成員手拿著寫下該目標的紙，站在志願成員的另一頭。

5. 這時諮商師請成員寫出他們原所設定達到該目標的路徑，將每個路徑擺在地上，請成員在走每一步驟時，說出自己對每個步驟的承諾或焦慮的感受。

6. 當志願者道出心裡的承諾時，每個成員給予掌聲的鼓勵；但當成員說出心中的焦慮時，諮商師與成員們探問志願者該焦慮的可能來源。

   (1) 你有這個焦慮是自認缺乏能力嗎？你以前是否遇過類似的經驗？你用什麼樣的能力去處理？那些能力還在嗎？

   (2) 你有這個焦慮是缺乏表現該能力的信心嗎？你以前是否遇過類似的經驗呢？那時候你如何處理？該經驗是否帶給你一些信心？那些信心現在在哪裡呢？

   (3) 你認為這個步驟真的可行嗎？有沒有其他可行之道？是什麼？

7. 當找焦慮的緣由時，請志願者將它填寫在紙上，並把在探問中所發現到可用的能力或信心程度寫下來。每一次評估後，志願者認為以他們原有的能力就可通關者，用綠筆畫一個大勾。如果需要學習某些能力就可通關，而且他們也願意去學習時，就以黃筆畫一個大勾。如果發現該步驟不可行，需要取代之道，則以紅筆畫個大叉，然後思考可行的步驟（這些取代的步驟則仍需以上述的方式進行評估；步驟 4 至 8 需重複直到每個成員都有機會輪到，好幫助成員找出達到目標所需的能量）。

8. 成員分享能夠克服萬難達到目標的感受，以及對焦慮感減輕的影響。

9. 家庭作業：請成員每天複習一次達到目標所需的路線，並針對所發現需補足的能力設定學習的目標及學習的步驟。

第十次會談：勇往向前、焦慮不再

目標：幫助成員了解付諸行動是焦慮減除的重要步驟。

活動過程：

1. 諮商師歡迎成員回到團體。讓成員進行肌肉放鬆後，再去想像這星期中讓他們焦慮的事情，從最低的等級開始想像，直到不再焦慮後再逐步上升。

2. 諮商師請成員兩兩一組，協助彼此將達成目標的路徑圖中的每一個步驟，訂出具體的時間流程、實施的地點及所會應用到的資源，並將它以大海報紙畫成具體的計畫表。

3. 每個成員展示它們所訂的克服焦慮的時間表，以及表達願意嘗試的意願。

4. 諮商師根據成員十星期來的努力給予鼓勵，成員互相給予回饋。

本章摘要

　　焦慮是相當普遍的心理疾病，國內情緒困擾的門診中，有 21.8%患有廣泛性的焦慮症。除了廣泛性的焦慮外，有些人可能會對特定事物或場合感到焦慮。很多焦慮者在幼童或青少年時期就出現症狀，若不盡早處理，很容易讓焦慮的情況惡化成恐慌症或憂鬱症。要適當的處理焦慮症就要清楚知道焦慮的來源。

　　從希望理論的觀點，希望感不僅可引導人們去追求目標的達成，也可幫助人們去調整路徑以確保目標的達成。但若在目標的追求上窒礙難行，人們的希望感就會減弱，而焦慮感可能就會因而增加。首先就目標因素所引起的焦慮來看，焦慮可能是因身體能量缺乏具體目標可投注而產生的，另外焦慮可能是來自設定逃避傾向的目標所引起的。針對此類的原因所造成的焦慮感，其處理的方式就是幫助缺乏目標者尋找可行的替代目標，並鼓勵案主設定追求傾向的積極目標。其次，就路徑因素所造成的焦慮來看，焦慮可能是來自對自己完成目標的信心不夠，或者是來自缺乏完成目標的

必要資源所致。針對此類的原因所造成的焦慮感，其處理的方式就是增加案主完成路徑所需要的信心，以及充實案主完成路徑所需要的資源。最後就能量因素所造成的焦慮來看，焦慮可能是來自對即將到臨的目標有傷害性的期待、在目標追求的過程中常存自我懷疑的心、無法忍受對未來的不確定，或是來自對擔心的負向信念。針對此類的原因所造成的焦慮感，其處理的方式就是增進案主對即將到臨的目標有積極的期待、在追求目標的過程中不再存疑、增加對不確定的未來的忍受力，以及不再為焦慮而焦慮。

最後，我們根據上述的建議，設計十次以希望為基礎的焦慮諮商團體，其目標包括幫助成員彼此認識並分享自己焦慮的心情、學習克服焦慮所需的方法、接受自己有焦慮的時刻、願意面對自己的害怕並了解帶給自己焦慮的原因、探討目標的不確定性與焦慮的關聯、了解鎖定目標的性質對焦慮心情的影響、了解尋找目標路徑的清楚性對焦慮的影響、學習尋找其他達到相同目標的可行路徑、體會增加追求目標的能量對焦慮減除的影響，以及幫助成員了解付諸行動是焦慮減除的重要步驟。希望透過這些目標的達成，可以幫助膽小的案主找到生命的活力，好邁向新的人生。

 《動腦篇》

1. 文中不敢騎腳踏也不敢學開車的陳太太，來到諮商中心。她說不會開車實在很不方便，但又沒有勇氣學。如果你是諮商師，如何從希望理論的觀點來幫助陳太太了解自己對騎腳踏車及開車的焦慮由來，並設計一套諮商策略幫助她從膽小中破繭而出。

2. 文中正在準備考高考的許小姐來到諮商中心，她說離考期越近，心裡越緊張。常常在做模擬考題時，腦筋就一片空白，準備半天的東西都消失無蹤了，她擔心進考場那天就會是這個樣子，真想放棄算了。如果你是諮商師，如何從希望理論的觀點來幫助許小姐，了解自己考試焦慮的由來，並設計一套諮商策略幫助她能穩定軍心，專心準備考試。

3. 文中擔心過度的焦慮會讓自己發瘋的郭太太，來到諮商中心。如果

你是諮商師，如何從希望理論的觀點來幫助她，了解她擔心的由來，並學會放輕鬆來享受兒女的成就，而不要整日陷於無由的焦慮中。

參考文獻

中文書目

王淳慧（2007）。廣泛性焦慮疾患的病因機制：「無法忍受不確定」、「對擔心的負項信念」與「廣泛性焦慮疾患」間關係的探討。東吳大學心理研究所碩士論文，未出版，台北市。

洪國翔、馮煥光（2001）。成年人廣泛性焦慮症之診斷與治療。**臨床醫學，47**（1），44-49。

駱芳美、郭國禎（2009）。**走出憂鬱：憂鬱症的輔導諮商策略**。台北：心理。

英文書目

American Psychiatric Association (2000). *Diagnostic and statistical manual of mental disorder* (4th ed, text revision). Washington, DC: American Psychiatric Association.

Andersen, S. M., Spielman, L. A., & Bargh, J. A. (1992). Future-event schemas and certainty about the future automaticity in depressives' future-event predictions. *Journal of Personality and Social Psychology, 63*, 711-723.

Alexander, E. S., & Onwuegbuzie, A. J. (2007). Academic procrastination and the role of hope as a copying strategy. *Personality and Individual Differences, 42*, 1301-1310.

Boone, S. E., Roessler, R. T., & Cooper, P. G. (1978). Hope and manifest anxiety: Motivational dynamics of acceptance of disability. *Journal of Counseling Psychology, 25*(6), 551-556.

Brown, T. A., O'Leary, T. A., & Barlow, D. H. (2001). Generalized anxiety disorder. *Clinical handbook psychological disorder: A step-by-step treatment manual* (3rd ed.) (pp.154-208). New York: Guilford Press.

Coats, E. J., Janoff-Bulman, R., & Alpert, N. (1996). Approach versus avoidance goals: Differences in self-evaluation and well-being. *Personality and Social Psychology Bulletin, 22*, 1057-1067.

Davey, C. L., Startup, H. M., MacDonald, C. B., Jenkins, D., & Patterson, K. (2005). The use of "as many as can" versus "feel like continuing" stop rules during worrying. *Cognitive Therapy and Research*, *29*, 155-169.

Dickson, J. (2006). Perceived consequences underlying approach goals and avoidance goals in relation to anxiety. *Personality and Individual Differences*, *41*, 1527-1538.

Dickson, J. M., & MacLeod, A. K. (2004). Anxiety, depression and approach and avoidance goals. *Cognition and Emotion*, *18*, 423-430.

Elliot, A. J. (2005). A conceptual history of the achievement goals construct. In A. J. Elliot & C. S. Dweck (Eds.), *Handbook of competence and motivation* (pp. 52-72). London: Guildford Press.

Elliot, A. J., & Pekrun, R. (2007). Emotion in the hierarchical model of approachavoidance achievement motivation. In P. A. Schutz & R. Pekrun (Eds.), *Emotion in education*. (pp. 57-73). Burlington, MA: Elsevier.

Feldman, D. B., Rand, K. L., & Kahel-Wrolbleski, K. (2009). Hope and goal attainment: Testing a basic prediction of hope theory. *Journal of Social and Clinical Psychology*, *28*(4), 479-497.

Hadley, S. A., & MacLeod, A. K. (2010). Conditional goal-setting, personal goals and hopelessness about the future. *Cognition & Emotion*, *24*(7), 1191-1198.

Hankin, B., Abramson, L. Y., Miller, N., & Haeffel, G. J. (2004). Cognitive vulnerability-stress theories of depression: Examining affective specificity in the prediction of depression versus anxiety in three prospective studies. *Cognitive Therapy and Research*, *28*(3), 309-345.

Hazlett-Stevens, H., & Craske, M. G. (2003). The catastrophizing worry process in generalized anxiety disorder: A preliminary investigation of an analog population. *Behavioural and Cognitive Psychotherapy*, *31*, 387-401.

Hebb, D. O. (1955). Drive and CNS (conceptual nervous system). *Psychological Review*, *62*, 243-254.

Holaway, R. M., Rodebaugh, T. L., & Heimberg, R. G. (2006). The epidemiology of worry and generalized anxiety disorder. In G. C. L. Davey and A. Wells (Eds.), *Worry and its psychological disorders: Theory, assessment and treatment* (pp. 3-20). London: John Wiley & Sons, Ltd.

Hunter, L. R., Buckner, J. D., & Schmidt, N. B. (2009). Interpreting facial expressions: The influence of social anxiety, emotional valence, and race. *Journal of Anxiety*

Disorders, *23*, 482-488.

Kendall, P. C., & Ingram, R. E. (1987). The future for cognitive assessment of anxiety: Let's get specific. In L. Michaelson & L. M. Ascher (Eds.), *Anxiety and stress disorders: Cognitive-behavioral assessment and treatment* (pp. 89-104). New York: Guilford Press.

Kessler, R. C., Berglund, P., Demler, O., Jin, R., Merikangas, K. R., & Walters, E. E. (2005). Lifetime prevalence and age-of-onset distributions of DSM-IV disorders in the National Comorbidity Survey Replication. *Archives of General Psychiatry*, *62*, 593-602.

Lench, H. C., & Levine, L. J. (2010). Motivational biases in memory for emotions. *Cognition & Emotion*, *24*(3), 401-418.

Lopez, S. J., Floyd, R. K., Ulven, J. C., & Snyder, C. R. (2000). Hope therapy: Helping clients build a house of hope. In C. R. Snyder (Ed.), *Handbook of hope: Theory, measures, and application* (pp. 123-150). San Diego, CA: Academic Press.

Miceli, M., & Castelfranchi, C. (2010). Hope: The power of wish and possibility. *Theory & Psychology*, *20*(2), 251-276.

Nolen-Hoeksema, S. (2004). *Abnormal psychology* (3rd ed.). New York: McGraw-Hill.

Pekrun, R., Frenzel, A. C., Goetz, T., & Perry, R. P. (2007). The control-value theory of achievement emotions: An integrative approach to emotions in education. In P. A. Schutz & R. Pekrun (Eds.), *Emotion in education* (pp. 13-36). Burlington, MA: Elsevier.

Pruzinsky, T., & Borkovec, T. D. (1990). Cognitive and personality characteristics of worriers. *Behaviour Research Therapy*, *28*, 507-512.

Putwain, D. W., & Daniels, R. A. (2010). Is the relationship between competence beliefs and test anxiety influenced by goal orientation? *Learning & Individual Differences*, *20*(1), 8-13.

Rapee, R. M., & Heimberg, R. G. (1997). A cognitive-behavioral model of anxiety in social phobia. *Behaviour Research and Therapy*, *35*, 741-756.

Rapee, R. M., & Spence, S. H. (2004). The etiology of social phobia: Empirical evidence and an initial model. Clinical Psychology Review. *Special Issue: Social Phobia and Social Anxiety*, *24*, 737-767.

Rassin, E., & Muris, P. (2005). Indecisiveness and the interpretation of ambiguous situations. *Personality and Individual Differences*, *39*, 1285-1291.

Riskind, J. H. (2005). Cognitive mechanisms in generalized anxiety disorder: A second generation of theoretical perspectives. *Cognitive Therapy and Research, 29*, 1-5.

Riskind, J. H., & Williams, N. L. (2005). The looming cognitive style and generalized anxiety disorder: Distinctive danger schemas and cognitive phenomenology. *Cognitive Therapy and Research, 29*, 7-27.

Rychlak, J. F. (1972). Manifest anxiety as reflecting commitment to the psychological present at the expense of cognitive futurity. *Journal of Consulting and Clinical Psychology, 38*, 70-79.

Startup, H. M., & Davey, G. C. L. (2001). Mood as input and catastrophic worrying. *Journal of Abnormal Psychology, 110*, 83-96.

Stotland, E. (1969). *The psychology of hope*. San Francisco: Jossey-Bass.

Vasey, M. W., & Borkovec, T. D. (1992). A catastrophizing assessment of worrisome thoughts. *Cognitive Therapy and Research, 16*, 505-520.

Wells, A. (2006). The meta-cognitive model of worry and generalized anxiety disorder. In G. C. L. Davey & A. Wells (Eds.), *Worry and its psychological disorders: Theory, assessment and treatment* (pp. 179-200). New York: John Wiley & Sons.

Zeidner, M. (1995). Adaptive coping with test situations: A review of the literature. *Educational Psychologist, 30*, 123-133.

Zeidner, M., & Mathews, G. (2005). Evaluation anxiety. In A. J. Elliot & C. S. Dweck (Eds.), *Handbook of competence and motivation*. London: Guilford Press.

第10章

希望理論在癌症病患
諮商上的應用策略

前言

　　每個人一想到「癌症」就馬上聯想到死亡，所以當病人被診斷發現自己患有癌症時，心理上的恐慌、難過與絕望的感覺是相當強烈的（Lin & Bauer-Wu, 2003）。由於面對著無知的未來，病人會想抓住一些能幫助他們度過難關的力量。研究發現，賦予希望、告知實情、提供相關的資訊、有機會表達真正的情緒及討論與死亡有關的主題，是癌症病人的五項基本需求（Chi, 2007），其中，希望感更是幫助人們度過不確定、痛苦與失落感的重要資源（Chi, 2007; Herth & Cutcliffe, 2002; Lee, 2001）。很多醫學專家就指出人們對自己的生活及未來的看法對其疾病的復原情況有相當關鍵性的影響力（Carvereier, Pozo, Harris, Noriega, Scheier, Robinson, Ketcham, Mo-ffat & Clark, 1993; Levy & Roberts, 1992; Taylor, Lichtman, & Wood, 1984），可見在幫助癌症病患時，提升他們的希望感是相當重要的。本章將就希望感與癌症病人的關聯，以及如何應用希望理論在癌症病患的諮商等方面進行探討。

第一節　希望感在癌症病患身上的意義

對於「希望理論是否適用於癌症病人的身上」這個議題，學者們有不同的看法。有些學者認為希望是被視為痊癒的表徵，而癌症又被定義為不治之症，何來希望之有。既然如此，探討癌症病人的希望感似乎是多此一舉。而且過度對癌症病人強調希望，可能會讓病患或家屬抱持不實的希望感而導致更大的失望感（如 Hall, 1990）。有些學者忌諱著希望理論強調的是未來取向，可能不適用於擔心自己來日不多的癌症病人身上（Nekolaichuk & Bruera, 1998）。況且希望理論強調的是朝向未來目標的努力，需要相當多的體力，這對生病及體力欠缺的癌症病患簡直是天方夜譚（Benzein & Saveman, 1998）。不過，Eliott 與 Olver（2009）駁斥上述的說法，他說：「人們常把希望看成是一個名詞，認為希望指的是客觀的存在實體，將希望侷限在痊癒，及所有超越病人所能掌握的特質。其實應把希望當動詞來看，它的意義是由病人主觀來決定，有其個人主觀的意義，對未來的連結是正向的」（頁 612）。據此，他們訪問臨終癌症病人對「希望」的定義，當然很多病人是抱持病能痊癒的希望感，但有些病人卻也強調，不管病能否痊癒，抱持希望感可以讓他們的有生之日，過得積極、樂觀，且有尊嚴。許多病人更強調：希望是人生的本質，人生如果沒有希望，就失去了意義。Duggleby、Holtslander、Steeves、Duggleby-Wenzel 與 Cunningham（2010）也指出很多時候媒體在報導希望感與癌症病患時，過度強調希望就是痊癒，這樣的訊息會讓病人及家屬感到困惑。有些病人與家屬認為所謂的希望感，就是能讓病人安適的在愛的關懷下度過最後的時日。

壹、希望的定義

誠如本書第一章所介紹，希望感指的是有能力為自己的未來訂定目標、為達到目標訂定策略，及有動機與能量去遵循所訂的策略以完成目標（Snyder, Lopez, Shorey, Rand, & Feldman, 2003）。不過每個人可能會因所

面臨情況的不同而有不同的人生目標,例如有些年紀較大的癌症病患就將希望定義為「不要再受太多苦」、「能把僅存的餘日過好」、「能夠安詳的死」、「希望家人將來的日子可以過好」等(Duggleby & Wright, 2005)。

Dufault 與 Martocchio(1985)也以兩年的時間訪問癌症病患對希望的定義,並將訪問的結果整理歸納成多元性的希望模式(multidimensional model of hope, MMH)。此模式指出癌症病患的希望感可分為廣泛性的希望感(generalized hope)與特定性的希望感(particularized hope)。廣泛性的希望感指的是能樂觀的面對每日的生活,完成設定的目標並對未來抱持著樂觀期待的程度,這是影響癌症病人心情好壞的重要基底。廣泛性的希望感高的病患,對未來較能抱持著積極樂觀的盼望,所以心情上也較為穩定。特定性的希望感則是指每個癌症病患所期望達到的特定目標,特定性的希望感高的病患,較能將他們生命中重要人、事、物的優先順序區別出來,也因著有具體的盼望,而能有效的克服生活上的壓力。不過這兩方面的希望感在幫助病患面對病情的心理建設上是相輔相成,缺一不可的。

此外,Dufault 與 Martocchio 更近一步探查出,廣泛性與特定性的希望感,還可區分出情感層面(affective dimension)、認知層面(cognition dimension)、行為層面(behavioral dimension)、社會歸屬層面(affiliative dimension)、現世的層面(temporal dimension)及周圍環境的層面(contextual dimension)等六個方向。

所謂情感的層面強調的是希望感中情緒與感官的部分,意指病人對身體的舒服或痛苦的感覺對希望感的高低會有影響性。通常疼痛感較少,身體較舒服時,希望感就會較高。Hsu、Lu 與 Lin(2003)就發現受苦於癌症疼痛者比未有疼痛的癌症病患者,有較多的未確定感(uncertainty),並有較低的希望感。他們也發現對未來存有未確定感者,他們的希望感有降低的傾向。認知層面指的是人們對希望的覺察與解釋。通常希望感高的人較清楚了解自己所擁有的資源及限制,其希望感的高低較符合實際的現狀。當發現原所持的希望感不符合實際時,較能有彈性的加以調整去找尋新的目標與希望。行為層面強調的是每個人將其希望感表現在日常生活上的情

形。有希望感的人較會認真的執行每天生活的任務，繼續從事原有興趣的活動，較能關心他人，也較注重自己的外貌。社會歸屬層面強調的是社會互動方面，希望感高的人較會與他人雙向的互動，並能與他人有親密的關聯。現世的層面，強調的是病人對目前生活的經驗。不過希望感高的人，較能將過去與現在結合，並對未來有樂觀的期待，相信將現在過好就會有美好的將來。周圍環境的層面，強調的是人們生活中物質上的得失，希望感低的人很容易因這方面的失去而對人生失去希望（Alidina & Tettero, 2010）。Herth（1992）將多元性的希望模式發展成賀氏希望量表（Herth Hope Index）（如表 10-1 所示）。在此量表得分越高者，表示其希望感越高。

Johnson（2007）針對病患希望感的研究，指出病患的希望感可歸類為：(1)對病情的進展有積極的期待；(2)期望有更好的體力與精神，可追求期待的目標；(3)企望與神接觸、期待來生與所愛的人再相聚，並找到餘生的生命意義；(4)設定可以達到的短程目標；(5)不再有痛楚與病痛；(6)家人或照顧者能誠實的告知有關的訊息，盼望照顧者以傾聽、幽默的態度對待他們，並讓他們有與人接觸的機會；(7)渴望與家人及朋友有愛的關係，照顧者對他們能誠心以待；(8)能掌握自己的人生並適時的參與決定；(9)能留給後人一些有價值的東西；(10)希望過去的努力與成就能受到肯定。

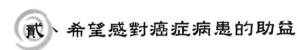 貳、希望感對癌症病患的助益

一、希望感有助於癌症病患有效的適應病情進展的過程

Folkman（2010）指出希望感是人們在面對重大事件時的重要資源，當處在重大壓力的狀況下，希望感能增進他們克服壓力的能力以達到期待的目標。尤其是當面對不確定的情況時，希望感是相當重要的，特別是面對兩個互不相容的目標時，希望感會幫助人們知道如何調整目標的優先順序，並能有效的面對與處理之。例如針對患乳癌婦女的研究中發現，在接受癌症治療的痛苦中，希望感可提高她們適應痛苦的情境與增加心理適應的能

表 10-1　賀氏希望量表

請閱讀下面的陳述句，並根據您目前的狀況在適合您情況的選項下面打勾。	非常不同意	不同意	同意	非常同意
1. I have a positive outlook toward life. 　我對人生抱持積極的看法。				
2. I have short and/or long range goals. 　我有短程與／或長程的目標。				
3. I feel all alone. 　我覺得孤單。				
4. I can see possibilities in the midst of difficulties. 　在困境中我仍看得到機會。				
5. I have a faith that gives me comfort. 　信仰可慰藉我的心。				
6. I feel scared about my future. 　我擔心未來。				
7. I can recall happy/joyful times. 　我曾有過快樂／美好的時光。				
8. I have deep inner strength. 　我的內在動力很強。				
9. I am able to give and receive caring/love. 　我能夠給予及接受關愛。				
10.I have a sense of direction. 　我清楚自己人生的方向。				
11.I believe that each day has potential. 　我秉著希望迎接每天的日子。				
12.I feel my life has value and worth. 　我感覺到生命的價值。				

資料來源：Kaye Herth（1989）。

註：6、10、13、17、22、26 為反向題。本書作者取得 Dr. Herth 的同意授權將本量表翻譯成中文放置於本書中，僅供參考之用，但未授權供讀者做任何其他的用途。若有興趣使用本量表的英文版者，請逕自與原作者 Dr. Herth（kaye.herth@mnsu.edu）聯絡。若有興趣使用本量表的中文版者，仍需事先徵得 Dr. Herth、本書譯者（lawf@tiffin.edu; gerald@cc.ncue.edu.tw）及心理出版社的同意，方可使用。

力（Ebright & Lyon, 2002; Lee, 2001）。Felder（2004）探討希望感對各種不同癌症病患的影響，發現抱持希望感有助於癌症病患有效的適應病情進展的過程、幫助病患在病痛中找到生命的意義，及能勇敢且有尊嚴的面對生命與死亡（Benzein, Norberg, & Saveman, 2001; Chochinov, Hack, Hassard Kristjanson, McClement, & Horlos., 2002）。當癌症病患能抱持高希望感且找到人生的意義時，其心理與精神（psycho-spriritual wellbeing）較健康，且較能有效的克服與面對癌症的病痛（Lin & Bauer-Wu, 2003）。Irving、Snyder 與 Crowson（1998）的研究也發現希望感高的人對癌症有關的常識有較多的認識，也較能採取有效的因應策略來與癌症奮戰。

二、希望感有助癌症病患憂鬱感及病痛的減輕

許多研究發現高希望感有助於心情的改善、身體健康狀況的提升、克服壓力能力的增加，以及增進對痛楚的忍受力（如 Arnau, Rosen, Finch, Rhudy, & Fortunato, 2006; Magaletta & Oliver, 1999; Rand, 2009; Snyder, Berg, Woodward, Gum, Rand, Worbleski, Brown, & Hackman, 2005; Snyder, Sympson, Ybasco, Borders, Babyak, & Higgins, 1996）。深知病患對抗癌症的痛楚，許多研究致力於探討希望感對減輕痛楚的影響，發現抱持高希望感的病人能以積極的方法克服生病所帶來的壓力、增進其心理的健康，並減少他們憂慮與焦慮的症狀（Ebright & Lyon, 2002; Felder, 2004; Herth, 1989）。學者們（Berendes, Keefe, Somers, Kothadia, Porter, & Cheavens, 2010）探討希望感對肺癌病人的幫助，發現病人的希望感越高其肺癌的症狀（如痛楚、疲累與咳嗽）越輕，其憂鬱程度也較低。

第二節 應用希望理論在癌症病患的諮商

常常我們會為癌症病患所受的身體病痛而感到難過，殊不知他們（尤其是老年的癌症病患）認為他們最大的痛苦，是面對失去獨立能力、生命、信心與喪失親友等心理社會方面的痛楚（Duggleby, 2000a; Duggleby, Degner, Williams, Wright, Cooper, Popkin, & Holtslander, 2007），並認為希望感是支

撐他們克服痛苦的最大支柱（Duggleby, 2000b）。希望感是癌症病患重要的內在資源，是幫助他們在病痛時仍能有高品質生活的要件（Duggleby & Wright, 2005）。Herth（2000）針對癌症病人所做的研究中指出，要幫助癌症病患找到希望感，可從經驗（experiential）、精神（spiritual/transcendent）、關係（relational）以及合理性的想法（rational thought）四個方向著手。經驗方面就是幫助他們能認知與接受身心上的失落與苦楚、追尋希望，並能了解希望與絕望間的不同；精神方面，就是幫助他們找到生命的意義與寄託；關係方面是鼓勵他們能與他人有互動並建立契合的緊密關係；合理性的想法方面則是能協助他們定睛於具體可行的目標（goal refinement），並以清晰的認知架構與策略來理解事物。Alidina 與 Tettero（2010）提出多元性的希望模式，包括情感、認知、行為、社會歸屬、現世層面與周圍環境的層面等。在此我們將探討諮商師如何透過這幾個層面以及精神層面來幫助癌症病患增進其希望感。

壹、情感層面上——善用每個與他們相處的時刻給予鼓勵

　　諮商師在諮商中應提供給病患有機會表達他們對病症的擔憂與害怕，更需要同理病人對自己病情的擔心、害怕與懷疑的心情，並鼓勵病人表達希望感對自己的重要性，以及希望感對增進他們抗癌勇氣的幫助（Alidina & Tettero, 2010; Herth, 2000）。Hammer、Mogensen 與 Hall（2009）建議護士應善用與病患相處的時刻給他們希望感，而諮商師或其他工作人員也應當如此做。Koopmeiners、Post-White、Gutknecht、Ceronsky、Nickelson、Drew、Mackey 與 Kreitzer（1997）的研究發現多數癌症病人可以從工作人員禮貌、關心與願意幫忙的態度及誠意的提供他們所需的資料中體會到希望感。即使工作人員只是待在他們的身邊，從他們真誠與尊重的態度中，就可讓病患感到希望感。

貳、認知層面上——鼓勵病患清楚了解自己的狀況

　　諮商師應去了解病患希望感的程度，及鼓勵他們與醫護人員確認對自己的病症及藥物的使用是否正確（Alidina & Tettero, 2010）。Berendes等人（2010）也建議與病患討論並幫助他們了解自己的病症，可助長癌症病患的希望感。

參、行為的層面上——鼓勵病患付諸行動找回自己

　　Alidina 與 Tettero（2010）建議應鼓勵病患善用能增進其希望感的資源，增強其自尊心並減低絕望感，如此會有助於希望感的增高。例如Duggleby等人（2007）就建議在諮商過程中，可鼓勵癌症病患以自己的照片、圖畫或寫過的東西，來訴說自己人生的故事或奮鬥史，並以相簿、錄音或錄影的方式，將這些素材製作一個自己的專輯。如此有助於病患從自己的人生經歷中找回自尊心，並增強其希望感。

肆、社會歸屬層面上——鼓勵病患與社會做有效的接觸

　　Alidina 及 Tettero（2010）建議教導病患及其家屬或親友如何有效的互動以增進病人的希望感。可鼓勵病患寫信給一個他們沒機會表達心聲的人（但該信不一定要寄出去，除非他們願意），以幫助病患體會到他人的愛與自己對別人的關懷（Duggleby et al., 2007）。邀請家庭成員參與諮商會談，並鼓勵他們互相表達關懷與愛，讓病患再次體會愛的關懷。此外，鼓勵病患參與支持團體（support group），從與他人的分享中可以幫助病患了解，自己在抗癌過程中並不孤單而能增強其勇氣與信心（Herth, 2000）。

伍、現世層面上──鼓勵病患從與每時每刻的現世接觸中感覺到生命的希望

諮商師應幫助病人珍惜每個此時此刻的經驗，不要只活在過去的回憶，或對未來的盼望中，以增加他們對目前生活的體會與掌握感（Alidina & Tettero, 2010）。例如 Duggleby 等人（2007）就建議在諮商過程中，可鼓勵癌症病患去體會周遭環境中讓自己感動的事物（如書本、影片、歌曲、大自然事物等），並將它們蒐集起來，成為培育希望感的資源。

陸、周圍環境的層面上──幫助病患從目標的設定與追求中找到希望的亮光

諮商師可幫助病患著眼在他們所擁有的，而非自己所失去的。常與他們談及期望的目標，並將所預定達到目標的路徑做適當的調整，以促進目標達成的可能性（Alidina & Tettero, 2010）。Berendes 等人（2010）就建議要助長癌症病患的希望感，可幫助他們：(1)設定想要達到的目標並列出優先順序；(2)協助他們評量所設定的短程與長程目標是符合實際狀況及他們的體力所能負荷的；(3)讓他們列出幾個可達到所設定目標的可行路徑，並找出可行性最高的路徑；(4)幫助他們找出阻礙目標的障礙物，設計輔導策略幫助他們克服障礙，以增進達到目標的能量。

柒、精神層面──幫助病患找到信賴感與生命的意義

Carni（1988）建議幫助病患重建信賴感，會有助於希望感的提高。真正的信賴感是認可自己的價值感及增強信任感。不過根據 Erikson 的社會發展理論，信任感是從人生的第一階段就萌芽與發展，然後在人生的各個階段慢慢累積與發展。所以要幫助病患找回信賴感，可從鼓勵他們回憶人

生的經歷來著手。Ando、Morita、Akechi 與 Okamoto（2010）設計以兩次生活回憶的訪談方式來幫助癌症病患找回他們對自己的信賴感。第一次是訪問病患下面幾個問題：「(1)在你人生中發生過最重要的事是什麼？為什麼？(2)這一生中讓你印象最深刻的事是哪一件？(3)這一生中影響你最深刻的人是誰？(4)這一生中你扮演過最重要的角色是什麼？(5)這一生中讓你感到最重要的時刻是什麼時候？(6)你有哪些個人的經歷與體會希望讓家人知道？(7)你有哪些個人的經歷與體會，希望家人能記得？有哪些個人的經歷與體會，想與生命中重要的人分享，並希望年輕人能記取你的教訓？」（頁996）。訪談後，諮商師將病患的回答選一些關鍵字，並找出相關的圖片（如果能找到他們自己的照片最好，否則可以找與該關鍵字有關的圖片），彙整成一本圖文並茂的人生閱覽。第二次會談，諮商師與病患一起瀏覽他或她的人生閱覽專輯，並按照病患的意見做必要的修正。在這過程中，諮商師應著重在鼓勵病患從回憶自己的過去中肯定現在的自己，接受自己所完成的事蹟，並從對人生的滿意感中去找回對自己的信賴感，而提升對生命的希望感。Herth（2000）更建議應幫助病患從生病的受苦中去體會生命的意義。透過精神層面的活動（如聽喜歡的音樂、閱讀鼓勵性的話語或宗教書籍，或參加宗教性的活動等），讓精神上的能量得以平衡運行。

除了幫助病患增進希望感之外，Herth（1993）也呼籲要重視癌症病人照顧者的希望感，因為唯有他們自己能有希望感才有動力助長病患的希望感。針對長期病人的照顧者的研究中，Herth建議發現助長病人照顧者的希望感的方法是：(1)擁有溫暖、關心、鼓勵及健康的人際互動關係；(2)常以幽默及積極的話語，將害怕與擔憂變成積極的想法；(3)活在當下，享受每一個此時此刻；(4)對病人與自己有合理的期待，不要設定自己或病人體力或精神所負荷不了的期望；(5)擁有精神上的支撐力，讓精神與生理的能量平衡運行，如聽喜歡的音樂、閱讀鼓勵性的話語或宗教書籍，或參加宗教性的活動等，會有助於他們精神力量的提升。

第三節　應用希望理論在癌症病患的團體諮商範例

在此，我們遵循上述的原則，發展出下列的諮商過程以幫助癌症病患助長他們的希望感。

第一次會談：讓害怕傾囊而出

目標：鼓勵成員表達他們對所患病症的害怕與擔憂。

活動過程：

1. 諮商師準備一疊剪成不同形狀、顏色與大小的紙放在入口處，當成員進入諮商室時，鼓勵他們選一張自己喜歡的顏色與形狀的紙，寫上自己的名字。

2. 成員就座之後，諮商師歡迎成員參加團體。請成員介紹自己的名字，及分享自己選取該形狀或顏色的理由。

3. 諮商師發給成員一張白紙，請他們在紙的上面寫上被診斷的病症，然後請他們從那一疊剪成不同形狀、顏色與大小的紙中，拿取數張紙，在每一張紙上寫上一個他們對自己所患病症的擔憂與害怕的感覺（鼓勵他們按各種感覺的強度或情況，將它放入不同的形狀、顏色與大小的紙上），然後將這些紙貼在白紙上，並按自己的心情做必要的設計或裝飾。

4. 諮商師將每個成員展示自己的作品，分享製作此作品時的心情感受，請他們透過此作品分享自己的心情。並鼓勵成員給予回饋與支持。

5. 請成員分享聽到別人與自己有相同的心情與境遇的感受，及此刻自己擁有的希望感。

6. 家庭作業：請成員準備一個空盒子（餅乾盒、鞋盒子或任何可以裝東西的紙盒子均可）帶到團體來。

第二次會談：讓我再次擁有

目標：鼓勵成員學會為自己找尋希望之光，激勵自己生命的動力。

活動過程：

1. 諮商師歡迎成員回到團體中，介紹希望理論（詳見第一章）與希望對生命動力的影響。

2. 請成員分享他們對希望的定義，諮商師將每個成員的定義一一寫下來。

3. 諮商師請成員一起將每個人對希望的定義整理成團體成員的共同定義。定稿後請成員一起唸幾次，然後把它寫下來貼在希望之盒蓋子的裡層（每次當他們打開盒子時即可看到）。

4. 在盒子的蓋子上，請成員寫上一句祝福自己的話。

5. 然後，諮商師準備一些色筆、色紙、貼紙等素材，請成員設計自己的希望之盒。

6. 成員展示自己的希望之盒，對自己的祝福，及分享自己設計的緣由及動機。

7. 家庭作業：請成員按自己的興趣，繼續裝飾希望之盒，直至滿意為止。

第三次會談：勇敢面對我的「它」

目標：幫助成員從清楚了解所罹患的病中，增強自己面對的勇氣。

活動過程：

1. 諮商師歡迎成員回到團體中。

2. 諮商師邀請專業醫師或護士參與這次的活動中，為病人解說他們所罹患的癌症症狀、可選擇的醫療方式、每種方式的療效及可能的副作用及病人應如何配合以增進治療效果。

3. 鼓勵病人分享心中的顧慮，請醫生或護士回答相關的問題。

4. 請成員分享他們成功的面對與接受癌症的經驗。

5. 諮商師介紹自我接受的禱詞（參見表 10-2）。

6. 請成員一起朗誦多次，並分享他們對此禱詞的體會及對他們希望感

提升的幫助。

7. 家庭作業：請成員將平靜的禱詞背誦起來，將它貼在自己經常看得到的地方，並思考哪些是自己可以改變的。

表 10-2　平靜的禱詞——自我接受的禱詞

平靜的禱詞 Serenity Prayer（Acceptance）

萬物的主宰請賜給我一顆平靜的心讓我能接受我無法改變的事實

God grant me the serenity to accept the things I cannot change,

賜我有勇氣去改變我所能改變的

courage to change the things I can,

而且有智慧區別出兩者的不同！

and wisdom to know the difference!

資料來源：引自駱芳美與郭國禎（2009：291）。

第四次會談：我真的一無所有嗎？

目標：幫助成員體會癌症並不能奪走他們享受快樂的權利。

活動過程：

1. 諮商師歡迎成員回到團體中一起背誦平靜禱詞，並分享哪些是自己可以改變的。

2. 諮商師拿出一疊剪成不同形狀、顏色與大小的紙，請成員盡量想出生活中所碰到或曾碰過令他們快樂的事，並在每一張紙上寫上每一個快樂的事件（鼓勵他們按各種感覺的強度或情況，將它放入不同的形狀、顏色與大小的紙上）。

3. 讓每個成員算算自己總共寫了幾張（一張算一分），計算成員的快樂指數。成員按得分的高低，一一分享讓自己快樂的事。

4. 請成員將這些快樂的事與心情，加在上次的圖片上（也可以把一些原先放在圖片上的負向感受拿下來），並體會該圖片帶給他們的感受。

5. 請成員展示自己的圖片，並大聲說：「我並非一無所有，生病並不能奪走我享受快樂的權利。」

6. 成員分享參加此次團體的感受及此刻自己擁有希望感的程度。

7. 家庭作業：諮商師將成員的圖片收起來，發給每個成員一個黃色的圓形紙（代表太陽），請成員記下生活中讓他們感到欣慰與快樂的事情。並鼓勵成員蒐集任何讓自己感動、可以增強自己希望感的東西（如圖片、音樂、文章、照片、影片、話語等），裝在自己的希望之盒裡。

第五次會談：抓住心靈的感動

目標：幫助成員學習享受與體會每一時刻的美好，來激勵自己希望感的成長。

活動過程：

1. 諮商師歡迎成員回到團體中，一起背誦平靜禱詞，並分享哪些是自己可以改變的，及改變後的心情。

2. 請成員展示他們的太陽，並分享他們所體會到快樂與欣慰的事情。

3. 諮商師將成員第一次會談所做的圖片發給他們，請他們將太陽加在圖片上。現在請成員重述他們製作圖片的心情，並加上生活上讓他們感到快樂的事件與體會。

4. 請成員拿出自己的希望之盒，一一分享讓他們感動的東西（如播放讓成員感動的音樂，並讓成員分享該音樂如何感動他們；讓成員朗誦讓他們感動的文章，並分享該文章對他們的意義及帶給他們的感動）。

5. 成員分享今天的活動帶給他們的感動、學習以及分享自己已有多久沒有這樣的感動了。

6. 家庭作業：鼓勵成員蒐集任何可代表自己，並可以增強自己希望感的東西（自己的照片、得過的獎狀或勳章、做過的作品等）。

第六次會談：快樂的泉源來自己身

目標：幫助成員學會以自己為榮，了解到生病並不能奪走或抹滅自己所擁有的光芒。

活動過程：

1. 諮商師歡迎成員回到團體中，一起背誦平靜禱詞，並分享哪些是自己可以改變的，及改變後的心情。

2. 請成員拿出自己的希望之盒，用所帶來的紀念品，一一分享他們自己的人生故事。

3. 當成員分享後，諮商師可以用下面的問題來帶領他們更深入去思考：

   (1) 已有多久未曾去留意自己有過的成長，再次思及，感覺如何？

   (2) 有哪些經驗被自己的病情所埋沒？這些經驗對你的意義有多大？是否想要把它挖掘出來？想如何做？

   (3) 如果有人需要你的指導，你要給予什麼樣的教導？

   (4) 這些經驗如何幫助自己度過人生的每個關卡？

   (5) 當分享自己生命的故事，對自己希望感增強的情況。

4. 諮商師鼓勵成員問問題，並彼此給予鼓勵與增強。

5. 成員分享今天的活動帶給他們的感動，並說一句勉勵自己的話。

6. 家庭作業：鼓勵成員寫一封給自己的信並放入希望之盒中，鼓勵自己，特別是要感謝自己為自己生病所付出的辛勞。

第七次會談：有你與我同舟共濟，我不孤單

目標：幫助成員體會自己擁有的愛與友情的可貴。

活動過程：

1. 諮商師歡迎成員回到團體中，一起背誦平靜禱詞，並分享哪些是自己可以改變的，及改變後的心情。

2. 請成員拿出自己的希望之盒，拿出寫給自己的信，唸給大家聽，並分享感謝自己，對自己希望感增加的影響。

3. 諮商師準備一疊剪成不同形狀、顏色與大小的紙，請成員想想在他們生活中重要的人，這些人對自己的影響，以及自己對他們的感恩

（鼓勵他們按每個人對他們影響及自己對這些人感恩的強度或情況，選擇寫在不同的形狀、顏色與大小的紙上）。

4. 成員一一分享這些人對自己的影響及自己對他們的感恩，並放入希望之盒中。

5. 問成員是否有哪些人，他們一直未有機會親口向對方表達自己的感謝，希望能用什麼方法讓對方知道？

6. 請志願的成員分享那些人對自己的影響性，為何有困難告知對方自己的感受？對方目前在哪裡？為何需要讓對方知道自己的感受？

7. 以角色扮演的方式幫助該成員練習與對方溝通（如果該成員決定以寫信方式告知對方，可以集思廣益要如何以文字表達）（步驟5及6可重複，直到每個需要的成員有機會輪到）。

8. 成員分享今天活動中自己的感受。

9. 家庭作業：鼓勵成員以所計畫表達的方式實施出來，讓對方了解自己的感恩之心。

第八次會談：落實夢想

目標：幫助成員珍惜每個生命的片刻，創造生命的奇蹟。

活動過程：

1. 諮商師歡迎成員回到團體中，一起背誦平靜禱詞，並分享哪些是自己可以改變的，及改變後的心情。

2. 請成員分享按所訂的計畫向他人表達感恩之心的感受。

3. 諮商師要他們從不同形狀、顏色與大小的紙中選一張，將成功表達心中感受的經驗寫下來放在希望之盒中。

4. 針對表達仍有困難的成員，了解其困難的原因，並以角色扮演的方式幫助他們練習表達。

5. 鼓勵成員以下面的未完成句去喚回自己曾有的夢想。

   (1)如果我能……那該有多好。

   (2)假如我是……那該有多興奮。

   (3)很小的時候，我曾經想過……。

(4) 有一個我一直很想實現的願望是……。

(5) 如果能去……該有多好。

6. 諮商師鼓勵成員將自己的夢想一一寫下來（一個夢想寫在一張紙上）。

7. 請成員將自己曾為該夢想做過的努力及相關的經驗寫在該張紙的背面。

8. 請成員將這些夢想按目前自己渴望的程度列出優先順序，再按其目前可行的程度列出優先順序，及標示（1 至 10）每個夢想帶給他們希望的程度。

9. 諮商師要成員帶著自己的卡片與其他成員互動與分享，當找到與自己興趣相投者可組成一組互相分享，一起討論並想出可行的路徑。

10. 請每組分享找到興趣相投者的喜樂，及他們討論出的目標可行路徑，並分享目標的心情。

11. 家庭作業：鼓勵成員（或家人的協助中）針對所可望達到的目標，選擇其中的一項蒐集更多的資料（如可從網路上找想去地方的風景照片、景點介紹、地圖等）。

第九次會談：點燃希望之光

目標：幫助成員從追逐夢想的過程中，找到與病症對抗的鬥志。

活動過程：

1. 諮商師歡迎成員回到團體中，一起背誦平靜禱詞，並分享哪些是自己可以改變的，及改變後的心情。

2. 並鼓勵成員分享針對所渴望的目標，在蒐集資料上的進展狀況。

3. 諮商師為成員準備一些美工製作的材料（膠水、剪刀、海報紙及一些有照片的舊雜誌），鼓勵成員根據所蒐集的資料，將其夢想製作在海報上（如果必要可讓興趣相投的成員同一組，彼此協助，或將他們的夢想製作在同一張海報紙上）。

4. 成員展示他們的夢想圖並分享：

(1) 這個夢想在腦中已有多久了？

(2)在蒐集資料及製作此海報時有何心情感受？

(3)從夢想到手握夢想圖的感受是否不同？如何的不同？

(4)製作夢想海報對生命的希望感的增進有什麼樣的幫助？

5. 成員彼此給予回饋，並分享自己對這個希望夢想的下一步計畫。

6. 家庭作業：

(1)鼓勵成員以類似的方法，將自己其他的夢想製作成夢想圖，帶到
團體來分享。

(2)鼓勵成員針對以製作夢想圖的夢想，訂出下一步的計畫帶到團體
來分享。

(3)鼓勵成員將其希望之盒繼續擴充，將可以增進其希望感的項目放
入希望盒之中，帶到團體來分享。

第十次會談：讓希望之光繼續燃燒

目標：鼓勵成員記取在十次團體中的心得，繼續讓該希望延續發光。

活動過程：

1. 諮商師歡迎成員回到團體中，一起背誦平靜禱詞，並分享哪些是自
己可以改變的，及改變後的心情。

2. 請成員在諮商室裡找一個自己喜歡的角落（諮商師事先已將諮商室
裡的各個角落擺放一張可供擺飾的桌子），將自己的希望之盒、自
己希望的代表物、夢想圖等物品，按他們的興趣擺示出來。

3. 成員彼此參觀並分享自己對這十次會談的學習感受，及其對自己希
望感增加的幫助。

4. 諮商師針對成員在諮商過程中所做的努力給予鼓勵，也請成員們針
對他們看到其他成員進步的情形互相給予回饋。

本章摘要

當病人被診斷自己患有癌症時，心理上的恐慌、難過與絕望的感覺是
相當強烈的。由於面對著無知的未來，病人會想抓住一些能幫助他們度過

難關的力量，這時提升他們的希望感是相當重要的。對於希望理論是否適用於癌症病人的身上，有些學者曾提出質疑，認為希望是被視為痊癒的表徵，而癌症又被定義為不治之症，何來希望之有。當然很多病人是抱持病能痊癒的希望感，但有些病人卻強調，不管病能否痊癒，抱持希望感可以讓他們的有生之日過得積極、樂觀，且有尊嚴。許多病人更強調：希望是人生的本質，人生如果沒有希望，就失去了意義。

　　癌症病患的希望感可分為廣泛性與特定性兩種。廣泛性的希望感，指的是能樂觀的面對每日的生活，完成設定的目標，這是影響癌症病人心情好壞的重要基底。特定性的希望感則是指每個癌症病患所期望達到的目標。此希望感高者，較能區別出生命中重要人、事、物的優先順序，而能有效的克服生活上的壓力。希望感還可區分出情感層面（是希望感中的情緒與感官的部分）、認知層面（是人們對希望的覺察與解釋）、行為層面（是每個人將其希望感表現在日常生活上的情形）、社會歸屬層面（是社會互動方面）、現世的層面（病人對目前生活的經驗）及周圍環境的層面（是人們生活中物質上的得失）等六個方向。此外，病患的希望感可包括：對病情進展有積極的期待、有更多的體力與精神來追求目標、企望與神接觸、期待來生與所愛的人相聚、找到生命的意義、設定可以達到的短程目標、不再有痛楚、家人或照顧者能誠實的告知有關的訊息、照顧者以傾聽、幽默的態度對待他們、有與他人接觸的機會、與家人及朋友有愛的關係、照顧者對他們能誠心以待、能掌握自己的人生並適時的參與決定、能留給後人一些有價值的東西，以及希望過去的努力與成就能受到肯定。

　　希望感是面對癌症時的一個有效的因應策略，抱持高希望感有助於癌症病患有效的適應病情進展的過程、找到生命的意義、勇敢且有尊嚴的面對生命與死亡、較能以積極的方法克服生病所帶來的壓力、增進其心理的健康，並減少他們憂慮與焦慮的症狀。要幫助癌症病患找到希望感，在經驗方面幫助他們接受身心上的失落與苦楚，精神方面幫助他們找到生命的意義與生命的寄託，關係方面是鼓勵他們能與他人建立契合的緊密關係，合理性的想法方面是協助他們能以清晰的認知架構與策略來理解事物。另外，照顧者應善用每個與他們相處的時刻給予鼓勵，鼓勵病患清楚了解自

己的狀況並付諸行動找回自己、與社會做有效的接觸、從與每時每刻的現世接觸中感覺到生命的希望、從目標的設定與追求中找到希望的亮光與生命的意義。

遵循上述的原則，我們發展出十次以希望理論為主的癌症病患團體諮商，期望透過鼓勵成員表達他們對所患病症的害怕與擔憂、學會為自己找尋希望之光來激勵生命的動力、從清楚了解所罹患的病中增強自己面對的勇氣、體會癌症並不能奪走他們享受快樂的權利、學習享受與體會每一時刻的美好來激勵希望感的成長、學會以自己為榮、體會自己擁有的愛與友情的可貴、珍惜每個生命的片刻創造生命的奇蹟、從追逐夢想中找到與病症對抗的鬥志，以及鼓勵成員記取在團體中的心得繼續讓該希望延續發光等目標，助長癌症病患的希望感。

 《動腦篇》

1. 對於希望理論是否適用於癌症病人的身上，有些學者曾提出質疑。認為希望是被視為痊癒的表徵，而癌症又被定義為不治之症，何來希望之有。請論述你的觀點，並從你周遭環境的觀察中，舉出實例來支持你的論點。

2. 研究發現，賦予希望、告知實情、提供相關的資訊、有機會表達真正的情緒及討論與死亡有關的主題，是癌症病人的五項基本需求。對於是否告知病人實情會增進病人的希望感，你持的觀點是什麼？請論述你的觀點，並從你周遭環境的觀察中，舉出實例來支持你的論點。

3. 如果你是在臨終病房工作的諮商師，你會如何透過希望理論來幫助你的案主，你協助的重點會是什麼？請提出你的方案設計，及說明你預期可達到的效果。

◎參考文獻◎

中文書目

駱芳美、郭國禎（2009）。**走出憂鬱：憂鬱症的輔導諮商策略**。台北：心理。

英文書目

Alidina, K., & Tettero, I. (2010). Exploring the therapeutic value of hope in palliative nursing. *Parriative and Support Care*, *8*, 353-358.

Ando, M., Morita, T., Akechi, T., & Okamoto, T. (2010). Efficacy of short-term life-review interviews on the spiritual well-being of terminally ill cancer patients. *Journal of Pain and Symptom Management*, *39*(6), 993-1002.

Arnau, R. C., Rosen, D. H., Finch, J. F., Rhudy, J. L., & Fortunato, V. J. (2006). Longitudinal effects of hope on depression and anxiety: A latent variable analysis. *Journal of Personality*, *75*, 43-64.

Benzein, E., Norberg, A., & Saveman, B. I. (2001). The meaning of the lived experience of hope in patients with cancer in palliative home care. *Palliative Medicine*, *15*, 117-126.

Benzein, E., & Saveman, B. I. (1998). Nurses' perception of hope in patients with cancer: A palliative care perspective. *Cancer Nursing*, *21*, 10-16.

Berendes, D., Keefe, F. J., Somers, T. J., Kothadia, S., Porter, L. S., & Cheavens, J. S. (2010). Hope in the context of lung cancer: Relationships of hope to symptoms and psychological distress. *Journal of Pain and Symptom Management*, *40*(2), 174-182.

Carni, E. (1988). Issues of hope and faith in the cancer patient. *Journal of Religion and Health*, *27*(4), 285-290.

Carvereier, C. S., Pozo, C., Harris, S. D., Noriega, V., Scheier, M. F., Robinson, D. S., Ketcham, A. S., Moffat, F. I., Jr., & Clark, K. C. (1993). How coping mediates the effect of optimism on distress: A study of women with early stage breast cancer. *Journal of Personality and Social Psychology*, *65*, 375-390.

Chochinov, H. M., Hack, T., Hassard, T. Kristjanson, L. J., McClement, S., & Harlos, M. (2002). Dignity in the terminally ill: A cross-sectional, cohort study. *The Lancet*, *360*, 2026-2030.

Chi, G. C. (2007). The role of hope in patients with cancer. *Oncology Nursing Forum, 34* (2), 415-424.

Dufault, K., & Martocchio, B. C. (1985). Symposium on compassionate care and the dying experience. Hope: Its spheres and dimensions. *Nursing Clinics of North America, 20,* 379-391.

Duggleby, W. D. (2000a). Elderly hospice cancer patients' descriptions of their pain experiences. *American Journal of Hospice and Palliative Medicine, 17*(2), 111-117.

Duggleby, W. D. (2000b). Enduring suffering: A grounded theory analysis of the pain experience of elderly hospice patients with cancer. *Oncology Nursing Forum, 27*(5), 825-830.

Duggleby, W. D., Degner, L., Williams, A., Wright, K., Cooper, D., Popkin, D., & Holtslander, L. (2007). Living with hope: Initial evaluation of a psychosocial hope intervention for older palliative home care patients. *Journal of Pain and Symptoms Management, 33*(3), 247-257.

Duggleby, W., Holtslander, L., Steeves, M., Duggleby-Wenzel, S., & Cunningham, S. (2010). Discursive meaning of hope for older persons with advanced cancer and their caregivers. *Canadian Journal on Aging, 29*(3), 361-367.

Duggleby, W. D., & Wright, K. (2005). Transforming hope: How elderly palliative patients live with hope. *Canadian Journal of Nursing Research, 37*(2), 70-84.

Ebright, P. R., & Lyon, B. (2002). Understanding hope and factors that enhance hope in women with breast cancer. *Oncology Nursing Forum, 29,* 561-568.

Eliott, J. A., & Olver, I. N. (2009). Hope, life, and death: A qualitative analysis of dying cancer patients' talk about hope. *Death Studies, 33,* 609-638.

Felder, B. E. (2004). Hope and coping in patients with cancer diagnoses. *Cancer Nursing, 27,* 320-324.

Folkman, S. (2010). Stress, coping, and hope. *Psycho-Oncology, 19,* 901-908.

Hall, B. A. (1990). The struggle of the diagnosed terminally ill person to maintain hope. *Nursing Science Quarterly, 3,* 177-184.

Hammer, K., Mogensen, O., & Hall, O. C. (2009). The meaning of hope in nursing research: A meta-synthesis. *Scandinavian Journal of Caring Science, 23,* 549-557.

Herth, K. A. (1989). The relationship between level of hope and level of coping response and other variables in patients with cancer. *Oncology Nursing Forum, 16,* 67-72.

Herth, K. A. (1992). Abbreviated instrument to measure hope: Development and psychometric evaluation. *Journal of Advanced Nursing, 17*, 1251-1259.

Herth, K. A. (1993). Hope in the family caregiver of terminally ill people. *Journal of Advancing Nursing, 18*, 538-548.

Herth, K. A. (2000). Enhancing hope in people with a recurrence of cancer. *Journal of Advanced Nursing, 32*(6), 1431-1441.

Herth, K. A., & Cutcliffe, J. R. (2002). The concept of hope in nursing 3: Hope and palliative care nursing. *British Journal of Nursing, 11*, 977-983.

Hsu, T. H., Lu, M. S., & Lin, C. C. (2003). The relationship of pain, uncertainty, and hope in Taiwanese lung cancer patients. *Journal of Pain and Symptom Management, 26*(3), 835-842.

Irving, L. M., Snyder, C. R., & Crowson, J. J. Jr. (1998). Hope and coping with cancer by college women. *Journal of Personality, 66*(2), 195-214.

Johnson, S. (2007). Hope in terminal illness: An evolutionary concept analysis. *International Journal of Palliative Nursing, 13*, 451-459.

Koopmeiners, L., Post-White, J., Gutknecht, S., Ceronsky, C., Nickelson, K., Drew, D., Mackey, K. W., Kreitzer M. J. (1997). How healthcare professionals contribute to hope in patients with cancer. *Oncology Nursing Forum, 24*, 1507-1513.

Lee, E. H. (2001). Fatigue and hope: Relationships to psychosocial adjustment in Korean women with breast cancer. *Applied Nursing Research, 14*, 87-93.

Levy, S. M., & Roberts, D. C. (1992). Clinical significance of psychoneuroimmuniology: Prediction of cancer outcomes. In N. Schneiderman, P. McCabe, & A. Baum (Eds.), *Stress and disease processes* (pp. 165-174). Hillsdale, NJ: Erlbaum.

Lin, H. R., & Bauer-Wu, S. M. (2003). Psycho-spiritual well-being in patients with advanced cancer: An integrative review of the literature. *Journal of Advanced Nursing, 44*, 69-80.

Magaletta, P. R., & Oliver, J. M. (1999). The hope construct, will, and ways: Their relations with self-efficacy, optimism, and general well-being. *Journal of Clinical Psychology, 55*, 539-551.

Nekolaichuk, C. L., & Bruera, E. (1998). On the nature of hope in palliative care. *Journal of Palliative Care, 14*, 36-42.

Rand, K. L. (2009). Hope and optimism: Latent structures and influences of grade expectancy and academic performance. *Journal of Personality, 77*, 231-260.

Snyder, C. R., Berg, C., Woodward, J. T., Gum, A., Rand, K. L., Worbleski, K. K., Brown,

J., & Hackman, A. (2005). Hope against the cold: Individual differences in trait hope and acute pain tolerance on the cold pressor task. *Journal of Personality*, *73*, 287-312.

Snyder, C. R., Lopez, S. J., Shorey, H. S. Rand, K. K., & Feldman, D. B. et al. (2003). Hope theory, measurements and applications to school psychology. *School Psychology Quarterly*, *18*, 122-139.

Snyder, C. R., Sympson, S. C., Ybasco, F. C., Borders, T. E., Babyak, M. A., & Higgins, R. L. (1996). Development and validation of the State Hope Scale. *Journal of Personality and Social Psychology*, *70*, 321-335.

Taylor, S. E., Lichtman, R. R., & Wood, J. V. (1984). Attributions, beliefs about control, and adjustment to breast cancer. *Journal of Personality and Social Psychology*, *46*, 489-502.

國家圖書館出版品預行編目（CIP）資料

從希望著手：希望理論在諮商上的應用／
　駱芳美，郭國禎著.-- 初版.
　-- 臺北市：心理，2011.10
　　面；　公分.--（輔導諮商系列；21102）
　　ISBN 978-986-191-464-0（平裝）

1.諮商

178.4　　　　　　　　　　　　100017576

輔導諮商系列 21102

從希望著手：希望理論在諮商上的應用

作　　者：駱芳美、郭國禎
執行編輯：高碧嶸
總　編　輯：林敬堯
發　行　人：洪有義
出　版　者：心理出版社股份有限公司
地　　址：台北市大安區和平東路一段 180 號 7 樓
電　　話：(02) 23671490
傳　　真：(02) 23671457
郵撥帳號：19293172　心理出版社股份有限公司
網　　址：http://www.psy.com.tw
電子信箱：psychoco@ms15.hinet.net
駐美代表：Lisa Wu（Tel：973　546-5845）
排　版　者：臻圓打字印刷有限公司
印　刷　者：正恒實業有限公司
初版一刷：2011 年 10 月
Ｉ Ｓ Ｂ Ｎ：978-986-191-464-0
定　　價：新台幣 400 元